Ulrike Gerold / Wolfram Hänel
Kein Erbarmen

Für H.

Somme tider
hænger livet
i en tynd tråd.
Og så alligevel er fuglene der,
havet,
børnene.

Ulrik Skeel

Vorspiel

Er ist nackt, er friert, er blutet. Er keucht mit weit geöffnetem Mund, seine Zunge fühlt sich an wie ein pelziger Klumpen. Der Juckreiz unter der Augenbinde ist unerträglich. Seine Arme sind auf den Rücken gefesselt, die Kabelbinder schneiden tief in die Haut der Handgelenke. Es riecht nach Schweiß und Urin. Nach seinem eigenen Erbrochenen.

Er weiß nicht mehr, wie viel Zeit inzwischen vergangen ist, wie lange er schon auf den Knien über den Zementboden rutscht. Raum und Zeit haben jede Bedeutung verloren. Er ist wie ein Anfänger in eine Falle getappt und niedergeschlagen worden, als er wieder zu sich kommt, ist er bereits gefesselt. Zu Anfang versucht er noch, irgendetwas zu begreifen. Er glaubt, dass seine Peiniger zu zweit sind, aber er ist sich nicht sicher. Wenigstens einer von ihnen hat getrunken, als er ihm irgendeine Schweinerei ins Ohr flüstert, ist da eine deutliche Alkoholfahne. Die Stimme klingt nach einem Mann. Oder nach einer Frau, die genau das will: Dass er glaubt, sie wäre ein Mann.

Aber jede Frage, die er zu stellen versucht, wird mit einem harten Schlag ins Gesicht beantwortet, bis er es verstanden hat und die Fragen nicht mehr ausspricht, die jeden anderen Gedanken blockieren: Warum? Warum er? Was wollen sie von ihm? Was kann er tun, damit sie aufhören, ihn zu quälen?

Als ihn ein Stiefeltritt zu Boden wirft, als der nächste Tritt ihm eine Rippe bricht und er sich hilflos wimmernd in seiner eigenen Kotze wälzt, als ihm das Stachelhalsband unerbittlich die Luft abschnürt, als ihm dann der Leuchtstab in den After gerammt wird, da begreift er plötzlich mit erschreckender Klarheit, dass alles, was mit ihm geschieht, sich wie ein Puzzlespiel zusammenfügt. Und dass es kein Erbarmen für ihn geben wird, kein plötzliches Erwachen aus einem bösen Traum, dass niemand ihn erlösen wird.

Jetzt will er nur noch, dass endlich die dumpfe Stimme verstummt, die ihn ohne Pause zwingt, immer wieder die gleichen Befehle auszuführen: Sitz! Platz! Bleib! – Komm! In einer neuen Welle von Panik spürt er deutlich, wie die Hand, die ihn eben noch zur Bestrafung in seine Pissepfütze gedrückt und gleich darauf wieder zur Belohnung mit Fleischresten gefüttert hat, sich um seinen Hodensack schließt. Er schreit vor Angst und Schmerz, sein Herz rast, der Schweiß rinnt in Strömen über seinen Körper. Gleichzeitig ist ihm kalt, er zittert, die Zähne schlagen aufeinander, sein Kopf fühlt sich an, als würde er explodieren, plötzlich hat er Durst – und weiß im selben Moment nur zu genau, was das bedeutet! Er macht noch einen letzten verzweifelten Versuch, etwas zu sagen, aber es ist zu spät. Ihm wird schwarz vor Augen, er spürt schon nicht mehr, wie er mit dem Gesicht auf dem Boden aufschlägt.

1

Eine kaputte Neonröhre flackerte grelle Lichtblitze. Es war kalt im Raum. Tabori zog unwillkürlich die Schultern hoch und schob die Hände in die Taschen seiner Lederjacke. Gleichzeitig verfluchte er die hirnrissige Idee, ausgerechnet die Segeltuchturnschuhe angezogen zu haben, durch deren dünne Sohlen ihm jetzt die Kälte des Fliesenbodens die Beine hochkroch. Tabori fühlte eine leichte Übelkeit, der Geruch nach Formaldehyd, Bleichstoffen und Desinfektionsmitteln erwischte ihn jedes Mal aufs Neue. Hinzu kam die ohnehin beklemmende Atmosphäre im Obduktionssaal, jeder Schritt, den er machte, jede Bewegung hallte von den weißen Kacheln der Wände zurück, es gab nichts, was den Eindruck von steriler Leere gebrochen hätte, es fehlte jeder Hinweis auf irgendetwas Persönliches, ganz bewusst schien sogar jede Farbe aus dem Raum verbannt.

Auf zwei Tischen lagen Leichen, die hintere noch mit einem Tuch abgedeckt, die vordere vollständig entblößt, ein gut trainierter Männerkörper mit einer Tätowierung auf dem linken Oberarm, ein einziges Wort nur in gotischen Lettern: RESPEKT. Brust und Bauch fleckig von Hämatomen, über der Niere tiefe Hautabschürfungen, die Vorhaut des Penis gerissen, die Schamhaare von getrocknetem Blut und Sperma verkrustet. Hämatome auch auf den Schienbeinen, beide Knie stark geschwollen, Hautabschürfungen an den Handgelenken. Brandwunden unter den Fußsohlen, wahrscheinlich von ausgedrückten Zigarettenkippen. Nur das Gesicht wirkte seltsam unberührt, trotz des zugeschwollenen linken Auges und der Platzwunde direkt darüber. Das rechte Auge war starr zur Decke gerichtet und blutunterlaufen. Der ganze Körper dünstete einen vagen Geruch nach Alkohol aus.

Tabori schätzte den Mann auf ungefähr Fünfzig, vielleicht drei oder vier Jahre älter als er selber. Aber nicht schlecht in Form, zumindest bevor ihm jemand das hier angetan hatte.

»Ich kann noch nichts Konkretes sagen«, meldete sich der Gerichtsmediziner zu Wort, Dr. Ulrich C. Bohnenkamp, gerade mal Mitte dreißig, stellvertretender Leiter der Pathologie am Gerichtsmedizinischen Institut und Lehrbeauftragter der Universität mit eindeutigen und erschreckenderweise nicht mal unrealistischen Ambitionen auf eine Professur. »Ich bin noch nicht so weit. Ich hab ihn erst heute Vormittag auf den Tisch gekriegt.«

Tabori brauchte nur die näselnd-arrogante Stimme zu hören, um augenblicklich wieder die alten Aversionen gegen den Pathologen zu spüren. Jeder Satz von Bohnenkamp klang, als wäre es eine Zumutung, dass er überhaupt etwas sagen sollte, als wüsste er weiß Gott Besseres mit seiner Zeit anzufangen. Genau diese Typen sind es immer wieder, die mich mit ihrer Selbstherrlichkeit zur Weißglut treiben, dachte Tabori, eine Generation von Zynikern, die nur ihre Karriere im Kopf haben und jeden, der nicht in ihrem Golfclub ist, für einen Penner halten.

Bohnenkamp warf Tabori einen Blick zu, der deutlich die Frage beinhaltete: Was willst du hier überhaupt? Du hast hier nichts zu suchen!

Tabori zuckte mit den Achseln: Ich weiß es selber nicht,

aber selbst wenn, wärst du der Letzte, dem ich's verraten würde.

Im gleichen Moment wurde das stumme Zwischenspiel von Lepcke unterbrochen: »Das sind keine Verletzungen, die er sich bei einer Kneipenschlägerei zugezogen hat, oder?«

»Wohl kaum«, bestätigte Bohnenkamp. »Er ist gefoltert worden, so viel ist sicher. Und das wahrscheinlich über viele Stunden. Anhand der äußeren Verletzungen sollte das selbst für Leute wie euch sichtbar sein …«

Ich hab's gehört, dachte Tabori, für Leute wie euch! Das Fußvolk, bei dem jeder Satz bedeutet, Perlen vor die Säue zu werfen, das meinst du doch, du aufgeblasener Burschenschaftler! Bohnenkamp verlor sich in einem bewusst mit medizinischen Fachausdrücken gespickten Vortrag über die verschiedenen Verletzungen. Lepcke hatte wie üblich eine Hand lässig in die Hosentasche seines maßgeschneiderten Anzugs geschoben und den Blick auf die flackernde Neonröhre gerichtet.

»Ich dreh ihn jetzt nicht extra auch noch um für euch«, sagte Bohnenkamp abschließend, »von hinten sieht er kaum besser aus, das könnt ihr euch ja vielleicht vorstellen. Nur zur Information noch: Ich habe deutliche Verletzungsspuren am After gefunden, mutmaßlich hervorgerufen durch einen Besenstiel oder auch eine Flasche. Das könnte im Übrigen auch die Ejakulation erklären, die er zweifellos gehabt hat.«

Er zeigte nacheinander auf die eingetrockneten Flecken am Penis, an der Innenseite des linken Oberschenkels, im Schamhaar.

Lepcke blickte fragend.

»Ihr wisst schon, dass jemand, der auf Analverkehr steht,

natürlich auch zum Höhepunkt kommen kann, wenn nicht er selber sein Ding irgendwo reinsteckt, sondern jemand anders es ihm sozusagen besorgt …«

»Du willst andeuten, dass er möglicherweise schwul war?«, unterbrach ihn Lepcke.

»Nicht zwangsläufig. Ich könnte euch ein paar Geschichten erzählen, was brave Ehemänner sich von ihren biederen Muttis alles in den …«

»Ist schon gut«, sagte Tabori. »Wir wissen, was du meinst.«

»Und die eingerissene Vorhaut?«, fragte Lepcke.

Bohnenkamp zog die Augenbrauen hoch und holte tief Luft.

»Okay, irgendeinen Grund wird es schon haben, dass du bei der Kripo gelandet bist – akzeptiert, das war mir durchgerutscht. Also dann vielleicht Handarbeit, ein bisschen zu brutal ausgeführt, das wäre vorstellbar, passiert nicht oft, aber doch öfter, als man denkt.« Er kicherte unterdrückt. »Vielleicht das Ergebnis einer versuchten Vergewaltigung, bei der jemand bemüht war, unsere Leiche hier in einen Zustand zu kriegen, der es überhaupt erst möglich machte, dass er …«

»Also könnte es auch eine Frau gewesen sein?«, kam es von Lepcke.

»Oder mehrere!« Bohnenkamp kicherte jetzt ganz offen. »Auch da gibt es ja verschiedene Szenarien, die man sich vorstellen kann. Vielleicht hatte er vorher schon mehrmals abgespritzt, und als dann nichts mehr ging …« Er zuckte mit den Schultern. »Frauen können ja unerbittlich sein, wenn sie nicht das kriegen, was sie wollen.«

»Ist gut«, mischte sich Tabori wieder ein. »Schön, ein bisschen was über deine Phantasien zu hören, aber es reicht dann damit auch. Die Schlussfolgerungen überlass doch bitte besser …« Fast hätte er »uns« gesagt, kriegte den Bogen aber noch. »Lepcke und den anderen Kollegen, die an dem Fall dran sind.« Er drehte sich zu Lepcke. »Wisst ihr schon, wer …«

»Gleich«, unterbrach ihn Lepcke. »Warte einen Moment. – Todesursache?«, wendete er sich wieder an den Pathologen.

»Wahrscheinlich innere Blutungen, aber wie gesagt, ich muss erstmal …«

»Gut. Kommen wir zu unserer zweiten Leiche«, erklärte Lepcke. Er winkte Tabori, dass er ihm zu dem anderen Tisch folgen sollte. »Aber ich warne dich«, setzte er noch hinzu, bevor er das Tuch von dem Körper zog.

Tabori schluckte schwer. Die Warnung war nicht unberechtigt gewesen. Er hatte während seiner Jahre bei der Mordkommission viel gesehen, aber noch kaum einen so bis zur Unkenntlichkeit verstümmelten Körper. Er musste sich zwingen, den Blick nicht einfach abzuwenden. Ein Frauenkörper. Oder vielmehr einzelne Teile eines Frauenkörpers, ein Fuß fehlte, der Unterleib war nur noch eine undefinierbare Masse aus Hautfetzen und inneren Organen. Das Gesicht kam ihm vage bekannt vor, aber er wusste nicht, woher.

»Extrem«, meldete sich der Gerichtsmediziner zu Wort. »Nicht mehr viel übrig, woraus sich irgendwelche Schlüsse ziehen ließen.«

»Die Kollegen von der Spurensicherung haben geschlampt«, kam es von Lepcke. »Aber eigentlich spielt es auch keine Rolle, dass sie den Fuß bisher nicht gefunden haben.«

»Eine Scheißidee, sich von einer Brücke vor einen Zug zu stürzen«, sagte Bohnenkamp, als wäre die Tat gegen ihn persönlich gerichtet gewesen. »Aber als Endlösung durchaus wirkungsvoll.«

Die Kälte ist es, dachte Tabori, dieser andauernde Zynismus, der mich so wütend macht. »Selbstmord?«, fragte er, nur um endlich den Blick abwenden zu können.

Bohnenkamp wendete sich demonstrativ zu Lepcke, bevor er antwortete. »Wie gesagt, schwierig bei dem Zustand. Ich muss da noch mal genauer ran, sie weist ein paar Hämatome an Brust und Schenkeln auf, ebenso am Hals und im Nackenbereich, die schon länger zurückliegen. Genauso wie die Brandnarben unter ihrer Fußsohle.«

»Die nicht von Zigarettenkippen stammen«, erklärte Lepcke.

»Exakt. Die Verbrennung ist zu großflächig. Ich würde auf ein heißes Stück Eisen tippen. Eine Herdplatte vielleicht. Die Ränder deuten darauf hin. Als hätte sie jemand vor einiger Zeit auf eine heiße Herdplatte gestellt. Aber ich bräuchte leider den zweiten Fuß, um das konkret sagen zu können. Und es hat nichts mit den Verletzungen zu tun, die zum Tode geführt haben, das ist sicher.«

»Gibt es Spuren von Geschlechtsverkehr? Vergewaltigung?«

»Der Abstrich hat nichts ergeben. Allerdings gibt es auch hier Anzeichen von Verletzungen im Analbereich, muss ich mir auch noch genauer vornehmen.«

»Und die Kopfwunde da?«, fragte jetzt Tabori. »An der Schläfe, meine ich. Der Bluterguss unterhalb der Wunde, die Färbung ist ähnlich wie bei den Stellen am Hals. Könnte es sein, dass die Wunde ebenfalls nicht von dem Sturz von der Brücke stammt. Oder von dem Zug, der sie überrollt hat?«

»Danke, dass du mich extra noch mal darauf hinweist«,

knurrte Bohnenkamp unwillig. »Aber ist mir auch schon aufgefallen, stell dir mal vor! Ich brauche nur mehr Zeit, das ist es. Ihr seid nicht die Einzigen, die ständig was von mir wollen. Und wenn ihr jetzt auch noch anfangt, mir hier jeden Tag neue Leichen anzuschleppen, dann …«

»Sie ist also entweder freiwillig gesprungen«, führte Lepcke weiter aus, ohne auf Bohnenkamps Beschwerde einzugehen, »oder sie ist gestoßen worden, es hat vorher einen Kampf gegeben, es existiert da irgendeine Vorgeschichte …«

»Habt ihr die Brücke schon auf irgendwelche Spuren untersucht?«, fragte Tabori. »Was ist das überhaupt für eine Brücke? Gibt es irgendwelche Zeugen, die etwas gesehen haben könnten?«

»Wir sind noch dabei«, erklärte Lepcke und zuckte mit den Schultern. »Eine Treckerbrücke übrigens, das nächste Kaff besteht aus einem verfallenen Bahnhofsschuppen und zwei einsamen Häusern an einer hoffnungslos von Unkraut überwucherten Sackgasse. Kein schlechter Platz, wenn du nicht gesehen werden willst! Wenn überhaupt kommt über die Brücke vielleicht alle paar Tage mal ein Bauer, das heißt nur leider, dass es auch für uns schwierig wird, irgendeinen Zeugen aufzutreiben. Offiziell läuft es jetzt erstmal unter Selbstmord. Und nein, wir haben keinen Abschiedsbrief gefunden, bisher jedenfalls nicht, aber das muss nichts bedeuten, das weißt du selber, wir haben genug Beispiele, in denen es ebenfalls keinen Brief gab.«

»Aber du hast trotzdem Zweifel, dass es wirklich Selbstmord war?«

»Ich weiß es nicht. Ich habe auch nicht wirklich irgendeinen Hinweis, der etwas anderes nahe legen würde. Deshalb brauche ich möglichst schnell genaue Angaben, welche Wunden zu welchem Zeitpunkt …«

Bohnenkamp hob genervt die Hände, sparte sich aber die erneute Erwiderung, dass er hoffnungslos überlastet war.

»Ich sehe noch nicht die Verbindung zwischen den beiden«, sagte Tabori. »Habt ihr wenigstens einen Namen, wisst ihr, wer die beiden sind, hatten sie etwas miteinander zu tun, gibt es doch irgendwo einen Abschiedsbrief von der jungen Frau? Aber du weißt selber, wonach du suchen musst, also was soll ich überhaupt bei der ganzen Sache?«

»Das würde mich allerdings auch interessieren«, kam es prompt von Bohnenkamp.

»Okay, dann fasse ich mal zusammen …«

Lepcke zeigte auf die männliche Leiche.

»Oberkommissar Ingo Joschonick, 52 Jahre, Ausbilder in der Abteilung Spür- und Schutzhunde. Im letzten Monat gab es eine Untersuchung aufgrund anonymer Anschuldigungen, die sich aber als haltlos erwiesen. Allgemein galt Joschonick als beliebt und guter Kumpel, der auch mal alle Fünfe gerade lassen sein konnte …«

»Allerdings nur, solange man ihm den verlangten Respekt zollte, nehme ich an.«

Tabori zeigte auf die Tätowierung am Oberarm.

»Hör auf«, sagte Lepcke. »Du weißt doch, wie die Hundeleute sind, interpretier da nicht gleich wieder irgendwas rein. Er war Hundeführer, Mann, Respekt vorm Rudelchef, ganz einfach. Mehr hat das nicht zu bedeuten.«

»Und weil der Schutzhund als solcher durchaus zu faschistoiden Tendenzen neigt, macht es Sinn, wenn man dann für die Tätowierung altgotische Buchstaben benutzt, logisch.«

»Spar dir deine Ironie! Ich weiß schon, warum ich manchmal dankbar bin, dass ich dich nicht mehr am Hacken habe …«

»Ich auch«, erklärte Bohnenkamp ungefragt mit deutlich hämischem Unterton.

»Du hast mich hierher bestellt, vergiss das nicht«, erinnerte Tabori.

Lepcke hob die Hände.

»Okay, okay, stimmt. Also weiter!« Er wendete sich wieder zu dem Leichnam. »Gestern Nachmittag vom Hausmeister tot aufgefunden in einem Kellerraum, der unter den Hundezwingern liegt. Und jetzt im Sommer normalerweise von niemandem betreten wird. Eine Art Heizungskeller, wenn ich die Kollegen richtig verstanden habe. – Und jetzt die junge Frau hier …« Lepcke drehte sich wieder zu dem zweiten Leichnam. »Anna Koschinski, 26 Jahre, vor zwei Tagen um 22:07 Uhr auf der Strecke nach Hamburg vom ICE Jacob Fugger zwischen Isernhagen und Celle überrollt. Um genau zu sein, an einer Treckerbrücke bei einer Ansiedlung namens Dasselsbruch, die ich dir ja gerade schon beschrieben habe.«

Tabori blickte hoch. Er hatte bisher unwillkürlich angenommen, dass erst der Hauptkommissar und danach dann die junge Frau zu Tode gekommen wären. Es irritierte ihn, dass Lepcke sich eben bei der Präsentation der Leichen nicht an die Abfolge der Todeszeitpunkte gehalten hatte. Aber Lepcke redete schon weiter. Und seine nächste Information war dann tatsächlich erst die Überraschung, die er sich offensichtlich bewusst bis zum Schluss aufgehoben hatte.

»Sie war übrigens eine Kollegin. Im zweiten Ausbildungsjahr zur Hundeführerin. Bei …«

»Dem allseits beliebten Hauptkommissar mit der Respekt-Macke«, reagierte Tabori prompt, indem er die einzige logische Schlussfolgerung zog, die sich aus dem Zusammenhang ergab.

»Und, klingelt da irgendwas bei dir?«

Tabori zögerte keine Sekunde.

»Nein. Wieso?«

»Ist dir der Hauptkommissar schon mal irgendwo über den Weg gelaufen?«

»Auf keinen Fall.«

»Und die Anwärterin?«, schoss Lepcke sofort seine nächste Frage ab.

»Nein, auch nicht. Nicht dass ich wüsste, jedenfalls.«

»Komisch eigentlich.«

»Wieso?«

»Ich dachte, du würdest sie kennen.«

Bohnenkamp hob ruckartig den Kopf und grinste Tabori an, als wäre endlich der Zeitpunkt gekommen, um Tabori den längst überfälligen Todesstoß zu versetzen.

»Was soll das?«, wiederholte Tabori, »ich kenne die Frau nicht. Nie gesehen.«

»Und ihr Name sagt dir auch nichts? Anna Koschinski …?«

»Nie gehört.«

»Bist du dir sicher?«, hakte Lepcke nach.

Tabori holte tief Luft.

»Gut. Wie kommst du darauf, dass ich sie kennen würde?«

Lepcke drehte sich zu Bohnenkamp.

»Lass uns mal einen Augenblick allein, ja? Das muss dich jetzt nicht interessieren.«

Der Pathologe warf ihm einen spöttischen Blick zu.

»Fünf Minuten«, sagte er. »Und auch nur, weil ich sowieso aufs Klo muss.«

Unerwartet zog er plötzlich ein Skalpell aus seinem Kittelhemd, neu und noch in Plastikfolie verschweißt, und hielt es Lepcke hin.

»Hier, ein kurzer Schnitt genügt.« Er fuhr sich demonstrativ mit dem Daumen über die Kehle. »Und glaub mir, Lepcke, du würdest nicht nur dir einen großen Gefallen tun.« Mit einem provozierenden Grinsen nickte er Tabori zu.

»Deine Witze waren noch nie besonders gut«, knurrte Lepcke. »Hau bloß ab, bevor ich dir das Ding an die eigene Kehle setze.«

»Ich hab's gewusst«, meinte Bohnenkamp schulterzuckend, »ihr steckt immer noch unter einer Decke.«

Lepcke und Tabori warteten, bis er den Raum verlassen hatte.

»Was war das jetzt?«, fragte Tabori. »Der tickt doch nicht mehr richtig.«

»Wie man in den Wald reinruft, so schallt es heraus«, erwiderte Lepcke. »Vergiss nicht, du hast noch nie eine Gelegenheit ausgelassen, ihn als den kleinen Pisser hinzustellen, der er auch ist. Und kaum hat er mal für ein paar Monate gedacht, er wäre dich endlich los, tauchst du plötzlich wieder auf und erinnerst ihn daran, dass seine kleine Welt immer noch von solchen unverbesserlichen Spinnern wie dir bedroht wird. – Ist das T-Shirt eigentlich neu?«, setzte er mit einem Blick auf Taboris Shirt hinzu, auf dem zwei Panzer abgebildet waren, die sich mit ausgerichteten Mündungsrohren gegenüberstanden: BIS EINER HEULT erklärte der dazugehörige Schriftzug unter dem Bild.

»Ist von Lisa. Ich bin noch nicht mal dazu gekommen, meine Sachen auszupacken, da standest du schon vor der Tür.«

»Stichwort!«, nickte Lepcke. »Also wieder zu uns.« Er zeigte mit dem Kopf zu der Frauenleiche hinüber. Als er weiterredete, war jede freundschaftliche Sympathie aus seiner Stimme verschwunden. »Entweder bist du hoffnungslos eingerostet oder du versuchst, mich zu verarschen. Du musst nicht denken, ich wäre inzwischen verblödet, nur weil du nicht mehr dabei bist! Dänemark. Dein Urlaub in diesem Hotel da. Und ich hab dich angerufen, erinnerst du dich?«

2

Eine Woche vorher.

Es war später Vormittag. Tabori hatte den Kopf zurückgelehnt und die Augen halb geschlossen. An dem Fahnenmast neben ihm knatterte der Danebro rotweiß gekreuzt vor einem unwirklich blauen Himmel. Halblaut drang ab und an ein Gesprächsfetzen von den anderen Tischen auf der Kaffeeterrasse herüber. Irgendwo weiter weg bellte ein Hund. Kein Autolärm, keine Flugzeuge, kein Radiogeplärre. Das unablässige Geräusch der Wellen, die gegen den Strand anrannten, verstärkte den Eindruck von … Frieden! Das war das einzige Wort, das die Stimmung treffend zu beschreiben schien.

Tabori war nicht zum ersten Mal hier. Schon seit mehreren Jahren hatte er es sich zur Regel gemacht, wenigstens ein paar Tage gegen Ende des Sommers im »Lerup Strandhotel« zu verbringen, nachdem die meist deutschen Ferienhaus-Touristen bereits fast alle wieder abgezogen waren und weit und breit kein nackter Studienrat mehr mit rotverbrannten Schultern beim Family-Tennis das Engagement zeigte, das ihm im Unterricht wahrscheinlich schon lange abhanden gekommen war.

Tabori liebte das alte Strandhotel, das wie ein Relikt aus längst vergangenen Zeiten auf den Dünen hockte. Eigentlich ein eher hässlicher Kasten, ein lang gestreckter, grau gestrichener Holzbau, auf dessen Fluren alle paar Meter ein Feuerlöscher knallrot auf den Ernstfall hinleuchtete, mit altertümlichen Messinghähnen an klobigen Waschbecken und Betten, deren Matratzen für immer den Geruch nach Sand und Salz und der Feuchtigkeit des allgegenwärtigen Meeres auszuatmen schienen. Das Ganze hatte einen leicht verblichenen Charme, und die Küche war gut, wenn auch nach spätestens zwei Tagen Taboris Magen aufgrund des dänischen Kaffees und des hausgemachten Walnusskuchens am Nachmittag kaum noch die abendliche Scholle zu bewältigen vermochte, die grundsätzlich in mehr als reichlich bemessener Buttersoße zu ertrinken drohte.

Bis zum nächsten Ort waren es gut drei Kilometer, wobei »Ort« für das Ensemble aus stillgelegter Tankstelle, Pølserbude und wahllos in die Landschaft gewürfelten Ferienhäusern deutlich übertrieben war. Früher hatte Lerup Strand noch mit den klobigen Fischkuttern punkten können, die, von rostigen Traktoren auf den Sand gezogen, wie gestrandete Meeresvögel wirkten und als beliebtes Fotomotiv dienten, zum Beweis, dass die Studienräte samt Familie tatsächlich da gewesen waren. Aber seit die Nordsee so gut wie leer gefischt war, waren auch die Kutter verschwunden, und Taboris buttersoßengetränkte Scholle kam jetzt per Kühllaster von wer-weiß-woher.

Tabori genoss es jedes Mal aufs Neue, kein Wort von dem zu verstehen, was um ihn herum gesagt wurde, die Gäste des Strandhotels waren zu dieser Jahreszeit nahezu ausnahmslos wieder Dänen, und seine Dänischkenntnisse beschränkten sich mehr oder weniger auf ein paar Begriffe aus der Speisekarte und das unvermeidliche »tak« und »farvel« abends nach einem letzten Aquavit. Aber das machte die Sache einfach, er lief kein Risiko, mit irgendjemandem reden zu müssen oder in Gespräche verwickelt zu werden, die er nicht führen wollte.

Doch gerade jetzt hatte er das unklare Gefühl, beobachtet zu werden, wie ein Kribbeln im Nacken, das ihn nervös machte. Er war lange genug bei der Polizei gewesen, um ohne Probleme aus dem Gedächtnis die Gäste aufzählen zu können, die auf der Terrasse gesessen hatten, als er sich seinen Platz möglichst weit weg von den anderen suchte. Meist ältere Ehepaare, ein einzelner Mann mit Pfeife, zu dessen Füßen sich ein Border Collie in der Sonne räkelte, eine junge Frau, die ihr Gesicht hinter einer Sonnenbrille versteckte.

Die junge Frau hatte als Einzige Zeitung gelesen, die meisten der anderen Gäste hatten ein Buch vor sich gehabt und waren in ihrer eigenen Welt versunken. Einmal war ein Motorradfahrer vom Parkplatz herübergekommen, mit einer neongrünen Warnweste über der Lederjacke, so dass Tabori im ersten Moment gedacht hatte, er wäre vielleicht ein Streifenpolizist. Nach einem kurzen Blick in die Runde war er wieder auf sein Motorrad gestiegen und davongefahren. Und Tabori hatte weiter dem Pärchen hinter sich zugehört, das halblaut eine erregte Diskussion führte. Ein Typ mit wie poliert spiegelnder Glatze und Harley-Davidson-T-Shirt und eine Blondine mit hochgesteckten Haaren und weit ausgeschnittener Bluse. Tabori hatte den sicheren Verdacht gehabt, dass die Blonde für die schlaflose Stunde verantwortlich sein musste, während der er in der letzten Nacht ihr durch die Holzdielen kaum gedämpftes Stöhnen gehört hatte, das schließlich in einer Reihe heiserer Aufschreie gipfelte.

Ich bin schon zu lange allein, hatte Tabori in seinem Bett gedacht und dachte es auch jetzt wieder, das tut mir nicht gut, das lässt mich sogar schon neidisch auf eine Glatze im Harley-Davidson-T-Shirt werden! Was ist los mit dir, Alter?

Und was soll das mit diesem Gefühl, dass dich irgendjemand beobachtet? Hör auf damit, du bist kein Bulle mehr, du bist weit weg von allem, niemand will hier etwas von dir, niemand außer Elsbet kennt dich hier, und auch Elsbet ahnt nur, dass du die Anonymität zu schätzen weißt, die die paar Tage in ihrem Hotel dir gewährleisten. Du bist endlich da, wo du schon immer sein wolltest: Ein Privatier, frei von jeder Verantwortung, genieß es! Du bist jetzt 48 Jahre, du hast noch kaum ein graues Haar, du zeigst keinerlei Tendenz, fett zu werden, die meisten Leute würden dich ohne Zögern als attraktiv bezeichnen, du rauchst nur zu viel, und du musst ein bisschen mit dem Alkohol aufpassen, aber sonst ist alles perfekt, du hast noch viel vor dir!

Aber du bist alleine, meldete sich gleichzeitig eine innere Stimme, du hast keine Frau, du hast keine Kinder, du hast niemanden, der zu Hause auf dich wartet, du bist am Ende, Kumpel! Was nützt dir deine ganze Freiheit, wenn du sie nicht genießen kannst, weil du in Wirklichkeit nichts bist als ein ehemaliger Bulle, ein einsamer Wolf, der nicht weiß, womit er seine neu gewonnene Zeit totschlagen soll, und dessen berufsbedingte Paranoia ihn selbst hier noch verfolgt und Gespenster sehen lässt, die es nicht mehr gibt …

Ruckartig drehte Tabori den Kopf. Die Szenerie war die gleiche wie vor einer halben Stunde, nur der Border Collie verfolgte jetzt mit gespitzten Ohren den Flug der heiser krächzenden Möwen, als könnte sich da womöglich eine – wenn auch zweifellos schwierige – Aufgabe für seinen Hüteinstinkt abzeichnen. Die Blonde hatte die Arme hinter dem Kopf verschränkt und hielt ihr Dekolletee in die Sonne, die Glatze schob sich unbeeindruckt eine neue Zigarette zwischen die

Lippen, um sie an der Kippe der alten anzuzünden. Taboris Blick wanderte weiter, längst davon überzeugt, dass sich nicht wirklich etwas verändert hatte. Umso mehr zuckte er unwillkürlich zusammen, als er feststellte, dass die junge Frau mit der Sonnenbrille verschwunden war. Nur die Zeitung lag noch auf ihrem Platz, und der Wind blätterte die Titelseite in unregelmäßigen Abständen gegen die Kaffeekanne in ihrem silbern glänzenden Isoliermantel.

Tabori stand auf. Wie zufällig suchte er sich seinen Weg zwischen den Tischen hindurch, bis er die Schlagzeile lesen konnte, dicke Lettern von roten Balken unterstrichen: DACKELMORD IM REIHENHAUS! Er brauchte einen Augenblick, bis er über den reißerisch-idiotischen Inhalt hinaus das begriff, was das eigentlich Wesentliche war: Er hatte eine deutsche Zeitung vor sich! Gleichzeitig erinnerte er sich plötzlich, die junge Frau heute nicht zum ersten Mal gesehen zu haben.

Als er sich gestern mit Einbruch der Dämmerung zu der Gruppe bereits ausnahmslos alkoholisierter Dänen am Strand gesellt hatte, die um ein gewaltiges Feuer herum irgendeine Geburtstagsparty feierten und jeden weiteren Gast begeistert mit einer bereitwillig geöffneten Flasche Tuborg-Bier begrüßten, hatte für einen kurzen Moment eine Frau vor ihm gestanden, deren Kapuzen-T-Shirt ihm wegen dem großletterigen Aufdruck NIX IS BESSA aufgefallen war. Er hatte noch überlegt, wofür die drei Wörter wohl werben sollten, aber sein eher halbherziger Versuch, die Trägerin unter der Kapuze im flackernden Feuerschein näher auszumachen, wurde von einem laut singenden Dänen vereitelt, der schwankend fest entschlossen war, Taboris Schulter als willkommene Stütze zu missbrauchen. Und als er den Dänen mit einiger Mühe wieder losgeworden war, war auch das Kapuzen-Shirt in der Menge verschwunden.

Aber er war sich jetzt sicher, dass das Kapuzen-Shirt und die junge Frau mit der Sonnenbrille ein und dieselbe Person waren. Und im Nachhinein schien es ihm, als wäre die Begegnung gestern Abend nicht zufällig gewesen, als hätte die Frau bewusst seine Nähe gesucht und dann vielleicht den Mut verloren …

Was soll das, dachte er, du fängst schon wieder an! Du machst dich lächerlich. Niemand hat dich beobachtet. Niemand will irgendwas von dir. Du bist nicht der einzige deutsche Tourist hier, so einfach ist das. Und der Rest ist Einbildung. Wahrscheinlich nichts weiter als dein eigenes Wunschdenken, das dir einen Streich spielt. Und da die Blonde schon an die Glatze vergeben ist, phantasierst du dir irgendein Interesse an dir von der jungen Frau mit der Sonnenbrille zurecht. Das ist echt armselig! Hör auf mit dem Quatsch, oder du findest dich über kurz oder lang in der geschlossenen Abteilung des nächsten Landeskrankenhauses wieder, wo du dich dann für den Rest deines Lebens von blonden Pflegerinnen verfolgt wähnst. Paranoid nennt man so was, und es ist alles andere als witzig!

Unwillig zuckte er mit der Schulter und kehrte der Terrasse den Rücken. Auf den Stufen zum Hotel kam ihm Elsbet entgegen, sie nickte ihm freundlich zu, während sie gleichzeitig einem Bedienmädchen irgendwelche Anweisungen gab.

»Blauer Himmel«, sagte sie, als er schon fast an ihr vorüber war. »Sönes Wetter.«

»Ja. Ich werde vielleicht swimmen gehen.« Es war ihm einfach so rausgerutscht, er hatte Elsbet nicht veralbern wollen, im Gegenteil, er fand ihre dänische Aussprache höchst charmant. Zum Glück hatte sie scheinbar nichts bemerkt.

»Sei vorsichtig«, sagte sie nur. »Es ist eine starke Strömung.«

»Ich passe auf«, versprach Tabori.

Er griff sich seinen Schlüssel vom Brett hinter dem Empfangstresen und stieg die schmale Treppe zu seinem Zimmer hinauf. Auf dem Gang stolperte er fast über einen Wischeimer, im Nachbarzimmer hörte er das Zimmermädchen mit dem Staubsauger hantieren. Als er die Tür aufmachte, sah er den Briefumschlag auf dem Fußboden. Er bückte sich.

Hauptkommissar Tabori, las er die auffällig schräg gestellten Buchstaben. *Persönlich.* Der Umschlag sah aus, als hätte ihn jemand schon länger mit sich herumgeschleppt, die Kanten waren verknickt, es gab weder eine Marke noch einen Poststempel, auf der Rückseite war der Abdruck einer Kaffeetasse. Kein Absender …

Im selben Moment klingelte sein Handy. Tabori legte den Briefumschlag auf die Bettdecke und fischte das Handy aus der Lederjacke, die er noch über der Schulter trug.

»Ja?«

Rauschen. Dann knackte es. Von weit entfernt hört er eine bis zur Unkenntlichkeit verzerrte Stimme: »Bist du das, Tabori? Hier ist …«

Dann war die Verbindung unterbrochen. Tabori blickte auf das Display. Lepcke, teilte ihm die Anruferkennung mit. Sein ehemaliger Kollege beim Morddezernat, nach Taboris Ausscheiden aus dem Dienst umgehend befördert und jetzt also ebenfalls Hauptkommissar. Was ihm Tabori aufrichtig gönnte, ohne jede Frage. Sie waren mehr als nur gute Kollegen gewesen, fast schon Freunde, und auch jetzt noch war Lepcke einer der wenigen, zu denen Tabori nach wie vor Kontakt hielt, wenn sich ihre Gespräche bei den gelegentlichen Treffen in der Kneipe auch fast ausschließlich um Lepckes ständig wechselnde Beziehungen drehten. Gut zehn Jahre jünger als Tabori war Lepcke immer so ziemlich das genaue Gegenteil von allem gewesen, was Tabori zum nachhaltigen Entsetzen des Dezernats verkörperte: Mit dem ordentlichen Haarschnitt und der Verbissenheit, mit der er gerne und meist zu den unpassendsten Momenten die abwegigsten Paragraphen der Dienstordnung bemühte, schien er zum einen dem Bild des kleinkarierten Bürohengstes perfekt zu entsprechen, gleichzeitig hatte er die fast dandyhafte Macke, niemals anders als in maßgeschneiderten Anzügen und mit auf Hochglanz polierten und ausschließlich handgearbeiteten Lederschuhen zum Dienst zu erscheinen. Lepcke war ein Snob, was ebenso zur allgemeinen Verunsicherung beitrug wie seine private Seite, die ihn gänzlich unerwartet als lockeren und bissigschnoddrigen Typen zeigen konnte, der sich über alles lustig machte und nichts jemals ernst zu nehmen schien. Diese Seite war es auch, die die Frauen buchstäblich auf ihn fliegen ließ. Allerdings immer nur genau so lange, bis sie begreifen mussten, dass Lepcke ganz sicher nicht der Richtige war, um im vorstädtischen Reihenhaus mit dem posthorngeschmückten Briefkasten einen Haufen plärrender Kinder großzuziehen.

Aber da Tabori keine Familie mit Lepcke gründen wollte, genügte es ihm zu wissen, dass er sich auf den Freund und Kollegen jederzeit blind verlassen konnte. Und sie waren tatsächlich ein gutes Team gewesen! Mehr als nur einmal hatte Lepcke ihm den Rücken freigehalten, wenn Taboris unorthodoxe Ermittlungsmethoden wieder zu einer Auseinandersetzung mit dem durch und durch hierarchischen Polizeiapparat zu geraten drohten. Tabori, der schon aus Prinzip jeden offiziellen Dienstweg ablehnte, und Lepcke, der allein schon durch sein äußeres Erscheinungsbild auch offensichtliche Verstöße gegen die Regeln als in höchstem Maße unwahrscheinlich wirken ließ. Der Ärger kam meistens erst, wenn der nächstbeste Vorgesetzte erkennen musste, dass er sich von Lepckes Attitüde wieder mal hatte täuschen lassen. Dann stand allerdings meistens schon der Erfolg der Ermittlung fest, und so waren sie beide und jeder auf seine Art immer wieder ungeschoren davongekommen. Bis auf das eine Mal, als ihnen die Sache tatsächlich hoffnungslos aus dem Ruder gelaufen war und das Ganze in einem Desaster endete, aus dem Tabori die längst überfällige Konsequenz gezogen und den Dienst quittiert hatte. Wie es Lepcke jetzt ohne ihn ging, darüber sprachen sie nicht, als würde es keine Rolle weiter spielen. Obwohl Tabori immer mal wieder das unklare Gefühl hatte, sich feige aus der Verantwortung gegenüber dem Kollegen – und vor allem dem Freund – gestohlen zu haben. Und wenn Lepcke ihn jetzt anzurufen versuchte, musste es mehr sein als nur ein neues Problem mit irgendeiner flüchtigen Affäre …

Tabori ließ die Tür offen stehen und eilte die Treppe hinunter. Du reagierst wie ein Pawlowscher Hund, dachte er, dem schon das Wasser im Maul zusammenläuft, wenn er auch nur die vage Idee hat, dass es gleich Futter geben könnte. Gib's zu, Tabori, du bist noch lange nicht fertig damit, dass dich keiner mehr braucht. Du wünschst dir, dass ohne dich gar nichts geht und dass die anderen das endlich begreifen und dich aus deiner Starre befreien. Du bist ein Idiot!

Elsbet hockte auf dem Drehstuhl hinter dem Empfangstresen und tippte irgendwelche Abrechnungen in ihren Computer.

»Ich muss telefonieren«, sagte Tabori. »Das Netz reicht mal wieder nicht.« Zur Erklärung hielt er sein Handy hoch und tippte auf das Display.

Elsbet nickte und schob ihm den Festapparat hinüber.

Er wählte Lepckes Handynummer. Lepcke nahm schon nach dem ersten Klingeln ab.

»Was gibt's?«, fragte Tabori. »Du hast angerufen.«

»Wo bist du?«

»In Dänemark.«

»Wieder in deinem Hotel da?«

»Hab ich dir doch beim letzten Mal erzählt.«

»Und?«

»Was und?«

»Jede Menge schöner Frauen, die nur darauf warten, von einem Ex-Bullen abgeschleppt zu werden?«

»Jede Menge Rentner-Ehepaare, die sich den Magen mit Walnusskuchen voll schlagen, und eine polierte Glatze mit seiner fast schon unanständig dekolletierten Begleiterin, die mich nachts nicht zum Schlafen kommen lassen.«

Lepcke lachte. »Klingt aufregend.«

Das übliche Geplänkel, dachte Tabori, aber deshalb ruft er nicht an. Es muss noch etwas anderes geben, womit er gleich rausrücken wird.

Elsbet warf einen neugierigen Blick zu ihm herüber. Tabori hatte keine Ahnung, wie viel Deutsch sie eigentlich verstand. Er lächelte entschuldigend und drehte ihr den Rücken zu.

30

»Du hast angerufen«, sagte er dann wieder in den Hörer. »Ist irgendwas?«

»Weiß ich noch nicht. Aber wohnt deine Hundefrau da immer noch bei dir im Haus? Du weißt schon …«

»Lisa. Natürlich. Wieso sollten wir nicht mehr zusammen wohnen? – Was willst du von ihr?«

»Ich würde ihr gern ein paar Fragen stellen.«

»Dann ruf sie doch an oder geh einfach hin. Ihr kennt euch lange genug.«

»Ich dachte nur, du könntest vielleicht …«

»Dich ankündigen? Weil du immer noch …«

»Ist ja gut. Wenn du nicht willst …«

»Vielleicht sagst du mir mal, worum es überhaupt geht.«

»Nur ein paar Fragen, sonst nichts. Hat was mit Hundeausbildung zu tun. Polizeihundeausbildung. Davon weiß sie doch was, oder? Ich brauchte jemanden, der von außen kommt und mir ein paar Sachen erklären kann. Ich hab da gerade was, wo ich nicht durchsteige.«

»Und was?«

»Da ist ein Brief für dich gekommen. Adressiert an Hauptkommissar Tabori. Persönlich! Ist bei mir auf dem Schreibtisch gelandet, weil die Sesselpupser nicht wussten, wohin damit. Als hätten sie keine Privatadresse von dir.«

»Absender?«

»Kein Absender.«

»Mach ihn auf.«

»Persönlich. Hab ich doch gesagt.«

»Egal, mach ihn trotzdem auf.«

»Hab ich schon.«

»Dachte ich mir. Und?«

»Nur ein ausgeschnittener Zeitungsartikel. Über diese Sache in der Hundeschule. Du erinnerst dich?«

»Keine Ahnung.«

»Ging kurz durch die Presse. Ich dachte, du hättest das mitgekriegt. Oder … Lisa hätte dir vielleicht was davon erzählt. Angebliche Tierquälerei von Diensthunden. Aber die offizielle Untersuchung hat nichts ergeben. Freispruch für den betroffenen Hundeführer, kleine Geldbuße wegen einer Ordnungswidrigkeit. Nebensächlich. Das steht auch in dem Artikel. Aber da ist noch was …«

»Ja?«

»Da ist ein Zettel drangeklebt. An den Artikel, meine ich. So ein gelber Klebezettel. Aber trotzdem noch mit einer Büroklammer. Gelbschwarz, wie die Tigerente von Janosch. Wusstest du, dass es gelbschwarze Büroklammern gibt?«

»Mann, Lepcke, du machst mich echt fertig! Steht irgendwas auf dem Zettel?«

»Klar. Vier Wörter, warte, ich lese vor: Darum geht es nicht!«

»Was? Das verstehe ich nicht. Worum geht es nicht?«

»Um die Tierquälerei, denke ich mal.«

»Und worum geht es dann? Ich kapier's nicht«, wiederholte Tabori. »Sonst steht da nichts? Nur dieses ›Darum geht es nicht‹?«

»Sag ich doch.«

»Warte mal … Die Schrift, wie sieht die aus? Auf dem Zettel und auf dem Umschlag. Auffällig schräg gestellte Buchstaben?«

»Woher weißt du? Stimmt.«

»Vergiss es. War nur so eine Idee, ich …« Tabori hatte es

32

plötzlich eilig, das Gespräch zu beenden. »Vergiss es«, wiederholte er. »Ich melde mich wieder bei dir. In ein paar Tagen bin ich ohnehin wieder zu Hause.«

»He, was ist los mit dir? Warte mal! Meinst du, ich kann jetzt wirklich einfach klingeln und …«

»Klingeln? Bei wem?«

»Na ja, also ich bin hier gerade bei dir vorm Haus …«

»Du nervst! Natürlich kannst du bei Lisa klingeln. Wenn du irgendwas über Hundeausbildung wissen willst, ist sie in jedem Fall die Richtige. Und sie hat nichts gegen dich, das bildest du dir nur ein. Sag ihr liebe Grüße von mir, und dass du mit mir telefoniert hast. Behaupte meinetwegen, ich hätte dir geraten, sie anzusprechen. Und versuch, deinen Charme ein bisschen in Grenzen zu halten. Sie steht nicht auf so was.«

»Ich weiß. Deshalb ja, also …«

»Ich melde mich.«

Tabori legte den Hörer auf. Bei dem Gedanken, dass Lepcke gleich Lisa besuchen würde, musste er unwillkürlich grinsen. Natürlich hatte Lisa etwas gegen Lepcke. Hatte sie schon immer gehabt, von Anfang an. Sie konnte Lepcke nicht ausstehen und hielt ihn für eine Art Wolf im Schafspelz. Dass Tabori ihr ein paar Mal von Lepckes Affären erzählt hatte, hatte die Sache nicht unbedingt besser gemacht. Und nach wie vor nahm sie es Lepcke persönlich übel, dass er nicht mit Tabori zusammen den Dienst quittiert hatte, »sondern weiter ein System unterstützt, dass nur auf Speichelleckerei und Willkür aufgebaut ist« – ihre eigenen Worte, mit denen sie mehr als nur einmal auch Lepcke selber konfrontiert hatte. Bis er Tabori darum gebeten hatte, dass sie sich fortan in der Kneipe trafen …

Elsbet war in der Küche, Tabori konnte ihre Stimme hören, es schien Ärger zu geben. Er stellte das Telefon zurück.
Der Wischeimer stand jetzt genau vor seiner Tür, das Zimmermädchen war gerade dabei, den Flickenteppich vor dem
Bett zu saugen. Das Fenster war geöffnet, der Himmel war
wolkenlos. Der Brief auf der Bettdecke war verschwunden.

3

»Ach, das meinst du«, sagte Tabori, während seine Hand nach den Zigaretten in der Tasche tastete.

»Das meine ich«, kam es von Lepcke.

»Lass uns eine rauchen«, schlug Tabori vor. »Dann erzähl ich dir meine Geschichte.«

»Das wird dem Leichenfledderer nicht gefallen«, grinste Lepcke, während er eine Zigarette aus der zerdrückten Packung fischte, die Tabori ihm hinhielt.

»Wenn er sich beschwert, kannst du immer noch behaupten, es wäre mein letzter Wunsch gewesen«, grinste Tabori zurück. »Bevor du mich auf seinen im höchsten Maße hinterfotzigen Rat hin mit dem Skalpell filetieren wolltest.« Er ließ sein Zippo aufschnappen und gab erst Lepcke und dann sich selber Feuer.

Sie rauchten.

»Ich höre«, erinnerte Lepcke, als Tabori keine Anstalten machte anzufangen.

»Sag du erstmal, was du zu wissen glaubst.«

Lepcke verdrehte die Augen. »Weil du es bist. – Also, die Anwärterin schreibt dir einen Brief. Anonym und …«

»Woher weißt du, dass sie es war?«

Lepcke stieß den Rauch aus.

»Wir haben die Zeitung bei ihr im Zimmer in der Ausbildungsstätte gefunden, aus der sie den Artikel ausgeschnitten hatte. Zufrieden?«

Tabori nickte.

»Weiter«, sagte Lepcke. »Ein anonymer Brief, aber mit deinem alten Titel vor dem Namen. Ergo, sie wusste offensichtlich, wer du bist.«

»Aber sie wusste nicht, dass ich aus dem Verein ausgestiegen bin.«

»Akzeptiert, aber im Moment bedeutungslos. Ich rufe dich in Dänemark an und erzähle dir von dem Brief. Und du fragst sehr konkret, ob die Anschrift – ich zitiere aus dem Gedächtnis – in ›auffällig schräg gestellten Buchstaben‹ geschrieben sei. Als ich das bestätige, hast du es plötzlich sehr eilig, das Gespräch zu beenden, und faselst irgendwas, dass du dich melden würdest, wenn du zurück bist. Ergo, du kanntest ihre Schrift! Volltreffer! Du wusstest genau, von wem ich rede. Und der Schluss liegt nahe, dass es entweder noch mehr Briefe von ihr an dich gibt oder dass du sonst irgendwie …«

Er ließ seine Vermutung unausgesprochen und blickte Tabori auffordernd an.

Tabori missbrauchte eine Nierenschale als Aschenbecher. »Und das ist alles?«

»Spiel keine Spielchen, Tabori! Ich warte auf deine Antwort.«

»Nein, du hast noch mehr. Ich kenne dich, vergiss das nicht.«

»Hab ich fast vergessen, gut, dass du mich daran erinnerst. – Also, sie war in Dänemark, zur gleichen Zeit wie du. Und im gleichen Hotel! Wir haben die Rechnung bei ihr im Portemonnaie gefunden. ›Lerup Strandhotel‹. Zwei Übernachtungen, vom 6. und vom 7. September.«

»Okay«, sagte Tabori, »jetzt meine Version. – Wahrscheinlich hat sie mir einen Brief unter der Tür durchgeschoben, deshalb kannte ich die Schrift. Und, ja, ich hatte einen Verdacht, von wem der Brief war. Ich hatte das Gefühl, dass mich jemand beobachtet oder Kontakt zu mir sucht, was weiß ich. Und wahrscheinlich war sie es ...« Er nickte mit dem Kopf zu der Frauenleiche hinüber. »Größe und Figur könnten in etwa hinkommen. Mann, ich hab sie nur zweimal gesehen, einmal im Dunkeln mit einer Kapuze über dem Kopf und einmal mit Sonnenbrille und einer Zeitung vor dem Gesicht. Okay, natürlich war sie es, deine Fakten sind ziemlich eindeutig. Aber ich kenne sie trotzdem nicht.«

Lepcke zog die Augenbrauen hoch. »Und der Brief, den sie dir unter der Tür durchgeschoben haben soll?«

»Ist weg. Ich hab ihn nie gelesen.«

»Was?«

»Wie ich's sage. Ich wollte ihn gerade aufmachen, als du angerufen hast. Aber das Netz hat nicht gereicht, deshalb bin ich runter und habe dich zurückgerufen. Und als ich danach wieder in mein Zimmer kam, hatte das Zimmermädchen inzwischen sauber gemacht und aufgeräumt. Und das gründlich! Mit dem Ergebnis, dass der Brief verschwunden war.«

»Moment, du willst behaupten ...«

»Ich weiß selber, dass das bescheuert klingt! Und frag mich mal, wie blöd ich geguckt habe. Aber aus dem Mädchen war nichts rauszukriegen. Sie hat ohnehin kein Wort verstanden, eine Vietnamesin, glaube ich. Auch als ich die Hotelchefin dazugeholt habe, hat es nichts weiter gebracht, als dass sie mich beide für verrückt gehalten haben. Ich habe das ganze Zimmer auf den Kopf gestellt und sogar ihren Müllsack durchwühlt, nichts! Die einzige Erklärung ist, dass sie den

Brief eingesteckt hat, weil sie vielleicht Geld in dem Umschlag vermutet hat.«

»Klar«, nickte Lepcke. »Vietnamesisches Zimmermädchen beklaut die Gäste, logisch. So sind sie, die Schlitzaugen, es ist immer dasselbe!«

»Ich weiß selber, dass das lächerlich klingt, aber ...« Tabori breitete die Arme aus und hob als Zeichen der Ratlosigkeit die Hände.

Für einen Moment sagte keiner von ihnen etwas.

Dann fragte Lepcke: »Und die Anwärterin? Also die Frau mit der Kapuze und der Sonnenbrille, meine ich, die ist dir nicht noch mal zufällig über den Weg gelaufen? Und nach ihr gesucht hast du auch nicht? Ich meine nur, weil du ja immerhin den Verdacht hattest, dass sie dich beobachtet.«

»Sie hat am selben Vormittag ausgecheckt. Der zeitliche Ablauf passt. Sie war schon auf der Terrasse, als ich mich in die Sonne gesetzt habe, da bin ich sicher. Dann hatte ich dieses komische Gefühl, aber ich muss zu lange gewartet haben. Frag nicht, warum! Ich hab es einfach nicht wahrhaben wollen und eher gedacht, dass ich langsam reif für die Klapse bin. Und dann war sie jedenfalls weg. Wie gesagt, es passt, wenn sie die Feuertreppe genommen hat, die außen am Haus zu den Zimmern im ersten Stock hochführt, hab ich sie auch nicht gesehen, als ich nach oben bin, um meine Badesachen zu holen. Sie kann mir also gut vorher den Brief durchgeschoben haben. Und als ich dann nach unserem Telefongespräch das Zimmermädchen zur Rede gestellt habe, hat sie unten bei Elsbet ausgecheckt und ist gefahren. Elsbet konnte sich auch noch daran erinnern, dass sie weg ist, kurz bevor ich mit dem Zimmermädchen zu ihr kam, um den Zirkus perfekt zu machen. Es ist eng, aber es passt. Und eine andere Erklärung habe ich nicht.«

»Schade eigentlich«, sagte Lepcke. »Und du hast auch nicht bei deiner dänischen Hotelchefin da vielleicht mal nachgefragt, wer die geheimnisvolle Fremde eigentlich war? Wie sie hieß? Wo sie herkam? Das hat dich alles nicht interessiert? Überhaupt hat dich eigentlich gar nichts interessiert, scheint mir. Und deshalb hast du dich von unterwegs auch nicht noch mal gemeldet, und als du jetzt wieder zu Hause warst, hast du es auch nicht für nötig gehalten…«

»Was hätte ich dir am Telefon erzählen sollen? Diese Geschichte, die du jetzt kennst? Ich bin erst gestern Abend zurückgekommen, wie du ja wahrscheinlich längst weißt. Klar, die Sache ging mir nicht aus dem Kopf. War ja auch merkwürdig genug, das Ganze. Und – nur damit du beruhigt bist – natürlich habe ich versucht, ihren Namen rauszukriegen, aber Elsbet war so sauer auf mich, dass sie mir noch nicht mal mehr das Gästebuch gezeigt hat. Also habe ich das sozusagen als kleinen Wink des Schicksals genommen, die Sache auf sich beruhen zu lassen. Verstehst du, ich wollte wenigstens einmal konsequent bleiben und meine Ferien zu Ende bringen, ohne gleich wieder in die alten Muster zu verfallen. Ist mir schwer genug gefallen, glaub mir. Vielleicht habe ich auch gehofft, dass sich die Sache längst aufgeklärt hat, bis ich zurück bin. Mann, ich war mir doch noch nicht mal sicher, ob diese Frau überhaupt was damit zu tun hat! Ich wusste weder, dass sie auch zum Verein gehörte, noch konnte ich ahnen, dass sie …«

Mit einem Blick auf die Leiche zuckte er hilflos mit den Achseln. »Erzähl mir ein bisschen mehr, was das mit dieser Hundeschule da auf sich hat. Ich hab noch nicht mal mit Lisa geredet, weil sie gestern Abend nicht da war. Aber du warst bei ihr?«

»Sie wird es dir sowieso erzählen«, sagte Lepcke. »Von mir hörst du nichts mehr dazu. Du bist draußen, Alter. Und ich würde es auch dabei belassen, wenn ich du wäre. Ich schreib ein paar Sätze für die Akten, dass sie versucht hat, mit dir Kontakt aufzunehmen, aber dass du sie nicht kennst. Und die Geschichte mit dem zweiten Brief da in Dänemark lassen wir mal schön unter den Tisch fallen. Nicht mal ich würde das so formuliert kriegen, dass es irgendjemand glaubt. Und das war's, aus, fertig. Ich wollte nur wissen, ob du irgendwie in der Schusslinie bist oder nicht. Und das weiß ich ja jetzt.«

»Du glaubst mir nicht richtig, oder?«, knurrte Tabori mehr feststellend als fragend. »Hör mal, Lepcke, warum sollte ich dir irgendeinen Blödsinn erzählen, das macht keinen Sinn! Es war genauso, wie ich es gesagt habe. Und falls ich jetzt ein Alibi brauche, zur Tatzeit war ich im Hotel, und zwar in beiden Fällen, du kannst gerne anrufen, wenn du das bestätigt haben willst.«

Er wusste selber, dass er unnötig aggressiv klang, aber die Sache ging ihm tatsächlich an die Nieren, und dass ausgerechnet Lepcke Zweifel an seiner Aussage hatte, verletzte ihn mehr, als er sich eingestehen wollte.

Aber bevor Lepcke noch mal antworten konnte, knallte die Tür gegen die Wand und Bohnenkamp kam auf sie zugestürmt. »Wenn ihr euren Plausch vielleicht irgendwo anders fortsetzen könntet, Leute, ich hab zu tun!« Er hob den Kopf und zog die Luft durch die Nase. »Das ist frech, sogar für eure Verhältnisse! Ihr habt in meinem Obduktionssaal geraucht! Das ist …«

»Halt's Maul«, sagte Lepcke nur, während er auf den Ausgang zusteuerte, ohne auf Tabori zu warten.

»Wie war das? Ich glaube, ich höre irgendwie schlecht!«

Tabori nahm das eingeschweißte Skalpell, das immer noch auf dem Tisch lag, und schob es in die Innentasche seiner Lederjacke.

»He, das ist Aneignung von Landeseigentum!«, kam es augenblicklich von Bohnenkamp

»Schreib einen Bericht«, flüsterte Tabori nahezu tonlos. »Oder noch besser, beschwer dich gleich bei deinen Freunden ganz oben, wenn du das nächste Mal mit ihnen Golf spielst. Oder trefft ihr euch inzwischen im Saunaclub?«

Billig, dachte er, während er den Raum verließ. Das hätte noch nicht mal für einen schlechten Dialog im Fernsehen gereicht, du lässt nach, Tabori!

Als er sich vor der Tür eine neue Zigarette anzündete, zitterten seine Hände. Nicht stark, aber es irritierte ihn trotzdem. Er beschloss, zu Fuß nach Hause zu laufen. Ein Spaziergang würde ihm gut tun. Er musste nachdenken, irgendetwas gab es, was er übersehen hatte.

Eine tote Taube lag mit verdrehtem Kopf im Rinnstein. Tabori überquerte die Straße, um sich in der Bäckerei gegenüber erst noch einen Kaffee zu holen. Das Plakat im Schaufenster warb mit dem Satz: COFFEE TO GO – JETZT AUCH ZUM MITNEHMEN!

4

»Mein T-Shirt steht dir«, lachte Lisa, als Tabori die Spaghetti verteilte und das Olivenpesto auf den Tisch stellte. »Warst du damit auch im Präsidium?«

»In der Gerichtsmedizin«, präzisierte Tabori und nickte.

»Gab es da nicht diesen aufgeblasenen Fatzke, der als Hobby alles aus seinen Leichen schneidet, was man vielleicht noch mal unter der Hand verkaufen kann? Wir waren doch mal auf einer Party bei ihm, wo er mir stolz seinen Keller gezeigt hat, mit den Regalen mit Herzschrittmachern und künstlichen Hüftgelenken und ...«

»Bohnenkamp«, bestätigte Tabori. »Es gibt ihn immer noch.« Er schob sich eine Gabel Spaghetti in den Mund. »Heute hat er Lepcke nahe gelegt, mir die Kehle durchzuschneiden.« Tabori grinste und zog das Skalpell aus der Jacke, die über der Stuhllehne hing.

»Aber Lepcke hat sich nicht getraut?«

»Hör auf, Lepcke ist okay.«

»Sagst du!« Lisa zog das Skalpell aus der Plastikfolie und drückte die Klinge in ihre Spaghetti. »Funktioniert.«

»Ich schenke es dir. Aber ich hab dir noch was mitgebracht. Hier, vom Strand ...«

Er legte ein Spielzeugauto auf den Tisch. Ein Matchbox-Modell, ein Jeep ohne Vorderräder, auf dessen blank geschliffenem Metall sich Miesmuscheln und Seepocken festgesetzt hatten.

»Sieht gut aus«, sagte Lisa und platzierte das Modellauto als Briefbeschwerer auf der Post vom Morgen. »Keine alten Gummihandschuhe diesmal?«, fragte sie dann mit leicht spöttischem Grinsen.

»Keine Gummihandschuhe«, lachte Tabori, »obwohl ich ein paar feine Exemplare gefunden habe. Ich habe sie als Witz mal mit Sand gefüllt und am Flutsaum aufgestellt. Einer, der alle fünf Finger hochhält, einer, der ein Peacezeichen macht, einer mit ausgestrecktem Mittelfinger. Ich habe ein paar Fotos davon, zeige ich dir später.«

»Mit anderen Worten: Du hast dich bestens amüsiert und die Möwen erschreckt.«

»Nicht nur die Möwen! Auch ein paar dänische Rentner!«

Sie setzten ihr Geplänkel noch eine Weile fort, bis Tabori seinen Teller beiseite schob und die Espressokanne auf den Herd stellte. In wenigen Sätzen erzählte er ihr, was er auch Lepcke berichtet hatte. Lisa hörte zu, ohne ihn ein einziges Mal zu unterbrechen. Nur als er davon sprach, dass er sich gezwungen hatte, die Verkettung von merkwürdigen Umständen zu ignorieren und erstmal seine Ferien zu Ende zu bringen, zog sie fragend die Augenbrauen hoch. Als er dann von dem durch Folter getöteten Oberkommissar berichtete, stieß Lisa überrascht die Luft aus.

»Das mit dem Selbstmord stand in der Zeitung, aber ohne Namen oder irgendeinen Hinweis darauf, dass es um eine Polizistin ging. Nur dass sich eine junge Frau vor den ICE geworfen hat. Von der anderen Sache habe ich überhaupt nichts gelesen.«

»Wahrscheinlich gibt es eine Informationssperre, bis sie mehr wissen. Sie ermitteln noch. Und da das Ganze ja auf dem Ausbildungsgelände passiert ist, hat auch die Presse noch nicht unbedingt was davon mitgekriegt.«

Lisa zog die Unterlippe zwischen die Zähne und starrte vor sich auf die Tischplatte.

»Aber jetzt du«, sagte Tabori. »Ich muss kapieren, was da los ist. Lepcke war hier und hat dir irgendwelche Fragen gestellt ...?«

Der Kaffee brodelte, zischend entwich heißer Wasserdampf durch den Dichtring, der länger schon ausgetauscht werden musste.

Lisa deckte ihre Tasse mit der Hand ab, als Tabori ihr einschenken wollte.

»Ich möchte nicht, danke. – Lass uns da hinfahren!«, sagte sie dann unvermittelt. »Ich erzähl dir auf dem Weg, was ich weiß.«

Sie stand auf. Gleichzeitig sprangen die beiden Hunde hoch, die schlafend vor dem Sofa gelegen hatten.

»Ihr könnt mit«, sagte Lisa.

Die Hunde stürmten schwanzwedelnd zur Tür.

»Moment mal, wohin?«, fragte Tabori irritiert.

»Zu der Polizeikaserne, in der die Anwärter für die Hundeführerausbildung untergebracht sind. Ist nicht so weit, du müsstest das Gelände eigentlich kennen.«

»Ich weiß, wo es ist. Aber was ...«

»Ich will, dass du die Atmosphäre da mitkriegst. Wenn ich dir gleich ein paar Sachen erzählt habe, begreifst du, warum. – Aber du bist dir sicher, dass du dich da einmischen willst? Ich meine, es geht dich nicht wirklich was an, du könntest die Sache mit dem Brief auch einfach vergessen und ...«

»Fahren wir«, sagte Tabori nur und warf sich seine Lederjacke über die Schulter.

Als Lisa im Frühjahr bei Tabori ins Haus gezogen war, hatte er nicht geahnt, was das für seinen Alltag bedeuten würde. Lisa suchte eine Bleibe für sich und ihre Hunde – und er hatte Platz. Die heruntergekommene Vorstadtvilla, die er unerwartet von einem entfernten Onkel geerbt hatte – drei Zimmer im Erdgeschoss mit Zugang zu dem verwilderten Garten, eine zweite Wohnung darüber mit der Möglichkeit, den Dachboden zu integrieren und auszubauen –, schien wie gemacht dafür zu sein, zwei schrägen Vögeln wie Lisa und ihm ein neues Zuhause zu bieten. Er hatte Lisa kennen gelernt, als sie auf der Suche nach dem Mörder ihres jüngeren Bruders gewesen war und sich mit einer verzweifelten Wut, die schon fast eine selbstmörderische Tendenz ahnen ließ, in eben jenen Fall verstrickte, in dem auch Tabori als verantwortlicher Beamter der Mordkommission ermittelte und der schließlich – ungelöst – das Ende seiner Laufbahn bei der Polizei bedeutete.

Fast zeitgleich war der Onkel gestorben und Tabori fand sich plötzlich als Hausbesitzer und Privatier wieder, der nun irgendeinen Sinn in sein weiteres Leben bringen musste. Zusätzlich zu dem Haus hatte der Onkel ihm ein Sparguthaben vermacht, das bei vorsichtigem Gebrauch ein paar Jahre reichen würde. Tabori fühlte sich nicht unbedingt wohl in seiner neuen Rolle, aber zunächst hatte es auf der Hand gelegen, Lisa das Erdgeschoss anzubieten, ohne lange über irgendwelche Konsequenzen nachzudenken. In der ersten Begeisterung über diese für beide Seiten scheinbar befriedigende Lösung hatten sie eine gemeinsame Küche eingerichtet, die der Mittelpunkt ihres neuen Lebensentwurfs werden sollte – zwei getrennte Wohnungen, die genügend Rückzugsmöglichkeiten boten, und die Küche als eine Art sozialer Raum, der den unbedingten Vorsatz unterstreichen sollte, sich nicht vom Rest der Welt abzukapseln, sondern Freunde einzuladen, Gäste zu bewirten, ein offenes Haus für andere schräge Vögel zu bieten.

Was Tabori dabei unterschätzt hatte, war das Problem der Nähe, vor der sie beide deutlich zurückschreckten. Theoretisch waren ihre Absprachen klar, bei der zurückliegenden Ermittlung hatten sie kurz eine heftige, wenn auch eher von ihrer beider Einsamkeit und Lisas Verzweiflung geprägte Liebesaffäre gehabt, danach hatten sie nur noch ein einziges Mal miteinander geschlafen. Dann war es einfacher gewesen, sich aus dem Weg zu gehen, als sich in irgendwelchen zweifellos drohenden und aller Wahrscheinlichkeit nach endlosen Beziehungsdiskussionen aufzureiben. Und das »offene Haus« war mehr oder weniger zum Flop geworden, als klar wurde, dass Lisa in ihren Einschätzungen von Taboris Freunden ebenso kompromisslos war, wie die Freunde sie umgekehrt meist schon nach dem ersten Abend im besten Fall als »unhöflich« empfanden, da sie – je nach Stimmung – durchaus auch in der Lage war, sich jeder Form von belanglos dahinplätschernder Kommunikation brüsk zu verweigern.

Das war auch Lepckes Problem mit ihr, und seine Bedenken neulich, sie überhaupt aufzusuchen, waren durchaus nachvollziehbar. Dennoch konnte Lisa auch witzig und locker sein und verfügte über ein Allgemeinwissen, das Tabori häufig genug verblüffte. Aber immer gab es da etwas an Lisa, das wie eine dunkle Wolke über ihr zu schweben schien, dass es mit dem Tod des Bruders zu tun hatte, war Tabori klar, aber

46

er wusste nicht, wie er anders helfen sollte, als einfach da zu sein, wenn sie ihn brauchte.

Dass Lisa darüber hinaus die Arbeit und das Leben mit ihrem Hunderudel über alles andere stellte, war auch für Tabori nicht nur immer noch gewöhnungsbedürftig, sondern teilweise in höchstem Maße anstrengend. Lisas Hunde – durchweg Border Collies – waren allgegenwärtig, zurzeit waren es fünf. Einmal schon hatte es Welpen gegeben, dann war jeder Gang durch den Garten zum Hindernislauf zwischen abgekauten Knochen, zerbissenen Frisbeescheiben und wohlgeformten, aber nichtsdestotrotz unangenehm riechenden Häufchen geworden, von den diversen Pfützen im Treppenhaus ganz zu schweigen.

Doch Lisa bei der Arbeit mit dem Rudel zuzusehen, hatte immer aufs Neue etwas Faszinierendes für Tabori – wenn die Hunde mit ungeteilter Aufmerksamkeit alles daran setzten, jedes Wort, jede Geste von Lisa richtig zu interpretieren und augenblicklich zu befolgen. Sie waren so eindeutig auf Lisa und ihre lobende Zuneigung fixiert, dass es Tabori manchmal regelrecht einen Stich versetzte, der unangenehm nach Eifersucht schmeckte.

Zwei Rüden und eine Hündin waren für die Trümmersuche ausgebildet, die Rüden hatten außerdem verblüffende Erfolge bei der Leichensuche im Wasser. Und das war auch Lisas nicht eben konfliktfreier Kontakt zur Polizei. Zwar arbeitete sie offiziell für das Technische Hilfswerk, aber wann immer es um Wassersuche ging, wurden sie und ihre Hunde als Spezialisten angefordert. Lisas beständiger Ärger dabei war die ihrer Meinung nach völlig unzureichende Ausbildung der polizeieigenen Hunde, die ausschließlich zum öffentlichkeits-

wirksamen Foto für die Presse mitgebracht wurden und auch
zu kaum etwas anderem taugten: »Sie sind bestenfalls für die
Rauschgiftsuche geeignet. Alles andere kannst du vergessen.«

Dass sie solche Sätze wiederholt auch vor Ort und gegenüber den anwesenden Journalisten geäußert hatte, hatte
ihr nicht gerade Freunde gebracht, vor allem in der entsprechenden Abteilung der Polizei galt sie als »unbequem« und
»arrogant«, allein aufgrund des offensichtlichen Erfolgs ihrer
Hunde wurde sie nach wie vor dann hinzugezogen, wenn die
Polizeihunde längst kläglich versagt hatten.

Rinty und Beago, die beiden Rudelbosse – der eine braun-
weiß gefleckt, der andere mit der typisch schwarzweißen
Zeichnung des Border Collies – sprangen hechelnd in den
verbeulten Fiat Ducato, kaum dass Lisa die Schiebetür geöffnet hatte.

»Ich fahre«, erklärte Lisa und kletterte hinter das Lenkrad
des Lieferwagens.

»Ich hab nur Kaffee getrunken«, wendete Tabori ein, obwohl er wusste, dass jeder Widerspruch ohnehin zwecklos
war.

Es war nur so, dass er sich nicht unbedingt gerne von Lisa
kutschieren ließ. Lisas Fahrstil war nicht gerade nervenscho-
nend, sie sah den Lieferwagen eher als willkommene Möglichkeit zum Abbau von Aggressionen, denn als gut drei Tonnen
schwere potentielle Gefährdung von anderen Verkehrsteil-
nehmern. Im Gegenzug machte sich Lisa gerne lustig über
Taboris »Rentnerfahrstil«, wie sie es nannte. Und tatsächlich
fühlte sich Tabori auf seinem Fahrrad deutlich wohler als hinter irgendeinem Lenkrad.

Der Ducato – ein ausrangierter Paketlieferwagen, der Lisa

bei ihren Hundeeinsätzen auch als Wohnmobil diente – ließ eine schwarzblaue Dieselwolke in der Einfahrt zurück, bevor er lärmend beschleunigte. Vor wenigen Wochen erst hatte ihre Autowerkstatt ihnen angekündigt, dass die Tage des gelben Kastenwagens wohl gezählt sein würden: »Die Maschine wird auch noch mal hunderttausend laufen, aber drumrum fällt euch demnächst alles ab. Es ist ein Fiat, Leute, da ist nichts zu machen.«

Durch das geöffnete Seitenfenster hörte Tabori das enttäuschte Heulen der drei anderen Hunde, die in ihrem Zwinger zurückbleiben mussten. Rinty blaffte von hinten eine kurze Antwort.

Tabori fischte seine Zigaretten aus der Lederjacke, musste sich im nächsten Moment aber schon am Armaturenbrett festklammern, als Lisa irgendeinem SUV rücksichtslos die Vorfahrt nahm.

»Ich bin da über was gestolpert«, leitete Lisa ihren angekündigten Bericht ein. »Lepcke hat dir nur von der Sache mit der Tierquälerei erzählt, richtig?«

Tabori nickte, während er misstrauisch beobachtete, wie Lisa den Fiat auf die Straßenbahnschienen lenkte, um ein Taxi zu überholen, das zumindest nach Taboris Einschätzung schon deutlich die vorgeschriebene Geschwindigkeit überschritt. Als der Ducato zurück auf die Fahrspur wechselte, stieß Tabori erleichtert die Luft aus.

Lisa warf ihm einen spöttischen Seitenblick zu. »Du bist eindeutig zu lange in Dänemark gewesen. Das tut dir nicht gut.«

»Aber es schont die Nerven, glaub mir …«

»Also, pass auf, es ging nicht nur um Tierquälerei, da war

noch mehr. Ich hab einen Zeitungsartikel dazu gefunden. Greif mal ins Handschuhfach, da muss die Kopie liegen.«

Tabori brauchte einen Moment, bis er den entsprechenden Zettel zwischen Lisas Zigaretten, mehreren aufgerissenen Packungen Fisherman's Friend, verschiedenen Sorten Hundeleckerlis und Stapeln von Tankquittungen und Ordungsamts-Mitteilungen wegen Falschparkens gefunden hatte.

Er faltete das Din-A4-Blatt auseinander. Als er anfing zu lesen, stieß er unwillkürlich einen Pfiff aus.

»Der anonyme Hinweis auf angebliche Skandale an der Polizeihundeschule in der Ortschaft Bennemühlen hat sich als haltlos erwiesen. Nach Angaben der Staatsanwaltschaft Hannover ergab sich nach der Befragung von Zeugen kein Hinweis auf sexuelle Erniedrigungen oder Nötigungen von Hundeführerinnen. Bei einigen der in dem anonymen Brief genannten Vorfälle handelt es sich nach diesen Justizangaben um ›Erstlingshundeführertaufen‹ am Ende von Lehrgängen, die jedoch von allen Beteiligten als ›Mordsspaß‹ empfunden worden seien. Von den zwölf Polizistinnen, die in den letzten drei Jahren in Bennemühlen ausgebildet wurden, waren neun von erfahrenen Staatsanwältinnen zu den Vorwürfen befragt worden. Diese Befragungen hätten keine Hinweise auf strafrechtliches Fehlverhalten ergeben. Die nicht befragten Beamtinnen waren für eine Stellungnahme nicht erreichbar.

Der anonyme Briefschreiber hatte behauptet, junge Polizisten hätten in Bennemühlen Urin trinken und aus Essensresten und Abfällen gemischte Speisen essen müssen. Außerdem wären sie von Vorgesetzten regelmäßig zu ›perversen Sexspielen‹ gezwungen worden. Die befragten Frauen berichteten jedoch ausnahmslos, ihnen sei davon nichts bekannt.

Bestehen bleibt allerdings der Vorwurf der Tierquälerei. Ein Polizeibeamter soll während der Diensthundeausbildung ein Stromimpulsgerät wiederholt auf zu hoher Stufe (13 von 15) angewandt haben. Stromimpulsgeräte gehören zu einer gängigen Methode der Ausbildung von Diensthunden, gelten aber normalerweise als ›wenig belastend‹ für die Hunde. Dennoch hat die Staatsanwaltschaft eine Untersuchung eingeleitet.«

5

»Aus welcher Zeitung hast du das?«, fragte Tabori, nachdem er auf dem Blatt vergeblich nach dem Zeitungsnamen oder einer Datumsangabe gesucht hatte. »Lepcke hat kein Wort davon erwähnt. Und der Artikel, der an mich adressiert war, muss später erschienen sein. Da war der Hundeausbilder bereits vom Vorwurf der Tierquälerei freigesprochen. Freispruch, aber 200 Euro Geldbuße wegen einer Ordnungswidrigkeit, eben diese Geschichte mit den Stromschlägen. Von den anderen Sachen war nie die Rede. Gibt es einen Namen von dem Hundeausbilder?«, stellte Tabori die nächste Frage, noch bevor Lisa antworten konnte. Sie warf ihm einen Blick zu, der unmissverständlich sagen sollte: Vielleicht benutzt du einfach mal deinen eigenen Kopf!

»Okay, schon klar«, nickte Tabori. »Natürlich dieser Jonschoneck oder -nick, den Lepcke mir heute Morgen präsentiert hat. Folter mit Todesfolge. Ich hätte in der Pathologie schon drauf kommen müssen. Aber wahrscheinlich war ich zu beschäftigt damit, Lepcke meine Geschichte aus Dänemark wenigstens halbwegs glaubhaft zu verkaufen …«

»Ich glaube übrigens, er ist mir zwei- oder dreimal über den Weg gelaufen«, sagte Lisa einen Augenblick später. »Joschonick, meine ich. So viele Ausbilder haben sie da ja nicht.«

»Und?«

»Unangenehmer Typ. Seine Hunde haben immer nur aus Angst gearbeitet, nie aus Vertrauen.«

Tabori nickte. Jemanden danach einzuschätzen, wie er mit seinen Hunden umging, war typisch für Lisa. Aber in diesem speziellen Fall war ihr Urteil zweifellos nicht nur begründet, sondern auch von Bedeutung.

»Dabei fällt mir gerade ein, dass ich Joschonick wenigstens bei dem einen Mal zusammen mit einem Typen von der Drogenfahndung gesehen habe, der ihn irgendwie besser zu kennen schien als nur so von Kollege zu Kollege. Ganz nett eigentlich, Hans, glaube ich, Nachnamen weiß ich nicht mehr, aber irgendjemand von den Rauschgifthunden müsste eigentlich wissen, wo man ihn erreichen kann.«

»Könnte einen Versuch wert sein«, stimmte Tabori ihr zu.

Sie hatten das triste Gewerbegebiet und die Neubausiedlungen von Altwarmbüchen passiert und hingen jetzt hinter einem Trecker, der Lisas Aufmerksamkeit in Anspruch nahm. Als sie in einer lang gezogenen Kurve endlich die Gegenfahrbahn übersehen konnte, stemmte sie die Hand auf die Hupe und setzte zum Überholen an. Tabori machte schnell die Augen zu, um nicht den Motorradfahrer sehen zu müssen, der ihnen unerwartet mit viel zu hohem Tempo entgegenkam.

»Du wolltest wissen, in welcher Zeitung der Artikel erschienen ist«, nahm Lisa gleich darauf ihr Gespräch wieder auf.

»Hier steht nichts«, sagte Tabori. »Das ist keine Kopie von einer Zeitungsseite, das ist nur der Artikel.«

»Weil er nie gedruckt wurde«, bestätigte Lisa. »Er war schon im Stehsatz und ist im letzten Moment zurückgezogen worden. Erschienen ist nur die verstümmelte Meldung, dass die Staatsanwaltschaft wegen Tierquälerei ermittelt.«

»Und woher …«

»Meine alten Kontakte funktionieren manchmal noch. Es gibt da einen Redakteur, der ein bisschen angepisst war, weil sie ihm wieder mal seinen Text zusammengestrichen haben. Und zumindest kam es ihm in diesem Fall merkwürdig genug vor, um den vollständigen Artikel aufzuheben. In der gleichen Ausgabe wie die Kurzmeldung war dann übrigens ein großes Interview mit dem neuen Polizeipräsidenten, dass er eine seiner vordringlichen Aufgaben darin sieht, das Image der Polizei bei der Bevölkerung nachhaltig zu verbessern. Da hätte ein Bericht über sexuelle Nötigungen innerhalb des Polizeiapparates wahrscheinlich nicht besonders gut gepasst.«

»Darum geht es nicht«, murmelte Tabori vor sich hin.

»Was?«, fragte Lisa mit einem irritierten Seitenblick.

»Der Artikel, der an mich geschickt wurde. Von der Anwärterin, die sich vor den Zug geworfen hat. Und da hing ein Zettel an dem Artikel, hat Lepcke gesagt: Darum geht es nicht. – Das Ganze fängt langsam an, einen Sinn zu ergeben. Wenn sie mir sagen wollte, dass es eben gar nicht um die Tierquälerei geht, wegen der ermittelt worden war, sondern …«

»Aber warum hat sie den Brief ausgerechnet an dich geschickt? Bist du dir sicher, dass ihr euch nie kennen gelernt habt?«

»Jetzt fang du nicht auch noch an!«

Tabori fuhr sich mit der Hand durch die Haare, bis sie noch wirrer nach allen Seiten abstanden als üblich.

»Ich weiß es nicht! Nein, ich meine, ich bin mir sicher, dass ich sie nicht kannte, aber ich weiß nicht, warum sie mir den Brief geschickt hat. Und aller Wahrscheinlichkeit nach ist sie mir ja sogar nachgefahren. Verdammt!«, setzte er gleich darauf hinzu, »wenn wenigstens dieser zweite Brief nicht plötzlich verschwunden gewesen wäre! Vielleicht …«

»Es ist nicht deine Schuld, also hör auf, dir irgendwelche Vorwürfe zu machen.«

Tabori schüttelte den Kopf. »Das hilft mir nichts. Und das muss noch nicht mal stimmen, das ist das Schlimmste daran. Nehmen wir mal an, sie hat den Kontakt zu mir gesucht, aus welchen Gründen auch immer, und auf den ersten Brief habe ich nicht reagiert. Und sie hat keine Ahnung, dass ich schon längst nicht mehr zu dem Verein gehöre. Aber dann kriegt sie raus, dass ich im Urlaub bin, und folgt mir. Sie schiebt mir einen zweiten Brief unter der Tür durch und hofft auf irgendeine Reaktion. Die aber nicht kommt! Wir wissen, aus welchen Gründen, aber sie nicht. Und als sie nichts hört, bringt sie sich um.«

»Es sind zu viele offene Fragen«, meinte Lisa. »Warum sollte sie dir ein zweites Mal einen anonymen Brief schreiben, statt dich einfach anzusprechen? Wenn sie es überhaupt war, deine Unbekannte mit der Sonnenbrille.«

»Sie war es.«

»Und warum reist sie dann ab? Genau in dem Moment, in dem …«

»Vielleicht hatte sie Angst. Vielleicht wollte sie nicht, dass ich weiß, wer sie ist. Wenn sie wirklich davon ausgegangen ist, dass ich noch im Dienst bin, dann wollte sie vielleicht nur … ich weiß es nicht, Lisa! Dass ich irgendwas unternehme vielleicht, dass ich mich um die Sache kümmere.«

»Ein bisschen dünn, finde ich.«

»Aber jetzt ist sie tot. Hat als letzten Ausweg nur noch die hirnrissige Idee gehabt, sich vor einen Zug zu werfen.

Wobei auch das noch nicht mal sicher ist. Lepcke glaubt nicht wirklich an einen Selbstmord, das war deutlich zu spüren, ich habe es dir ja erzählt, und wenn er recht haben sollte …«

»Dann bleibt die Frage, wer sie vor den Zug gestoßen hat.« Lisa schob sich ein Fisherman's Friend in den Mund, bevor sie weitersprach. »Immerhin gibt es einen zweiten Toten. Einen Hundeausbilder, der gefoltert worden ist. Und ganz sicher ist er nicht zufällig genau der Ausbilder, der zuvor beschuldigt worden ist, Anwärterinnen zu quälen, zu nötigen, zu missbrauchen.«

»Rache als Motiv«, sagte Tabori eher zu sich selbst. »Aber wer ist der Rächer? Die Anwärterin kann es nicht sein, das wäre wahrscheinlich auch zu einfach gewesen. Aber sie war schon tot, als … ich kann mir den Namen nicht merken, du weißt schon, Respekt, als der gefoltert wurde, war sie bereits in der Pathologie. – Drei Anwärterinnen waren für eine Stellungnahme nicht erreichbar, stand in deinem Artikel, die eine wird unser Opfer gewesen sein, bleiben die beiden anderen. Ich schätze, ich würde gerne mal mit ihnen reden.«

»Soweit ich mich erinnere, wohnen die meisten Anwärter auch gleich auf dem Gelände. Vielleicht hast du Glück.«

Sie waren jetzt auf der sich scheinbar endlos hinziehenden Hauptstraße von Isernhagen. Ein typisch niedersächsisches Straßendorf, in der ersten Reihe teilweise aufwändig restaurierte Bauernhöfe, ein reetgedecktes Nobelrestaurant, dicht hintereinander mehrere Reitställe, etwas zurückgesetzt und von der Straße aus nur durch die Einfahrten mit den protzigen Luxuslimousinen erkennbar, fanden sich die Villen der durch Landverkäufe reich gewordenen Bauernsöhne oder irgendwelcher Rechtsanwälte, Zahnärzte, Architekten. Auch ein mittlerweile schon wieder bedeutungsloser Rockmusiker hatte sich bei den Reichen und Schönen angesiedelt, die ihre kostbare Freizeit zwischen Lions-Club und Hubertus-Jagd aufteilen mussten.

Erst hinter Großburgwedel kamen dann wieder nur Pferdewiesen und ab und zu ein Waldstück, vor den Schlagbäumen der Forstwege parkten die durch rote Vorhänge oder blinkende Herzen gekennzeichneten Campingautos der mobilen Nutten. Schon lange wollte Tabori mal wissen, wie viele der Frauen sich womöglich aus den feinen Adressen der neureichen Dorfbewohner rekrutierten und nur die Zeit zwischen dem Zur-Schule-Bringen und Von-der-Schule-Abholen der Kinder nutzten, um heimlich die Haushaltskasse ein bisschen aufzubessern. Oder nicht heimlich, sondern mit vollem Wissen der börsenkrisen-gestressten Ehegatten.

Die Hundeschule war auf einem stillgelegten Zechengelände kurz vor Bennemühlen untergebracht. Angeblich waren die ehemaligen Stollen viele Jahre vom Vorbesitzer – einem Abbruchunternehmen – genutzt worden, um sich auf elegante und kostensparende Weise hochgiftigen Bauschutts zu entledigen, dem Land war das egal gewesen, das weitläufige Gelände bot die notwendige Infrastruktur und der Abbruchunternehmer war nur zu gerne bereit, für seine nie genehmigte Altlasten-Deponie statt der längst überfälligen Anzeige eine schöne Stange Geld zu kassieren. Angeblich hatte sich die Kaufsumme sogar deutlich über dem in der Gegend üblichen Quadratmeterpreis bewegt, angeblich war der für den Ankauf verantwortliche Amtsleiter auch Mitglied im gleichen Reitverein wie der Abbruchunternehmer.

Jetzt waren in der ehemaligen Zechenbesitzer-Villa die Büros der Einsatzleitung und die Kantine untergebracht, die beiden früheren Maschinenhäuser dienten als Trainingsräume, eine Reihe olivgrün gestrichener Wohncontainer beherbergte die Unterkünfte für die Hundeführer-Anwärter.

Schon als Lisa und Tabori noch auf der Landstraße neben dem mit Natodraht bewehrten Zaun waren, hörten sie das Jaulen und Kläffen der Diensthunde aus den Zwingern. Rinty und Beago stellten unruhig die Ohren auf.

Lisa setzte den Blinker und rollte langsam auf die Einfahrt zu. Der wachhabende Polizist in dem verglasten Pförtnerhäuschen winkte sie anstandslos weiter, kaum dass Lisa die Klarsichthülle mit dem mehrfach abgestempelten Formular vom Armaturenbrett gefischt und hochgehalten hatte. Nicht zum ersten Mal war Tabori verblüfft, wie einfach man sich mit einem amtstierärztlichen Gesundheitszeugnis für Hunde irgendwo Zutritt verschaffen konnte.

»Ach nee, sieh mal einer an«, sagte er gleich darauf verblüfft. »Halt mal eben da drüben, bitte, hinter dem Bulli!« Er zeigte auf einen VW-Bus. Ein altes Modell, ein T3, mattschwarz gestrichen und auf beiden Seiten mit lodernden Flammen bemalt. Das Heckfenster war mit dunkler Folie blickdicht gemacht, in der Mitte prankte ein Aufkleber: SURFERS DO IT STANDING UP!

Lisa lenkte den Ducato hinter den Bulli. »Was ist?«, fragte sie.

»Kollegen«, sagte Tabori nur, während er bereits ausstieg.

Er stiefelte zur Fahrertür des Bullis.

Der Fahrer hatte ihn im Rückspiegel gesehen und kurbelte die Scheibe herunter.

»Ach was, dich gibt's also auch noch!«, begrüßte er Tabori grinsend.

Die Frau neben ihm nickte und murmelte irgendwas wie »Unkraut vergeht nicht, sieht man ja an uns!«

Beide trugen schwarze Kapuzenpullis und hatten billige Al-Fatah-Tücher um den Hals geschlungen, Tabori hätte wetten können, dass auch der Rest ihrer üblichen Verkleidung entsprach: ausgebeulte Cargohosen und Turnschuhe.

Er verschränkte die Arme auf dem geöffneten Fenster und sagte mit einem Blick auf die pechschwarz gefärbten und hochgegelten Haare des Fahrers: »Du hast eine neue Frisur, alle Achtung, was ist passiert?«

»So laufen die Typen jetzt alle rum.«

»Die Typen« waren die Autonomen, die gewaltbereiten Linksradikalen, der sogenannte »Schwarze Block«, der dem Staatsschutz schon länger zunehmend Sorge bereitete. Irgendwelche findigen Polizeistrategen hatten vor einiger Zeit eine großangelegte »Präventivmaßnahme« ausgearbeitet, um mehr Einsicht in die Szene zu bekommen. Dass die Wahl der beteiligten Beamten dabei unter anderem ausgerechnet auf »Carlos« und »Ulrike« gefallen war, hatte Tabori von Anfang an als vollkommen schwachsinnig und bloßem Aktionismus geschuldet empfunden. Die beiden waren nicht nur deutlich zu alt, um noch als Angehörige der sich vor allem aus Studenten und Oberschülern rekrutierenden Zielgruppe durchzugehen, sondern durften auch allein schon aufgrund ihrer hoffnungslos bescheuerten Decknamen eher als Lachnummer in der linken Szene gelten. Und spätestens der VW-Bus sollte in einschlägigen Kreisen mittlerweile so bekannt sein, dass niemand mehr an ein paar gleich gesinnte Kumpels mit Surf-Ambitionen glaubte.

Carlos und Ulrike waren durchaus kompetente Streifenbeamte gewesen, die Tabori mehrfach an irgendwelchen Tatorten getroffen hatte – und jedes Mal war er froh über die Ruhe und Zuverlässigkeit gewesen, mit der die beiden seine Arbeit unterstützten. Für den »Undercover«-Einsatz aber waren sie denkbar ungeeignet und verfügten über genug Selbsteinschätzung, um das auch zu wissen. Als Reaktion darauf versahen sie ihren jetzigen Dienst dann auch mit einer Art stoischem Gleichmut, der kaum noch zu überbieten war.

Und soweit Tabori wusste, hatten sie bislang auch noch kein einziges Mal eine auch nur im Ansatz brauchbare Information weitergegeben …

»Und? Was macht ihr hier?«, fragte Tabori mit der Betonung auf dem »hier«.

»Frage zurück«, kam es von Ulrike, »was machst du hier? War da nicht irgendwas, dass du gar nicht mehr dazugehörst?«

Tabori machte eine wegwerfende Handbewegung, die verdeutlichen sollte, dass das nicht weiter von Interesse war.

»Also bist du sozusagen privat hier«, folgerte Carlos. »Und wir dürfen gar nicht mit dir reden. Wir dürfen dich eigentlich noch nicht mal kennen.«

Er grinste wieder.

»So ungefähr«, nickte Tabori.

»Na, dann ist doch alles in Ordnung«, mischte sich Ulrike wieder ein. »Wir sind ja eigentlich auch nicht hier. Oder glaubst du ernsthaft, dass Typen wie wir hier irgendwas zu suchen hätten?«

»Wenn dem so wäre, würdet ihr jetzt schon mit Kabelbindern an den Händen im Verhörzimmer hocken«, spielte Tabori das Spiel mit.

»Mit anderen Worten«, sagte Carlos, »wir sind nicht hier, du bist nicht hier, und ich sehe auch niemanden, der anderer Meinung wäre. Also, was willst du wissen?«

»Am besten alles, was ihr wisst. Meine Kontakte sind nicht mehr die besten.«

»Das kann ich mir vorstellen«, meinte Ulrike trocken. »Aber was hier los ist, hast du ja offensichtlich mitgekriegt …«

»Zumindest habe ich mir heute Morgen in der Pathologie einen ehemaligen Oberkommissar angucken dürfen. Oder vielmehr das, was von ihm noch übrig war.«

»Und die große Frage ist, ob die Szene damit was zu tun hat!«, warf Carlos ein.

»Was? Das verstehe ich nicht. Wieso …«

»Wir verstehen es auch nicht. Aber der Sache muss natürlich nachgegangen werden! Stell dir mal vor, wo wir hinkämen, wenn die linken Kapuzen plötzlich nicht mehr nur mit Steinen auf die Bullen schmeißen würden, sondern …«

»Aber das ist doch völliger Quatsch!«, unterbrach ihn Tabori. »Da fehlt doch jeder Zusammenhang.«

»Wem sagst du das?«, kam es von Ulrike. »Aber wir müssen erstmal abwarten, bis die Spurensicherung ein vorläufiges Ergebnis hat. Sie sind immer noch da unten in dem Heizungskeller …« Sie zeigte zu den beiden weißen Lieferwagen hinüber, die vor einem der Maschinenhäuser parkten.

»Bisher haben sie leider keine Spuren gefunden, die irgendwelche Rückschlüsse auf linke Stadtguerillas erlauben«, sagte Carlos mit deutlich ironischem Unterton. »Keine Kippen von Joints, kein schwarzer Schal, den vielleicht einer verloren hat,

61

keine Sonnenbrille, nichts. Noch nicht mal ein Flugblatt mit einer ordentlich linken Parole.«

»Bisher haben sie gar nichts gefunden«, präzisierte Ulrike. »Das macht sie ja so fertig. Was meinst du, was da drüben los ist? Die einzigen Spuren, die es gibt, stammen von dem gefolterten Oberkommissar. Da war irgendjemand zugange, der genau wusste, was er tat. Und der das verdammt gut geplant hatte.«

»Einer von uns, zum Beispiel«, sprach Carlos aus, was Tabori im gleichen Moment durch den Kopf schoß. »Aber das vergiss mal ganz schnell wieder, ich habe nichts gesagt.«

Tabori hörte die Tür des Ducatos zufallen.

Lisa kam mit einem fragenden Blick zu ihnen herüber. Tabori stellte sie den beiden Ex-Kollegen vor, dabei benutzte er die Formulierung »eine alte Freundin von mir« und fand selber, dass das zu indifferent klang, sein dann noch hastig hinzugefügtes »wir wohnen zusammen«, machte es nicht unbedingt besser.

»Aber wir vögeln nicht zusammen«, kam es prompt von Lisa.

Carlos täuschte einen Hustenanfall vor, Ulrike lächelte, Tabori verdrehte die Augen.

Und dann ging plötzlich alles ganz schnell. Ein Streifenwagen kam schlingernd zwischen den Hundezwingern hervorgeschossen und pflügte quer über den Rasen vor den Wohncontainern. Zwei Beamte sprangen aus dem Wagen und rannten in das Verwaltungsgebäude.

Zwei weitere Beamte stürmten aus dem Gebäude und rasten mit einem anderen Streifenwagen da hin, wo eben erst die Kollegen hergekommen waren, während sich gleichzeitig ein grauer Zivilpassat mit aufgesetztem Magnetblaulicht quer vor die Einfahrt stellte. Ein Beamter mit Tarnfleckschutzweste und schwarzer Baseballkappe kam mit der Hand am geöffneten Koppel auf den Ducato zugerannt. Als er Carlos in seinem Bulli erkannte, drehte er ab und rannte zurück zu seinem Fahrzeug. Im nächsten Moment wimmelte es auf dem Gelände nur so von Polizisten, die Beamten der Spurensicherung wirkten in ihrer weißen Schutzkleidung seltsam fehl am Platz. Die Unruhe hatte sich auch auf die Hunde in den Zwingern übertragen, die jetzt ohne Pause jaulten und bellten. Rinty und Beago gaben umgehend Antwort, dann wurde ihnen die Sache eindeutig zu wichtig, um sich mit einem Bellen zu begnügen, und sie sprangen mit gespitzten Ohren auf die Vordersitze.

Knatternd und rauschend meldete sich jetzt das Funkgerät in Carlos' Bulli, verzerrt hörte Tabori eine sich überschlagende Stimme: »Wir haben einen 2-3-1 hier! In der Polizeihundeschule in Bennemühlen, ein … Kollege ist beteiligt, also … verdammt, ich kenne den Code nicht dafür, ein Kollege ist entführt worden! Alle Beamten vor Ort sollen sofort ins Besprechungszimmer und …nein, falsch, alle Anwärter gehen bitte auf ihre Zimmer, nur die Ausbilder ins Besprechungszimmer und die …«

Die Verbindung brach ab.

»Was?«, fragte Carlos irritiert. »Ein Kollege? Wie jetzt …?«

»Was?«, fragte auch Lisa.

»Es wird spannend«, sagte Tabori. »Das ist doch mal was.«

6

Carlos winkte einen Polizisten heran, der im Laufschritt zum Pförtnerhäuschen wollte und jetzt eher unwillig abdrehte.

»Weißt du mehr?«, fragte Carlos.

»Natürlich weiß ich mehr. Ich hab ihn ja gesucht, weil er nicht zum Training erschienen ist. Sonst hätte das ja erstmal gar keiner gemerkt. Ich hab selber die Meldung gemacht!«

»Und?«

Der Polizist blickte argwöhnisch zu Tabori, als würde er versuchen, sich zu erinnern, wo er sein Gesicht schon mal gesehen hatte.

»Komm, Kollege, jetzt stell dich nicht so an«, sagte Carlos. »Du weißt, dass wir hier sind, um alle Informationen zu sammeln, die irgendwas bringen können.« Er machte eine vage Handbewegung, die auch Tabori und Lisa mit in die Gruppe der Undercover-Polizisten einschloss. »Also …«

»Also was?«

»Was weißt du noch? Jetzt sag schon.«

«Damaschke, junger Typ, ist noch nicht lange dabei. Kommt irgendwo aus Bayern – Rosenheim, glaube ich, irgendwo da. Ist im zweiten Jahr der Hundeführer-Ausbildung. Fährt eine alte Harley Davidson, sonst nicht weiter auffällig, nur dass er eine Macke mit seinem Hund hat. Hat sich sogar extra einen Beiwagen für seine Harley besorgt, damit er den Köter überall mit hinnehmen kann. Geben ein schräges Bild ab, die zwei, glaub mir, war neulich sogar mal ein Foto in der

64

Zeitung, beide mit Warnweste und der Hund mit Lederkappe und so einer alten Fliegerbrille …«

»Und wieso soll er jetzt entführt worden sein?«, mischte sich Ulrike ein.

»Weil Damaschkes Harley vorm Wohncontainer steht, mit dem Helm am Lenker, aber Damaschke selber ist weg. Sieht so aus, als hätten sie ihn aus der Umkleide entführt oder direkt aus dem Duschraum. Sein Spind ist offen, die Klamotten sind alle da, sie müssen ihn nackt hier vom Gelände gebracht haben, vielleicht in irgendeinem Kofferraum …«

Der Polizist spekulierte wild drauflos, er schien jetzt deutlich Gefallen daran gefunden zu haben, seine Theorien in aller Ausführlichkeit mitzuteilen.

Tabori hatte genug gehört. Er warf Lisa einen kurzen Blick zu und ging ein paar Schritte zur Seite. Er tat so, als wollte er sich nur eine Zigarette anzünden und sich ein bisschen die Beine vertreten. Wie zufällig schlug er dabei die Richtung zu den Wohncontainern ein. Nach der Funkdurchsage müssten alle Anwärter in ihren Zimmern sein, vielleicht hatte er Glück und erwischte die beiden Hundeführerinnen, er war überzeugt, dass sie ihm mehr über Anna Koschinski erzählen konnten. Er ging davon aus, dass sie es waren, die – genau wie Anna selber – nicht für eine Stellungnahme gegenüber der Zeitung zu erreichen gewesen waren, dafür musste es einen Grund geben.

Vor einem der Wohncontainer stand die Harley Davidson, von der der Polizist eben gesprochen hatte, und die Tabori mit ihrem Beiwagen unwillkürlich an eine Badewanne auf Rädern denken ließ. Auch die nächste Assoziation, Harley Davidson gleich Hells Angels, schien ihm kaum sinnvoller, er hatte schon mal in diese Richtung gedacht, als er über das Tattoo auf Respekts Oberarm gegrübelt hatte, den Gedanken dann aber wieder verworfen. Im Übrigen war er sich ohnehin nicht sicher, was er von der angeblichen Entführung halten sollte, natürlich lag der Verdacht nahe, dass es einen Zusammenhang zu den beiden Tötungsdelikten gab, im Moment allerdings war es zu früh für irgendwelche Spekulationen, die Vernehmung der beiden Anwärterinnen war jetzt wichtiger. Vernehmung! Er dachte immer noch in der Terminologie des Polizisten – und wenn er es richtig einschätzte, würde das wohl auch immer so bleiben. Aber von allen schlechten Angewohnheiten, die er nicht schaffte abzulegen, dürfte diese die bei weitem harmloseste sein, dachte er, während er seine halb gerauchte Zigarette im Kies austrat.

Kaum dass er den Container betreten hatte, wusste er, was Lisa mit der Atmosphäre gemeint hatte, die er auf sich wirken lassen sollte. Es roch muffig, die Blechwände waren mit dünnen Rigipsplatten verkleidet, der billige Teppichboden wellte sich und war fleckig. An einem Pinnbrett hingen Dienstpläne und die Kontaktadresse des Polizeipsychologen. Ein Plakat wies darauf hin, dass Alkoholmissbrauch schon mit dem regelmäßigen Konsum von mehr als einem Glas Bier am Abend begann. Wer hier nicht zum Alkoholiker wird, dachte Tabori, der muss irgendetwas anderes nehmen. Oder er kann sich gleich vor den nächsten Zug werfen, da würde auch der Polizeipsychologe kaum helfen können.

Er fand das richtige Zimmer mit Hilfe des Namensschildes neben der Tür, auf dem auch Anna Koschinski stand. Sie hatten sich also zu dritt ein Zimmer geteilt.

Tabori klopfte, undeutlich rief jemand »Ja?!«

Er wusste vom ersten Satz an, dass sie logen. Er hatte sich nicht vorgestellt, nur gesagt, dass er noch ein paar kurze Fragen habe, die den Suizid von Anna Koschinski betrafen. Sie hatten es als selbstverständlich hingenommen, dass er von der Mordkommission war, er hatte nichts getan, um ihre Annahme zu korrigieren. Über die Unmutsäußerung der einen Anwärterin, dass sie doch bereits am Tag zuvor von einem anderen Kommissar vernommen worden seien, war er mit einem Schulterzucken hinweggegangen.

»Wir haben alles gesagt, mehr wissen wir nicht«, wiederholte die Anwärterin, die die Wortführerin der beiden zu sein schien. Güngör. Den Nachnamen hatte Tabori nicht richtig verstanden, ihre Kollegin hieß Janin Kaufmann oder Kaufhold, er speicherte die beiden unter Güngör und Janin ab.

Das Zimmer war – wie alle anderen im Container auch – ein Dreibettzimmer, hinter jedem Bett waren Fotos an die Wand geheftet, fast ausnahmslos Familienbilder, auch ein paar Postkarten, die sie sich wahrscheinlich gegenseitig aus dem Urlaub geschickt hatten, eine Reihe von Schnappschüssen, die die Anwärterinnen mit ihren Hunden zeigten. Tabori konnte mühelos Anna Koschinski als die dritte junge Frau auf den Fotos identifizieren.

Güngör und Janin hockten auf ihren Betten und verfolgten jede seiner Bewegungen mit einer Mischung aus Genervtsein und – Angst, dachte Tabori. Er drehte ihnen den Rücken zu und blickte aus dem Fenster. Draußen rannten immer noch Polizisten hin und her, die Nachmittagssonne warf harte Schatten.

Das Fenster war vergittert, ein Aufkleber wies darauf hin,

dass es aus Sicherheitsgründen nur zu kippen war und jeder Versuch, es ganz zu öffnen, den Schließmechanismus beschädigen würde.

Tabori kniete sich vor die Katzenbox, die an der Heizung unter dem Fenster stand. Als er den Finger zwischen die Gitterstäbe schob, schlug die Katze spielerisch mit der Pfote. Obwohl sie noch so klein war, waren ihre Krallen deutlich spürbar. Tabori zog schnell die Hand zurück.

»Niedlich«, sagte er, ohne sich umzudrehen.

»Annas Katze«, sagte Güngör. »Jetzt kümmern wir uns um sie. Eigentlich verboten, wir dürfen keine Tiere in den Zimmern haben.«

Tabori richtete sich auf.

»Aber jetzt ist ja keiner mehr da, der Ihnen Ärger deshalb machen könnte. Der Oberkommissar war auch Ihr Ausbilder, nehme ich an?«

»Was fragen Sie? Natürlich, aber das haben wir alles schon Ihrem Kollegen erzählt.«

»Ich würde es trotzdem gerne noch mal hören. Es gab konkrete Vorwürfe gegen ihn, das wissen Sie. Ich habe einen Zeitungsartikel gelesen, der allerdings nie erschienen ist, aber irgendjemand muss diese Vorwürfe ja erhoben haben.« Er drehte sich um. »Ihre Freundin Anna?«

Die beiden Anwärterinnen schüttelten die Köpfe.

»Wissen wir nicht«, sagte Güngör. »Anna war … sie hat uns nicht alles erzählt.«

»Und Sie, was können Sie mir von Ihrem ehemaligen Ausbilder erzählen?«

Zum ersten Mal kam die Antwort von Janin, als wollte sie vermeiden, dass Güngör etwas Falsches sagen könnte.

»Respekt war okay.«

Tabori zog die Augenbrauen hoch.

»Sie haben ihn Respekt genannt?«

»Er wollte, dass wir ihn so nennen. Aber er war okay«, wiederholte Janin. »Solange du die Regeln befolgt hast, war alles gut. Da war er cool.«

»Und wenn nicht?«

»Stehen wir unter irgendeinem Verdacht?«, mischte sich Güngör wieder ein.

Tabori sparte sich die Antwort. Er wartete ab, ob die beiden Anwärterinnen noch etwas von sich aus hinzusetzen würden.

»Wir haben ein Alibi. Wir waren in Lingen auf einer Fortbildung, als Respekt umgebracht worden ist. Sie können das nachprüfen, es gibt Anwesenheitslisten.«

»Damaschke auch?«, hakte Tabori ein. »Ihr Kollege, der verschwunden ist, war er auch da in Lingen? Er gehörte zur gleichen Gruppe wie Sie?«

»Logisch.«

Tabori nickte. Er wusste selber nicht, warum er nach Damaschke gefragt hatte. Er schwamm ohnehin, er hatte keinen Plan, er hangelte sich von einer Frage zur nächsten. Sein größtes Problem war, dass er keine Ahnung hatte, was Lepcke womöglich gestern bereits von den beiden Anwärterinnen erfahren hatte. Und damit hatte er keinen Ansatzpunkt, um die Mauer einzureißen, hinter der sich Güngör und Janin verschanzten.

Als er zufällig zum Fenster blickte, sah er Lepcke, der mit langen Schritten auf die Container zukam. Es war klar gewesen, dass Lepcke auftauchen würde, nachdem erstmal die Nachricht von einer Entführung auf dem Gelände der Hundeausbildung raus war. Tabori hatte nur nicht damit gerechnet, dass es so schnell passieren würde.

Er drehte sich zurück und suchte jetzt ausschließlich den Blick von Janin. »Sie haben meine Frage von eben noch nicht beantwortet: Respekt war cool, wenn man sich an die Regeln hielt. Aber wenn jemand gegen eine dieser Regeln verstoßen hat, was war dann?«

Die Antwort kam von Güngör. Und war so überraschend, dass er im ersten Moment kaum reagierte …

»Wenn jemand einen Fehler gemacht hat, hat Respekt ihn nachts aus dem Bett geholt, mit Gaffa-Tape gefesselt, ihn im Heizungskeller an ein Rohr gebunden und ihm einen Glow-Stick in den … Arsch geschoben. Einen Leuchtstab. Das war die übliche Strafe. Aber es gab auch noch andere Variationen.«

»Respekt war ein perverses Schwein«, sagte Janin kalt. »Wer immer ihn umgebracht hat, hat das Richtige getan. Aber wir waren es nun mal nicht, das können Sie sich abschminken.« Die Tür flog krachend gegen die Wand.

»Kann ich dich mal kurz sprechen? Jetzt! Sofort!«

Lepcke war kreidebleich, aus seiner Stimme war jede Sympathie verschwunden.

Tabori nickte den Anwärterinnen entschuldigend zu und folgte Lepcke auf den Gang hinaus. Lepcke packte ihn hart am Arm und stieß ihn vor sich her in Richtung Tür.

»Ich glaube es ja wohl langsam nicht mehr, was bildest du dir eigentlich ein? Du gehst mir so was von auf den Zeiger, Mann, am liebsten würde ich dich …«

»Was?«, fragte Tabori und machte sich los. «Mir eine reinhauen? Mich verhaften und aufs Revier schleppen? Hör doch auf, Lepcke, du kannst doch nicht erwarten, dass du mir ein paar Brocken hinwirfst, die mich in deinen Augen verdächtig machen, und ich dann ruhig zu Hause auf dem Sofa sitzen bleibe! Was soll das? Wir haben so lange zusammengearbeitet, dass du es mir ja wohl wenigstens schuldig bist ...«

»Ich wusste, dass du mir damit kommen würdest«, unterbrach ihn Lepcke. »Aber das kannst du vergessen. Ich sage es dir jetzt zum letzten Mal: Halt dich da raus! Wenn du mir noch einmal in die Quere kommst, dann war es das mit unserer Freundschaft.«

»Dann? Mir scheint eher, das war es jetzt schon. Aber vielleicht hörst du dir wenigstens noch an, was ich erfahren habe ...«

«Hau ab, Mensch! Es interessiert mich nicht mehr, was du erfahren hast, du dürftest gar nicht hier sein. Ich riskiere meinen Job wegen dir, so sieht es aus. Lass mich meine Arbeit machen und ...«

»Halt dich da raus, schon klar.« Tabori schüttelte den Kopf und tastete nach seinen Zigaretten.

»Rauchen kannst du auf dem Weg nach Hause«, sagte Lepcke und winkte einen jüngeren Beamten zu sich, der Tabori zum Auto bringen sollte. »Ein gelber Lieferwagen, mit einer weiteren Person. Passen Sie auf, dass sie wirklich das Gelände verlassen, sonst können Sie sie auf der Stelle verhaften, und zwar wegen Behinderung der Ermittlungsarbeiten und Verdacht auf ... fällt mir schon irgendwas ein, wenn es sein muss.«

Tabori zeigte Lepcke einen Vogel und ging ohne ein weiteres Wort auf den Ducato zu. Der junge Beamte folgte ihm so dicht, dass Tabori sein Rasierwasser riechen konnte.

Der Bus von Carlos und Ulrike war verschwunden. Dafür waren neue Einsatzfahrzeuge eingetroffen, auch eine Hundestaffel, die nicht zur Ausbildungsabteilung gehörte. Das Chaos auf dem Gelände war eher noch größer geworden, die nervöse Hilflosigkeit der Beamten angesichts der außergewöhnlichen Situation war deutlich spürbar. Niemand schien zu wissen, was zu tun war. Die Entführung eines Kollegen – und noch dazu aus einer polizeiinternen Einrichtung, also quasi aus dem einzig wirklich verlässlichen Sicherheitsbereich – war etwas, das der Dienstplan nicht vorsah und das damit umso verstörender wirkte.

Tabori merkte, dass auch er kurz davor war, sich von der allgemeinen Kopflosigkeit anstecken zu lassen. Aber die Entführung war nicht seine Sache, was immer sie womöglich mit den beiden Todesfällen zu tun haben sollte, würde sich noch früh genug ergeben. Im Moment durfte er sich davon nicht irritieren lassen, er musste einen Schritt nach dem anderen machen, das hatte er aus langer Erfahrung gelernt.

Lisa hatte bereits den Lieferwagen gewendet und wartete mit laufendem Motor.

»War vielleicht doch nicht die beste Idee gewesen, hierher zu kommen«, sagte sie, während sie das Pförtnerhäuschen passierten und auf die Landstraße einbogen. »Tut mir leid. Du hast Ärger mit Lepcke gehabt, oder?«

»Das könnte man so sagen.«

Lisa blickte fragend zu ihm herüber.

Tabori erzählte kurz, was passiert war. »Ich bin mir sicher, ich hätte noch mehr rausgekriegt«, schloss er seinen Bericht. »Ich hatte die beiden Anwärterinnen so weit, dass ihre Fassade zu bröckeln anfing. Nur fünf Minuten noch, dann … Aber dann kam mir ja ausgerechnet Lepcke dazwischen. Ich weiß nicht, was mit ihm los ist. Er kann mich doch nicht ernsthaft verdächtigen, das ist doch vollkommen schwachsinnig!«

»Vielleicht geht es gar nicht darum, dass er dich wirklich verdächtigen würde. Vielleicht hat es eher damit zu tun … Gib mir auch mal eine Kippe, ja?«

Tabori zog überrascht die Zigaretten aus seiner Tasche. Lisa rauchte nur ganz selten, meistens spät abends, wenn sie auch etwas getrunken hatte. Er zündete eine Zigarette an und hielt sie ihr hin.

»Womit hat es was zu tun, was wolltest du eben sagen?«

»Ich weiß nicht, vielleicht irre ich mich ja. Aber ich könnte mir vorstellen, dass ihm sowieso alle Felle davonschwimmen. Wenn er wirklich der Typ ist, für den du ihn hältst, dann geht es ihm wahrscheinlich nicht besonders gut in dem Verein, seit du nicht mehr da bist. Er steht alleine einem Apparat von Inkompetenz und Machtgehabe gegenüber, du kennst ja meine Meinung dazu. Und jetzt hat er auch noch einen Fall auf dem Tisch, bei dem er ausgerechnet über seinen alten Kollegen stolpern muss, ein bisschen wie im Film, wenn der einzige Freund des Privatdetektivs ein Bulle ist, der nicht aus seiner Haut kann, weil sie ihn sonst selber drankriegen würden. Du weißt schon, der Privatdetektiv steht unter Verdacht, der Bulle möchte ihm gern glauben, aber es geht nicht nur um die beiden, das ist das Problem. Und dieser Privatdetektiv bist jetzt du und Lepcke ist dein Freund, der Bulle.«

Tabori überlegte einen Moment, bevor er antwortete. »Kann sein, so habe ich das noch nicht gesehen. Aber vielleicht hast du recht. Trotzdem idiotisch! – Was war eigentlich, als Lepcke dich besucht hat?«, fragte er dann. »Du hast immer noch nichts davon erzählt.«

»Weil es nicht viel zu erzählen gibt. Er hat nicht versucht, mich anzumachen, falls du das meinst! – Nein, aber im Ernst, ich fand ihn eigentlich sogar ganz okay. Er wollte vor allem etwas über die Hundeausbildung wissen, weil er glaubte, dass ich da durch die Einsätze etwas mitgekriegt haben müsste – eben wie das intern so abläuft. Aber ich kenne ja auch nur ein paar Gerüchte.«

»Habt ihr über die Vorwürfe in dem Zeitungsartikel gesprochen?«

»Nein, wie denn? Nur über die Sache mit der Tierquälerei, den anderen Artikel habe ich mir ja erst besorgt, nachdem Lepcke da gewesen ist. Weil ich selber wissen wollte, ob es da noch mehr gibt.«

»Was ja jetzt eindeutig zu sein scheint. Jedenfalls nach dem, was ich von den Anwärterinnen gehört habe. Dann wird auch der Rest stimmen, natürlich gab es da sexuellen Missbrauch und ständige Erniedrigungen bis hin zu schlimmsten Folterpraktiken, womit auch das Motiv für die Folterung von Respekt klar wäre. Und der oder die Täter mit hoher Wahrscheinlichkeit direkt aus der Ausbildungsstätte kommen. – Was ist jetzt eigentlich mit dem Typen, der uns womöglich noch ein bisschen was über Respekt erzählen kann, Hans, richtig?«

Lisa fischte einen Zettel vom Armaturenbrett. »Hans Meier!« Lisa lachte. »Habe ich mir wahrscheinlich nicht gemerkt, gerade weil es so einfach war. Also, es scheint so, als wäre er schon vor zwei oder drei Jahren versetzt worden und ist auch nicht mehr bei der Drogenfahndung. Ein bisschen merkwürdig das Ganze, aber deine beiden Undercover-Freunde haben mir seine Privatadresse rausgesucht. Beachtliches Equipment, das sie da hinten in ihrem Bulli haben, hat keine zehn Minuten gedauert, bis sie ihn gefunden hatten. Ist irgendwo bei Kreiensen. Wenn du willst, fahren wir morgen hin.«

»Ohne vorher anzurufen?«

Lisa nickte. »Ich sag doch, das Equipment in dem Bulli ist gut. Genauso wie diese Ulrike, sie hat sich mal eben in die Mail-Adresse gehackt. Hauptkommissar Hans Meier hat morgen um eins eine Verabredung mit einem Hufschmied, scheint so eine Art Pferdehof zu sein, wo er lebt. Erbpacht. Ist auf den Namen seiner Frau eingetragen.«

Tabori grinste und hielt den Daumen hoch.

»Bedank dich bei Ulrike.« Lisa grinste zurück. »Ich hab nichts weiter gemacht. Ich hoffe nur, dass es ein bisschen besser läuft als heute.«

»Es war okay heute. Vergiss das mal mit Lepcke. Wir wissen jetzt zumindest, dass die Vorwürfe begründet waren. Warten wir ab, was dieser Hans Meier vielleicht noch zu erzählen hat.« Tabori schüttelte den Kopf. »Ich glaube, ich bin ganz froh, dass ich nicht in Lepckes Haut stecke. Durch diese Entführung jetzt ist das Ganze erst recht kompliziert geworden. Irgendwie ergibt das alles keinen Sinn …«

Den Rest der Fahrt verbrachten sie schweigend. Wobei Tabori wusste, dass Lisa den gleichen Gedanken nachhing wie er selbst. Wie lange mochten die Missstände in der Ausbildungsabteilung schon bestanden haben? Wie viele Anwärter waren womöglich schon seit Jahren immer wieder auf das Entsetzlichste gequält und erniedrigt worden? Wie unvorstellbar groß musste die Angst vor noch schlimmeren Repressalien gewesen sein, dass nie jemand den Versuch gemacht hatte, sich aufzulehnen? Sich an die anderen Ausbilder zu wenden, an die vorgesetzte Dienststelle, an den Polizeipsychologen? Und was war jetzt eigentlich los? Respekt konnte niemandem mehr schaden, wieso redeten sie jetzt nicht? Doch, Janin hatte ja bereits etwas gesagt. Und vor ihr war es Anna Koschinski gewesen, die dafür mit dem Leben hatte bezahlen müssen, entweder aus Verzweiflung, dass niemand etwas unternahm, um ihr und den anderen zu helfen, oder weil tatsächlich jemand so weit gegangen war, sie still zu stellen. Und einer derjenigen, die auf ihre Hilferufe nicht reagiert hatten, war Tabori selber gewesen. Wenn auch unabsichtlich, aber das änderte nichts daran, dachte Tabori, dass sie vielleicht noch leben könnte, wenn …

Kurz nachdem sie zu Hause die Hunde versorgt hatten, fing es an zu regnen. Sie machten das Fenster im Wohnzimmer weit auf, um das Rauschen auf den Blättern zu hören. Tabori öffnete eine Flasche Wein, keiner von ihnen hatte Lust, etwas zu essen zu machen, Lisa brachte eine Tüte Reiscracker, die sie auf einen Teller schüttete, der dann unberührt auf dem Tisch stehen blieb.

Als es zu frisch im Zimmer wurde, schlossen sie das Fenster wieder. Tabori suchte eine CD aus dem Regal, Marianne Faithfull, »Blazing Away«. Ihr Musikgeschmack war extrem unterschiedlich, aber sie konnten sich beide für außergewöhnliche Frauenstimmen begeistern, wenn ihnen Marianne Faithfull zu anstrengend wurde, hörten sie häufig auch Chrissie Hynde oder seit Neustem Eleonor McEvoy, eine frühere Violonistin des irischen Rundfunkorchesters, die scheinbar mühelos die unterschiedlichsten Instrumente beherrschte und deren CDs Tabori zum ersten Mal eher zufällig im Plattenladen eines alten Schulfreundes entdeckt hatte. Aber heute war ein Tag für die Jazz-Improvisationen der Musiker, die Marianne Faithfull bei ihren Ausflügen in die verschiedensten Stilrichtungen begleiteten. Die CD war ein Live-Mitschnitt eines Konzertes aus der St. Anne's Cathedral in Brooklyn von 1989.

Irgendwann musste Tabori im Sessel weggedämmert sein, er wurde wach, weil Rinty ihm hartnäckig die Schnauze in die Kniekehle wühlte. Lisa lag ausgestreckt auf dem Sofa und murmelte im Schlaf irgendetwas vor sich hin, ihr Atem ging gleichmäßig.

Tabori strich Rinty über den Kopf, sofort war auch Beago da und blickte schwanzwedelnd zur Tür. Die Hunde wollten noch mal raus, und wie schon öfter kamen sie dann zu Tabori, als wäre es selbstverständlich, dass sie Lisa nicht wecken durften.

Tabori legte eine Decke über Lisa, dann nahm er seine Jacke und schob sich eine Zigarette zwischen die Lippen, die er draußen rauchen wollte, während er die anderen Hunde aus dem Zwinger holte, um eine kurze Runde mit dem Rudel zu drehen.

7

Der Besuch bei dem Hauptkommissar von der Drogenfahndung war alles in allem ein Flop. Tabori fand den Hauptkommissar vom ersten Blickkontakt an unsympathisch, das Gefühl beruhte eindeutig auf Gegenseitigkeit. Tatsächlich lebte Hans Meier auf einem Pferdehof im Leinebergland, ein großes Stallgebäude mit einer Reihe von Schuppen und einem Einheitsbungalow aus den Sechziger Jahren in der hügeligen Landschaft, im Tal lag der Ort Kreiensen, an der Einfahrt zum Grundstück flappte ein Windrad. Tabori mochte Pferde nicht besonders, sie waren ihm zu groß und vor allem zu unberechenbar, demzufolge waren ihm auch Hufschmiede nicht ganz geheuer, er konnte sich nur schwer vorstellen, wieso jemand jeden Tag aufs Neue riskierte, von wenigstens 400 Kilo Lebendgewicht an die nächste Wand gedrückt zu werden. Aber dann war es ausgerechnet der Hufschmied, der mit ihnen zumindest irgendeine Art von Unterhaltung führte, während sie in der zugigen Stallgasse standen und Hans Meier keinerlei Reaktion zeigte.

»So, aus Hannover kommt ihr also«, hatte der Hufschmied gesagt. »Hartwig Steenken war auch aus Hannover oder jedenfalls da aus der Nähe.«

»Wer?«, fragte Tabori.

»Der Springreiter. Kennt ihr die Geschichte, wie er gestorben ist? Er war betrunken und hat sich von einem Kumpel nach Hause bringen lassen. Und als ihm schlecht wurde, hat er die Scheibe runtergekurbelt und den Kopf rausgehalten. Aber genau da kam so ein Laternenpfahl und, bumms, das war's dann auch schon.«

Tabori stimmte zu, dass das zweifellos kein schönes Ende war. In der berechtigten Sorge, dass der Hufschmied noch mehr solcher Geschichten auf Lager hatte, versuchte Lisa dann, auf das Thema zu kommen, wegen dem sie überhaupt da waren. Aber aus Hans Meier war kaum mehr als ein gelegentliches ›Ja‹ oder ›Nein‹ herauszubekommen. Ja, er war jetzt schon länger nicht mehr in Hannover. Doch, er war noch bei der Polizei. Aber er hatte schon immer gerne mit Pferden zu tun gehabt, und als sich die Möglichkeit bot, einen kleinen Hof zu pachten, hatte er zugeschlagen. Nein, er wusste nichts weiter über die Praktiken bei der Hundeausbildung. Und wieder ja, er hatte Respekt bzw. Joschonick noch zu seiner Zeit bei der Drogenfahndung in Hannover bei verschiedenen Einsätzen kennen gelernt, einmal waren sie auch zusammen auf einer Tagung gewesen, auf der sich Respekt deutlich daneben benommen hatte. Aber da war er nicht der Einzige gewesen, auch andere höhere Dienstgrade hatten zu viel getrunken gehabt und mehr oder weniger das Tagungshotel zerlegt und die übrigen Gäste lautstark beschimpft. Und noch mal ja, er hatte Verschiedenes über Respekt gehört, aber nein, dazu wollte er sich lieber nicht äußern.

Bis es Tabori schließlich zu dumm wurde und er in den Nebenraum ging, um Kaffee zu kochen. Der mit ein paar billigen Plastikstühlen und einem ausrangierten Küchentisch eher notdürftig möblierte Raum schien Hans Meier gleichzeitig auch als Büro zu dienen, auf einer mit Winkeleisen an der Wand befestigten Schreibplatte stapelten sich Equidenpässe und Rechnungen für Futter und Tierarztbesuche. Während der Kaffee blubbernd durch die Maschine lief, blätterte Tabori aus alter Gewohnheit einen Aktenordner durch, der mit »I.E.« beschriftet war. Gleich das erste Blatt zeigte einen offiziellen Briefkopf mit dem niedersächsischem Landeswappen, über dem Aktenzeichen fand sich die Zeile »Dezernat Interne Ermittlungen«. Er wollte gerade anfangen zu lesen, als Hans Meier dazu kam und ihm wortlos den Ordner aus der Hand nahm und beiseite legte.

»Sorry«, sagte Tabori. »Schlechte Angewohnheit, ich weiß. Zwanzig Jahre Beruf, das wird man nicht so schnell wieder los. Ich entschuldige mich, tut mir leid.«

Hans Meier machte sich eine Weile an der Kaffeemaschine zu schaffen, als er Tabori einen vollen Becher in die Hand drückte, sagte er unerwartet: »Okay, dann weißt du ja Bescheid. Wir waren auch an Respekt dran, zumindest hatten wir das vor, aber uns fehlen die Leute, wie überall. Aber jetzt sind sowieso deine Kollegen vom Gewaltverbrechen gefragt, wir haben damit eigentlich nichts mehr zu tun …«

Bevor Tabori noch etwas erwidern konnte, kam Lisa in den Raum, Hans Meier grinste Tabori noch mal an und sagte wie nebenbei: »Dich hatten wir übrigens auch schon mal auf der Liste, aber das dürfte dir ja wahrscheinlich klar sein.« Dann wechselte er abrupt das Thema und machte trotz Taboris nachvollziehbarer Verwirrung ein paar Punkte wett, als er – plötzlich unerwartet gesprächig – Lisa nach ihrer Arbeit mit den Hunden fragte und deutlich wurde, dass er Lisa fast bewunderte: »Ich habe in den ganzen Jahren bei der Drogenfahndung nie jemanden kennen gelernt, der sich so auf Hunde versteht wie du. Manchmal habe ich fast schon gedacht, du weißt wirklich, wie sie ticken. Jedenfalls ist es eine ganz besondere Gabe, die du da hast. Ich wäre froh, wenn ich auch nur im Ansatz so ein Verhältnis zu meinen Pferden hätte, das würde vieles leichter machen.«

Im gleichen Moment meldete Taboris Handy eine SMS. Tabori las den Text und ging vor die Tür, um Sommerfeld zurückzurufen. Sommerfeld war ein Kollege von der Spurensicherung, Tabori hatte ihn am Tag zuvor von weitem in der Ausbildungsstätte gesehen. Er musste kurz vor der Pensionierung stehen, galt aber allgemein immer noch als der kompetenteste Beamte der Abteilung.

Tabori und Sommerfeld wechselten ein paar Sätze und verabredeten sich für den Abend, danach hatte Tabori es eilig, wieder zurück nach Hannover zu kommen. Hans Meier würde ohnehin nicht mehr erzählen, als er schon gesagt hatte, und weitere Pferde- oder Hundegeschichten interessierten Tabori im Moment nicht …

Jetzt saß er im »Voss« in der Liststadt in der Ecke neben dem Flipper und wartete auf Sommerfeld. Das »Voss« war eine Kneipe mit langer Geschichte, angeblich war es in den Zwanziger Jahren des letzten Jahrhunderts ein Treffpunkt der in der kommunistischen Partei organisierten Arbeiter aus dem nahe gelegenen Continental-Gummiwerk gewesen, sehr viel später war es zur Stammkneipe der Jusos geworden, auch Ex-Kanzler Schröder war ein viel gesehener Gast gewesen – die Spezialität im »Voss« waren bis heute die weit über den Tellerrand ragenden Currywürste mit Bergen von Pommes frites dazu.

Tabori mochte das »Voss« nicht wirklich, es war ihm zu laut und zu ungemütlich, außerdem meistens so brechend voll, dass man Mühe hatte, überhaupt einen Platz zu finden. Und seit man zum Rauchen auf dem schmalen Gehweg vor der Tür stehen musste, hatte es ohnehin jeden Reiz für Tabori verloren. Aber Sommerfeld hatte den Treffpunkt vorgeschlagen, und Tabori war es zu umständlich gewesen, nach einer Alternative zu suchen. Obwohl er jetzt gerade dachte, dass ein ordentlich gezapftes Guinness in einer der irischen Kneipen in der Innenstadt zweifellos besser gewesen wäre, als das – nach seiner Meinung – immer leicht süßlich schmeckende Hannover-Bier, von dem böse Zungen ohnehin behaupteten, dass ein wesentlicher Bestandteil das Grundwasser des neben der Brauerei gelegenen Friedhofs war.

Sommerfeld kam mit leichter Verspätung. Er schwitzte stark und trug einen Fahrradhelm bei sich, »muss was für die Gesundheit tun«, sagte er zur Begrüßung und winkte gleichzeitig der Bedienung, bevor er sich erneut zu Tabori drehte. »Du zahlst, das sehe ich doch richtig, oder?«

Dass Sommerfeld kaum jemals ein Glas selbst bezahlte, war genauso bekannt wie die Tatsache, dass er gewaltige Mengen Bier vertragen konnte, ohne jemals betrunken zu werden. Und dass sein Bauchumfang mittlerweile noch zugenommen hatte, ließ darauf schließen, dass sich seine Gewohnheiten auch nicht verändert hatten. Tabori überlegte kurz, ob er eigentlich genügend Geld eingesteckt hatte.

Als die Bedienung mit Sommerfelds Bier kam und einen Strich auf dem Deckel machte, prosteten sie einander zu.

»Schön, dich mal wieder zu sehen«, grinste Sommerfeld und wischte sich den Schaum von den Lippen.

»Dito. Aber eins ist mir nicht ganz klar, du sagst, du hast irgendwas rausgefunden, aber wieso kommst du damit zu mir? Mich gibt es offiziell gar nicht mehr, und das weißt du.«

Sommerfeld beugte sich vor.

»Ich habe keine Ahnung, was ihr da für eine Suppe zusammen kocht, du und Lepcke, und ich will es auch gar nicht wissen. Aber Lepcke hat gesagt, wenn es was gibt, was sich nur auf den Tod dieser Anwärterin bezieht, soll ich dich informieren. Er hätte genug damit zu tun, den Mord an dem Ausbilder und die Entführung von gestern aufzuklären. So sieht es aus, jetzt weißt du es.«

»Wann? Wann hat er das gesagt?«

»Gestern. Ich hab ihn in der Ausbildungsstätte getroffen, gleich nachdem er dich vom Gelände komplimentiert hat. Das habe ich nämlich auch noch mitgekriegt, ihr wart ja laut genug. Aber wie gesagt, das interessiert mich nicht weiter, das ist eure Sache. Und weil es mir immer ein Vergnügen war, mit dir zu arbeiten, erzähle ich dir jetzt ganz inoffiziell beim Bier mal ein paar Sachen, die dich interessieren dürften.«

»Danke für das Kompliment«, sagte Tabori abwesend. »Gebe ich gern zurück …«

»Also, ich hab da vielleicht tatsächlich was für dich.«

Sommerfeld blickte sich kurz um, bevor er wieder zu seinem Glas griff und hastig zwei, drei lange Schlucke nahm, während er gleichzeitig mit einer Handbewegung zum Tresen hinüber das nächste Bier orderte. Bei den ersten Sätzen hörte Tabori nur halb hin, wie alle Wissenschaftler neigte auch Sommerfeld zu langwierigen Erklärungen, und Tabori war im Kopf noch mit der Information beschäftigt, dass Lepcke Sommerfeld zu ihm geschickt hatte.

»Sand« sagte Sommerfeld und wischte sich erneut den

Schaum von den Lippen. »Die Anwärterin hatte einen halben Sandkasten in den Taschen. Und dreimal darfst du raten: Der Sand stammt nicht von dem Gleisdamm, von dem die Kollegen sie runtergepult haben! Beziehungsweise, den habe ich auch gefunden, mehr Dreck als Sand, von den Spargelfeldern links und rechts der Bahnlinie, macht ja auch Sinn, aber davon rede ich nicht. Bausand, das könnte natürlich sein, aus einem der Kiesteiche da in der Gegend, da wird übrigens auch Quarzsand abgebaut, wusstest du das? War mir auch neu, dass wir hier Vorkommen haben, ist extrem feinkörnig, wurde früher zur Herstellung von Glas verwendet, heute vor allem für Baumaterialien, Dämmstoffe und so was, Glasfasermatten, kennst du ja. Vogelsand hat eine ähnliche Zusammensetzung, Bausand ist zu grob dafür, übrigens auch für Hamster, ich bin da über so ein Online-Forum gestolpert, in dem sich Leute austauschen, die wissen wollen, ob sie für ihren Hamster eine Tüte Sand von den ostfriesischen Inseln mitbringen können, wird aber allgemein abgeraten … Was? Wolltest du irgendwas sagen?«

»Nein, nein, ist interessant, wirklich! Ich habe nur gerade überlegt, ob du heute noch mal zum Punkt kommst. Sonst bestell ich mir lieber doch erst noch was zu essen.«

Sommerfeld grinste.

»Hamster interessieren dich nicht so, was?«

»Eher weniger.«

»Aber das Stichwort ist schon gefallen. Du hast nur nicht aufgepasst: Ostfriesische Inseln, das war's!«

»Nordseesand«, nickte Tabori.

»Exakt, davon reden wir. Und damit gibt es nur zwei Möglichkeiten, entweder deine Leiche hatte einen Hamster und wollte ihn mit einer Tüte Nordseesand beglücken ...« Sommerfeld machte eine Pause, als er sah, dass Tabori aufblickte. Sie hatte eine Katze, wollte Tabori eigentlich sagen, wusste aber im gleichen Moment, dass es völlig bedeutungslos war. Er nickte Sommerfeld zu, dass er weitermachen sollte!

»Also, entweder Hamster, aber keine Ahnung, dass Nordseesand nicht das Richtige für ihren kleinen Nager ist, oder sie hatte keinen Hamster und war kurz vor ihrem Tod noch an der Nordsee! Und zwar so kurz, dass sie noch nicht mal die Klamotten gewechselt hat! Wenn ich das richtig verstanden habe, glaubt Lepcke ja nicht unbedingt an einen Suizid, sonst hätte ich mir den ganzen Quatsch hier auch sparen können. Also können wir wohl auch die Möglichkeit ausschließen, dass sie direkt von der Insel auf die Eisenbahnbrücke geklettert und gesprungen ist. Was uns zu der Frage bringt, ob der Leichenfundort überhaupt identisch mit dem Ort ist, an dem sie ermordet wurde, oder ob sie nicht post mortem von der Brücke gestoßen wurde oder überhaupt nie auf der Brücke war, sondern ...«

»Der Zugführer hat ausgesagt, dass er den Schatten eines Körpers wahrgenommen hat, der vor ihm auf die Gleise geprallt ist.«

»Gut. Sie hat also nicht bereits auf den Gleisen gelegen, aber im Grunde spielt es auch keine Rolle, weil ...«

»Wieso ostfriesische Inseln?«, unterbrach ihn Tabori.

Sommerfeld orderte mit einem Fingerschnippen ein neues Bier, das dritte oder vierte mittlerweile. Tabori bewunderte ihn im Stillen, dass er immer noch in der Lage war, die Konsonanten klar voneinander zu trennen.

»Kann auch Sylt gewesen sein oder was es da oben sonst

noch so gibt. Irgendwas auf dänischer Seite vielleicht auch, Rømø oder was weiß ich. Da müsste ich noch genauere Untersuchungen machen, und ich brauchte Proben, um das exakt bestimmen zu können.«

»Aber in jedem Fall Nordsee, da bist du dir sicher?«

»Hundertpro. Hilft dir das weiter?«

»Sie war vorher in Nordjütland, Dänemark, das weiß ich.«

»Passt.«

»Aber es liegt mehr als ein Tag dazwischen. Mindestens dreißig Stunden. Plusminus.«

»Zwischen was?«

»Dass sie das letzte Mal gesehen und dann auf den Gleisen gefunden wurde.«

»Und?«

»Du wirst langsam«, sagte Tabori und deutete auf Sommerfelds Glas, das schon wieder halb leer war. »Du hast selber erklärt, dass sie noch nicht mal Zeit hatte, die Klamotten zu wechseln. Anderthalb Tage lang? Das klingt wenig plausibel. Wo war sie in dieser Zeit?«

»Irgendwo, wo sie sich das rechte Knie aufgeschlagen hat.«

»Was?«

»Dein ganz spezieller Freund aus der Pathologie hat das in seinem vorläufigen Bericht vermerkt: Tiefe Hautabschürfungen am rechten Knie, die nicht von dem Sturz auf die Gleise stammen, sondern deutlich älter sind. Keine Schlussfolgerungen, nur die Erwähnung, dass. Übrigens, so ganz nebenbei: Ich habe ein bisschen Angst davor, was ich nach der Pensionierung eigentlich mit meiner Zeit anfangen soll, das Einzige, was mich irgendwie tröstet, ist die Tatsache, dass ich dann wenigstens nie wieder mit diesem aufgeblasenen Affen zu tun habe! – Also, ich war jedenfalls so frei, mir die Wunde noch mal genauer anzusehen. Und da habe ich das hier gefunden.«

Er zog ein verschließbares Plastiktütchen aus der Tasche und hielt es Tabori hin.

»Sieht aus wie ein kleiner Stein. Aber kein Kiesel, sondern …«

»Zement.« Sommerfeld langte über den Tisch und legte Tabori die Hand auf den Arm. »Das, mein Freund, ist ein Bröckchen Zement mit einer ganz besonderen Mischung, wie sie heute nicht mehr gebräuchlich ist. Außerdem auf die Schnelle zusammengematscht, hoher Kieselanteil, stark porös, kaum richtig abgebunden, unter extremem Zeitdruck gegossen, würde ich sagen.«

»Aber du weißt natürlich, wann und wo diese besondere Mischung verwendet wurde?«

»Nicht genau. Aber ich würde wetten, dass wir es hier mit Zement vom Westwall zu tun haben, du weißt schon, die Bunkerkette, die sie damals vom Nordkap bis nach Afrika runter gebaut haben. – Nord-Jütland hast du gesagt? Da stehen die Dinger doch auch immer noch, wenn ich mich recht erinnere. Deine Leiche ist also auch noch auf einem Bunker rumgeklettert und hat nicht aufgepasst und sich das Knie aufgeschlagen. Oder …«

»Es gab einen Streit, ein Handgemenge, bei dem sie gestürzt ist, was weiß ich.«

»Sie ist bereits in einem Bunker in Nordjütland ermordet worden und dann erst hierher geschafft, um es wie einen Suizid aussehen zu lassen. Da hast du deine anderthalb Tage, die dir fehlen.«

»Das ist absolut schwachsinnig«, erklärte Tabori. »Warum?

Nimm mal an, es war so, aber dann lasse ich sie doch da liegen, damit es aussieht wie ein Unfall. Oder ich vergrab sie im Sand oder was weiß ich, aber ich transportiere doch nicht erst noch eine Leiche von Dänemark zurück nach Deutschland und werfe sie dann hier vor einen Zug ...«

»Wäre vielleicht gut, mal zu überprüfen, wer zur gleichen Zeit wie deine Leiche da oben war. Wenn du jemanden findest, der sie kannte und den sie da vielleicht getroffen hat, dann hast du wahrscheinlich deinen Mörder. – Aber sag mal, was mir gerade einfällt: Bist du nicht selber immer da oben, um Urlaub zu machen? Ha, ich fasse es ja wohl nicht mehr! Jetzt sag nur noch, du hast diese Anwärterin auch gekannt!«

»Pass auf, was du sagst«, blaffte Tabori. »Du fängst an, dummes Zeug zu reden.«

»Wird nicht mehr lange dauern, bis da auch irgendjemand anders drauf kommt. Lepcke, zum Beispiel. Der braucht nur eins und eins zusammenzuzählen.« Sommerfeld grinste. »Da hat aber jetzt jemand ein Problem, würde ich sagen. Und das bin nicht ich!«

Taboris Gedanken überschlugen sich. Sommerfelds Schlussfolgerung, dass die Anwärterin in Dänemark jemanden getroffen haben könnte, wirkte plausibel. Jemanden, der womöglich ihr Mörder war ...

Sommerfeld merkte schnell, dass mit Tabori für den Rest des Abends nicht mehr viel anzufangen war. Er versuchte es noch mit einem eher dürftigen Witz, über den sie sich zurzeit bei der Spurensicherung amüsierten – kommt ein Reisebus mit lauter Schwarzen nach Ostfriesland, als der Busfahrer vor dem Hotel hält, ruft der Page, natürlich ein Ostfriese: »Ach du Schiet, hat's gebrannt?« –, als Tabori nicht reagierte, verzichtete Sommerfeld sogar auf ein letztes Bier und verabschiedete sich.

Auch Tabori war mit dem Fahrrad gekommen. Auf dem Rückweg durch den Stadtwald stand sein Entschluss schon fest: Er musste noch mal nach Dänemark.

Später stimmte ihm auch Lisa zu. »Mach das«, sagte sie. »Du wirst sowieso keine Ruhe haben, bis du mehr weißt.«

Eigentlich hatte er vorgehabt, am nächsten Tag gleich nach dem Frühstück aufzubrechen, damit er die kurze Zeitspanne zwischen zehn und zwölf erwischte, in der der Elbtunnel meistens ohne längere Staus passierbar war. Aber nachdem er sich erst lange im Bett hin- und hergewälzt hatte, fiel er gegen Morgen endlich in einen traumlosen Schlaf, der ihn sogar den Wecker überhören ließ.

Lisa weckte ihn gegen elf. »Hör mal, wenn du immer noch hochfahren willst, dann solltest du langsam mal los. Ich hab Brötchen und Käse gekauft, damit du dir was zum Mitnehmen machen kannst. Ich muss los jetzt, ich hab lange nichts mehr mit den Hunden unternommen, wir fahren ein bisschen raus und haben Spaß, okay? – Ruf mich an, wenn du was Neues hast. Und pass auf dich auf!«

Eine Weile stand Tabori noch am offenen Fenster. Der Himmel war verhangen, der Wind hatte gedreht und kam jetzt von Osten, die nahe gelegene Autobahn dröhnte sechsspurig herüber.

Tabori versuchte noch mal, Lepcke auf seinem Handy zu erreichen, aber der Anruf ging nicht durch. Oder Lepcke hatte ihn weggedrückt, nachdem er seine Nummer gesehen hatte.

Er schmierte sich zwei Brötchen und packte wahllos ein paar Sachen in seine Reisetasche. Er hatte nicht vor, länger als nötig zu bleiben. Er nahm die Schlüssel für den silbernen Passat vom Haken, den er vor einiger Zeit auf einer Polizeiauktion günstig ersteigert hatte, und fuhr zur nächsten Tankstelle, um vollzutanken und den Reifendruck zu kontrollieren. Zehn Minuten später bog er in die Auffahrt zur Autobahn ein.

8

Elsbet wirkte angestrengt. Schon als Tabori am frühen Abend zuvor unangemeldet im Lerup Strandhotel aufgetaucht war, war der Empfang eher kühl gewesen. Sie hatte das Haus bis unters Dach voll gehabt mit den Gästen einer Hochzeitsfeier, zu denen – wenn Tabori sie richtig verstanden hatte – auch der dänische Landwirtschaftsminister gehörte. Die Küche rotierte, der Speisesaal war bis auf den letzten Platz besetzt, Tabori wartete über eine Stunde in dem kleinen Rauchersalon, bis eines der Bedienmädchen mit seiner Scholle kam. Das Bedienmädchen war nicht die Vietnamesin, die er bei seinem letzten Aufenthalt in seiner Ratlosigkeit des Diebstahls oder zumindest der Unachtsamkeit verdächtigt hatte, schien aber genau zu wissen, wer er war beziehungsweise welche Ungeheuerlichkeit er sich geleistet hatte. Wortlos hatte sie ihm einen nur kniehohen Tisch eingedeckt, das Essen serviert und war ebenso wortlos wieder verschwunden.

Später hatte er noch einen langen Spaziergang durch die grünen Dünen bis zur Grasklippe von Skovsbjerg gemacht. Für einen Moment hatte er überlegt, ob er jetzt gleich den steilen Pfad zu dem von Gras und Heidekraut überwucherten Bunker hinauflaufen sollte, aber in der einsetzenden Dämmerung hätte er ohnehin kaum noch etwas erkennen können. Also war er stattdessen barfuß und mit hochgekrempelten Hosenbeinen am Flutsaum zurückgelaufen. Noch später hatte er hellwach in seinem Bett gelegen – Elsbet hatte nur noch ein nicht benutztes Dienstbotenzimmer direkt über der Küche mit Blick auf den Abfallcontainer für ihn gehabt – und auf die Geräusche gehört, die die anderen Hotelgäste machten, als sie zurück in ihre Zimmer kamen. Irgendwann in der Nacht war er noch mal hochgeschreckt, als unter seinem Fenster ein lautstarker Streit ausgetragen wurde. Eine Weile hatte er hinter der Gardine gestanden, aber kaum mehr erkennen können als den Koch, der leicht an seiner hohen Mütze und der weißen Schürze zu identifizieren war, und dem vagen Umriss einer Frau, die womöglich Elsbet selber gewesen sein konnte. Tabori war sich sicher, ihre Stimme erkannt zu haben, hatte aber nicht gewagt, das Fenster zu öffnen.

Jetzt lief Elsbet schon zum wiederholten Mal mit dem Handy am Ohr an seinem Frühstückstisch vorbei. Es war kurz nach acht, die Hochzeitsgäste waren noch nicht erschienen, Elsbet hatte ihm eher barsch erklärt, dass sie ab neun seinen Tisch brauchen würde. Als er sich die zweite Tasse Kaffee einschenkte, setzte sie sich plötzlich zu ihm und schob ihm einen fotokopierten Handzettel hin. »Efterlysning« las Tabori die fett gedruckten Buchstaben, darunter war das Schwarzweiß-Foto von Elsbets Dackel, Frederik, mit dem Eingang zum Hotel im Hintergrund, und ein paar Zeilen auf Dänisch, von denen Tabori nur das Datum, 6. September, ohne Mühe verstand.

»Ich bin im Stress«, sagte Elsbet, als wollte sie sich für ihre wenig gastfreundliche Hektik entschuldigen. »Frederik ist entlaufen, in den Tagen, als du hier warst, irgendwo im Geländer, und er ist immer noch verschwunden.«

»Wo?«, fragte Tabori irritiert von dem »Geländer«, gleich darauf begriff er, was sie meinte.

»Im Dünengeländer«, sagte Elsbet, »und nichts mehr gesehen von ihm seit da, aber eben hat ein Herr angerufen von Hjardestrand, dass er einen Dachshund gesehen hat, aber das war schon letzte Woche. Ich weiß nicht, was ich machen soll, er war süß, du kennst ihn, vielleicht hat ihn ein Gast …« Sie machte eine Handbewegung, als würde jemand etwas in die Tasche stecken. »Aber ich glaube das nicht, ich kenne meine Gäste, die tun das nicht.«

Tabori nickte.

»Warum bist du hier?«, fragte Elsbet.

»Ich brauche deine Hilfe.«

Tabori erklärte, dass er gerne einen Blick in ihr Gästebuch werfen würde.

»Ich muss wissen, ob jemand hier war, der die junge Frau kannte, die plötzlich abgereist ist, du weißt schon, als ich …«

»Unmöglich«, unterbrach ihn Elsbet. »Meine Gästen waren alles dänische Leute, nur die Frau war deutsch. Und sie kannte niemand hier.«

»Kann ich vielleicht trotzdem …«

Elsbet schüttelte den Kopf.

»Meine Gästebuch ist heilig, da kannst du nicht hineinsehen. Da musst du mit einem Polizist wiederkommen.«

»Sie war bei der Polizei«, sagte Tabori. »Und sie ist tot. Ich glaube, dass sie ermordet wurde. Deshalb bin ich hier.«

»Du hast gesagt, du bist kein Polizist mehr.«

Elsbet blickte ihn fragend an, mit einer Spur von Argwohn, als wäre ihm tatsächlich nicht zu trauen. Jedenfalls nicht mehr seit der Sache mit dem vietnamesischen Zimmermädchen.

»Es ist kompliziert«, sagte Tabori. »Aber ich muss wissen, ob sie sich hier mit jemandem getroffen hat. Vielleicht hat sie irgendjemand gesehen. Wie war sie überhaupt hier, weißt du das?«

»Ich glaube, mit ein kleines Auto, aber ich weiß nicht genau. Vielleicht blau, ein japanische Marke. Und sie hat einen ganzen Tag auf der Terrasse gesessen und Zeitung gelesen, das war derselbe Tag, an dem sie verwunden ist. Obwohl sie noch einen Tag mehr bezahlt hatte. Vielleicht musst du dahin gehen, wo die Touristen alle sind, und fragen, ob sie jemand gesehen hat. Es gibt ein Kerzenfabrik für die Touristen und ein Keramiker-Künstler und noch andere Stellen, wo man hingehen kann hier, aber das weißt du selber, du warst schon viel hier. Und du bist der Polizist oder auch nicht, und da musst du jetzt deine Arbeit machen und ich muss mich um meine Gästen kümmern, weil das meine Arbeit ist. – Wie lange willst du bleiben?«, setzte sie dann hinzu, während sie bereits aufstand und einem Bedienmädchen winkte, Taboris Tisch abzuräumen.

»Ich weiß es nicht«, antwortete Tabori. »Wäre schön, wenn ich das Zimmer noch behalten könnte.«

»Ich brauche es nicht. Das Zimmer geht nicht für meine anderen Gästen, weil es zu alt und zu slecht ist. Ich will es im Herbst renovieren, dann mache ich es gut für die nächste Saison.«

»Ich hoffe nicht, dass ich es so lange brauche«, sagte Tabori in dem halbherzigen Bemühen, einen Witz zu machen. Den aber Elsbet ohnehin nicht verstand.

»Wenn du wieder essen willst heute Abend, brauche ich dich angemeldet«, sagte sie nur, gleich darauf klingelte wieder ihr Handy. Die Herzlichkeit, mit der sie im Weggehen ihr Telefonat führte, stand im deutlichen Gegensatz zu ihrem eher distanzierten Verhalten Tabori gegenüber. Wirklich willkommen bin ich hier nicht mehr, dachte er. Ich muss mich wohl für die Zukunft nach einer anderen Ferienbleibe umsehen, auch wenn es schade ist.

Auf dem Parkplatz wurde er für einen Moment von den Autos der Hochzeitsgäste abgelenkt, die chromglänzend in der frühen Morgensonne standen. Besonders ein knallroter Jaguar E fesselte seine Aufmerksamkeit. Ein paar Meter weiter war ein Citroen aus den Dreißiger Jahren geparkt, wie Alain Delon ihn gerne in den alten französischen Gangsterfilmen fuhr. Tabori erinnerte sich an eine Geschichte, die ihm sein Vater mal erzählt hatte: Dass man selbst mit zehn kräftigen Männern nicht in der Lage sei, einen Citroen umzuwerfen. Tabori hatte keine Ahnung, ob sein Vater da aus eigener Erfahrung gesprochen hatte, aber bis heute hatte er das Bild vor Augen, wie eine Riege muskelbepackter Ganoven an einem Citroen schaukelten – mit seinem Vater zwischen ihnen, im zweireihigen Anzug mit breitem Revers und Gangsterhut mit nach unten gebogener Krempe.

Tabori überlegte, ob er mit seinem Handy ein Foto von dem Citroen machen sollte. Vielleicht so, dass im Hintergrund der Jaguar zu erkennen wäre. Ein knallroter Jaguar E war immer der Traum seiner Jugendtage gewesen. Aber egal, wie er sich verrenkte, die anderen Autos störten das Bild, das er gerne haben wollte, mit ihrer plastikprotzenden Stillosigkeit. Aus den Augenwinkeln sah er den Koch, der rauchend an der Hintertür stand und ihn beobachtete. Tabori schob das Handy zurück in seine Lederjacke und nickte. Der Koch nickte nicht zurück, sondern drehte sich um und verschwand wieder in seiner Küche.

Tabori fühlte sich seltsam frustriert. Nicht wegen des Fotos, das ihm eigentlich ohnehin egal war. Aber er hatte keine Ahnung, was er jetzt tun sollte. Irgendein unklares Gefühl zog ihn zur Grasklippe und dem Bunker hinauf, ohne dass er gewusst hätte, was er dort eigentlich zu finden hoffte. Irgendwelche Spuren, die Sommerfelds Theorie belegten, dass dort oben ein Kampf stattgefunden hatte, bei dem die Anwärterin ums Leben gekommen war. Aber wieso überhaupt der Bunker von Skovsbjerg? In dem weitläufigen Dünengelände gab es weitere Bunker, manche bis über den Eingang im sandigen Boden versackt, andere von den Jugendlichen auf dem nahe gelegenen Campingplatz als heimlicher Treffpunkt für erste flüchtige sexuelle Begegnungen oder auch nur als willkommene Übungsfläche für unbeholfene Graffitis missbraucht. Und auch am Strand waren geborstene Betonreste, die der Brandung als Wellenbrecher trotzten. Wo sollte er anfangen zu suchen? Wäre es nicht sinnvoller, zunächst das Szenario der Ermordung als gegeben hinzunehmen und also den Täter zu suchen, den es ja geben musste? Der die Anwärterin gekannt hatte. Vielleicht. Sicher war auch das nicht. Vielleicht gab es auch gar keine Verbindung zwischen Opfer und Täter. Keine Verbindung außer der Tatsache, dass sie sich hier begegnet waren und diese Begegnung mit dem Tod der Anwärterin endete. Aber wenn es wirklich hier passiert war, war auch der Täter hier gewesen. Und irgendjemand musste ihn gesehen haben.

Ich komme nicht weiter, dachte Tabori, ich drehe mich im Kreis. Und: Lepcke fehlt mir! Seine Fähigkeit, Prioritäten zu setzen, wenn es zu viele lose Enden gab. Erst jetzt wurde Tabori klar, wie oft es Lepcke gewesen war, der seinen eigenen Überlegungen eine Richtung vorgab, ohne die Taboris Intuition hilflos ins Leere gelaufen wäre. Und diese Erkenntnis ließ seine Unschlüssigkeit plötzlich zur Ohnmacht anwachsen, er war nicht mehr in der Lage, irgendeinen klaren Gedanken zu fassen. Sich auf das Naheliegende zu konzentrieren, einen Schritt nach dem anderen zu machen. Aber was war das Naheliegende? Welcher Schritt würde ihn weiterbringen?

Er schloss die Tür des Passats auf, nur um sie gleich darauf wieder zuzuknallen und mit langen Schritten zum Hotel zurückzustürmen.

Elsbet stand an der Rezeption. Der rotgesichtige Mann neben ihr, der Tabori augenblicklich an den schwitzenden Wanderer auf der Tuborg-Reklame erinnerte, war wahrscheinlich der dänische Landwirtschaftsminister, von dem gestern die Rede gewesen war. Tabori ignorierte ihn und beugte sich über den Tresen zu Elsbet.

»Was war das für ein Streit zwischen dir und dem Koch?«

Zwischen Elsbets Augenbrauen bildete sich eine steile Furche.

»Undskyld«, sagte sie zu dem Landwirtschaftsminister, »et øjeblik.« Sie winkte Tabori mit dem Kopf, dass er ihr folgen sollte. Im Durchgang zur Gästetoilette griff sie schmerzhaft nach seinem Arm. Ihre Stimme war kaum mehr als ein heiseres Flüstern, das ihre Wut nicht verbergen konnte.

»Was soll das? Du siehst, dass ich in ein Gespräch mit eine meiner Gästen bin.«

»Der Streit«, wiederholte Tabori. »Letzte Nacht. Direkt vor meinem Fenster.«

»Kein Streit. Nur ein Disput zwischen dem Küchenchef und seinem Boss, die es nicht mag, wenn sich jemand zu wichtig macht.«

»Und worum ging es?«

»Du hast mich nicht verstanden: Ich mag es nicht, wenn sich jemand wichtig macht. Egal, ob es eine Koch ist oder eine frühere Polizist. Und jetzt lass mich mein Job tun bitte!«

Sie drehte sich grußlos um. Gleich darauf hörte Tabori, wie sie sich nochmals bei dem Landwirtschaftsminister entschuldigte.

Er ging ins Gästeklo und ließ kaltes Wasser über seine Handgelenke laufen.

»Du bist ein Idiot«, sagte er laut zu seinem Spiegelbild. Du musst ihr nachher irgendwas mitbringen und dich bei ihr entschuldigen, setzte er in Gedanken hinzu.

Als er zwei Minuten später vom Parkplatz fuhr, ließ er die Kupplung so schnell kommen, dass der Kies unter den Vorderreifen aufspritzte. Der Himmel über ihm war von einem unnatürlichen Blau. Tabori war schwindlig.

9

Früher war er grundsätzlich nicht nach Hause gefahren, ohne spätestens am letzten Tag noch für mehrere hundert Kronen Kerzen eingekauft zu haben. »Lerup Lys« war ein Bauernhof oberhalb der Schotterstraße von Lerup nach Stenhoj. Früher war der Kerzenladen kaum mehr gewesen als eine große Scheune, in der an langen Gestellen aufgereiht die verschiedensten Formen und Größen von Kerzen hingen. Aber es waren vor allem die Farben gewesen, die Tabori begeistert hatten – und die Kerzen waren nicht nur mit einer dünnen Farbschicht ummantelt, sondern durchgefärbt, was sie von den – allerdings deutlich billigeren – Supermarkt-Produkten unterschied. Im ehemaligen Kuhstall hatte jedes Mal, wenn Tabori durch die Reihen stöberte, ein alter Mann auf einem Schemel gesessen und mit rot verquollenen Händen seine Kerzen gezogen. Sein keuchender Husten, der bis in den Laden zu hören war, gehörte ebenso zu den Besuchen wie der dichte Stearinrauch, der durch die Verbindungstür herüber drang. Aber in den letzten Jahren hatte sich der Laden verändert und war mehr und mehr zu einer langweiligen Ansammlung von Dekorationsartikeln geworden, wie sie auch jeder Nippesladen in Blokhus oder Løkken für die Touristen bereithielt. Auch der hustende Alte war eines Tages zu Taboris großem Bedauern verschwunden gewesen. Also hatte Tabori beim letzten Mal denn auch tatsächlich auf den obligatorischen Einkauf verzichtet.

Als er jetzt auf den Hof fuhr, glaubte er im ersten Augenblick, er wäre in irgendeinem Disneyland gelandet – hunderte von grellbunten Gartenzwergen standen aufgereiht im Kies vor der Scheune, die neueste Attraktion aber schienen verschieden große Nessie-Abbildungen zu sein, die in jeweils fünf bis sechs Einzelteilen hintereinander angeordnet den Eindruck erwecken sollten, dass sich da gerade das schottische Seeungeheuer durch den Garten wühlte. Kopfschüttelnd betrat Tabori den Laden. Der Sohn des alten Mannes, den Tabori vom dürren Jugendlichen zum übergewichtigen Mann hatte heranwachsen sehen, gab mit keiner Miene zu erkennen, dass er sich an Tabori erinnerte. Und auf das Foto der Anwärterin, das Tabori ihm über den Tresen zuschob, reagierte er nur mit einem Schulterzucken und einem unwirschen »nej«.

»Tak, farvel«, sagte Tabori und verließ das Geschäft, ohne die Kerzen, die immer noch mit ihren regenbogenbunten Farben lockten, auch nur eines Blickes zu würdigen. Dafür bereitete es ihm eine fragwürdige Genugtuung, beim Hindernislauf zwischen den stillosen Gartendekorationen hindurch eines der Ungeheuer von Loch Ness mit der Schuhspitze zu Boden zu schicken.

Auch in der kleinen Galerie in Lerup hatte er zunächst kein Glück. Der Künstler empfing ihn persönlich im indischen Hemd und mit kurzen Hosen, die unvermeidlichen Clogs waren mit Farbspritzern übersät. Die Bilder an der Atelierwand – das Atelier war gleichzeitig auch der Verkaufsraum – zeigten ausnahmslos das immer gleiche Motiv in verschiedenen Variationen. Die dickbauchigen Fischkutter von Lerup Strand, die es schon lange nicht mehr gab, dahinter das Meer, entweder stürmisch unter einem dramatisch gefärbten Himmel oder weniger aufregend als friedliche Sommerpostkarten-Ansicht vor diesem endlosen Blau, dessen Leuchtkraft Tabori schon wieder schwindeln ließ, obwohl es nur gemalt war.

»Was ist das für eine Farbe?«, fragte er irritiert.

»Acryl. Die Touristen mögen es, wenn es bunt ist. Und es muss groß sein, aber auch nicht zu groß, sonst passt es nicht ins Auto zum Mitnehmen. Es darf auch nicht zu viel kosten, sonst gehen die Leute zu Ikea und kaufen einen Fotodruck. Ein bisschen mehr als Ikea ist gut, dann ist es Kunst, sehr viel mehr ist nicht gut, dann ist der Künstler größenwahnsinnig und will dich … abzocken, stimmt das?«

»Abzocken, ja.«

»Abzocken. Weil er ist Millionär und will immer noch mehr, damit er seine Drogen bezahlen kann.«

»Schon klar«, nickte Tabori, »es ist wahrscheinlich nicht leicht, hier als Künstler zu überleben.«

Was redest du da, dachte er gleichzeitig, geht es noch platter?

»Du magst Farben?«, sagte der Künstler, als hätte er Taboris jämmerlichen Kommentar nicht gehört. »Komm, ich zeig dir was!«

Er fasste Tabori am Ellbogen und zog ihn in den angrenzenden Raum. Die Stirnseite wurde zur Gänze von einem Gemälde eingenommen, eigentlich nur eine monochrome Farbfläche, ein leicht stichiges Sonnengelb.

Der Künstler dirigierte ihn zu einem einfachen Holzstuhl.

»Setz dich und guck dir die Farbe an. Konzentrier dich nur auf das Gelb.«

Tabori kam sich ein bisschen albern vor. Wie ein Kind, von

dem erwartet wurde, dass es gleich begeisterte Überraschung zeigen würde. Er spürte die Hand des Künstlers auf seiner Schulter. Ein fester Druck, der ihn aufforderte, sich einzulassen auf die Farbfläche vor ihm.

Tabori schloss die Augen. Aus einem grellen Lichtpunkt heraus entwickelten sich konzentrische Kreise. Er machte die Augen wieder auf. Das Gelb schien ihn anzuziehen, als wollte die Farbe ihn aufsaugen, unwillkürlich wich er mit dem Oberkörper ein Stück zurück, sofort verstärkte sich wieder der Händedruck auf seiner Schulter. Und dann waren da plötzlich nur noch das Gelb und er, wie in einer gewaltigen Explosion ohne Zeit und Raum, der Boden unter ihm kippte weg, keuchend sackte Tabori zur Seite, mit einem raschen Griff unter die Achselhöhlen hielt ihn der Künstler, bis er sein Gleichgewicht wiedergefunden hatte.

Tabori stieß die Luft aus. »Was war das? Ich …«

»Du bist gut. Aber du hast sehr stark reagiert. Die meisten werden nur ein bisschen wirr im Kopf, heißt das wirr?«

»Wirr. Schwindlig.«

»Das macht das Gelb, bei anderen Farben ist es nicht so stark.«

»Verblüffend«, sagte Tabori. »Das wusste ich nicht. Dass Gelb so eine Wirkung hat, meine ich.« Er stand vorsichtig auf, als würde er seinem Gleichgewichtssinn noch nicht wieder trauen.

»Ich zeig dir noch was«, grinste der Künstler. »Ohne Farbe, du brauchst nicht bange sein. Aber das ist, was ich malen würde, wenn ich Millionär wäre und nicht Fischkutter für die Touristen malen müsste.«

Er bückte sich zu einer Zeichenmappe, die aufrecht an der

Wand lehnte. Mit raschen Bewegungen legte er eine Reihe Zeichnungen vor Tabori auf den Fußboden.

»Öl und Bleistift. Siehst du, was es ist?«

Tabori war sich nicht sicher. Die Zeichnungen wirkten wie Ausschnitte aus einem größeren Motiv, immer die gleiche Grundstruktur, rissig, wie eine besondere Art von Stein oder Fels, aber mit geometrisch geraden Linien, ein Fußboden, der gegen eine Wand stieß, eine dunklere Stelle, die vage zu schimmern schien, wie von Schwitzwasser oder einem schwachen Moosbewuchs, darüber ragte etwas aus der Wand geradewegs ins Bild hinein, rund, geriffelt, und vielleicht daumendick, dann weggeknickt, wie verbogen, die bräunlich-rote Farbe hob sich deutlich vom dunklen Grau des Hintergrunds ab.

»Eine rostige Eisenstange«, sagte Tabori. »Ein Armiereisen. Und rissiger Beton, auf dem feuchte Flecken zu sehen sind.«

Der Künstler nickte anerkennend, sagte aber nichts. Stattdessen zog er eine flache Schachtel im Din-A4-Format aus der Schublade einer mit Farbdosen und Pinseln vollgestellten Kommode, nahm den Deckel ab und schob Tabori eine Reihe von Schwarzweiß-Fotos hin.

Diesmal erkannte er die Motive sofort. Und damit ließen sich auch die Zeichnungen problemlos zuordnen. Tabori merkte, wie er unwillkürlich die Luft anhielt, während er mit zittrigen Fingern den Stapel Fotos durchblätterte. Was passiert hier, fragte er sich, wieso plötzlich diese Fotos, wieso zeigt er mir Bilder, auf denen die Bunker aus dem Zweiten Weltkrieg zu sehen sind, wegen denen ich überhaupt hier bin, wann kommt das Foto, auf dem die Leiche zu sehen ist?

Er warf einen kurzen Blick zu dem Künstler hinüber, der

ihn aufmerksam beobachtete und ihm jetzt mit einem Nicken bedeutete, sich auch die letzten Aufnahmen noch anzusehen.

Tabori war sich sicher, gleich auf das zu blicken, was unausweichlich schien. Das Ganze war eine Inszenierung, daran zweifelte er keinen Augenblick mehr, irgendjemand zog hier die Fäden, und er selber war nichts weiter als eine Marionette in einem Spiel, das er nicht durchschaute.

Das nächste Foto zeigte den Bunker auf der Grasklippe, dann kam eine Detailaufnahme von geborstenem Beton, dann ein Stollengang, auf der linken Seite erkannte Tabori deutlich die rostige Armierstange, die aus der Wand ragte und als Vorlage für eine der Zeichnungen gedient hatte, sogar der verschwommene Wasserfleck war zu sehen, dann kam das letzte Foto, kraftlos ließ Tabori den Stapel zu Boden fallen und starrte auf die leicht verwackelte Aufnahme, die in der Dämmerung gemacht sein musste: Das Dünental, von der Klippe aus fotografiert, im Vordergrund ein verbogener T-Träger, auf dem der Rost blühte, weit unten der Strand als heller Strich. Keine Leiche.

»Was hast du?«, fragte der Künstler irritiert. »Gefällt es dir nicht? Schade, ich dachte, du könntest etwas damit anfangen. Tut mir leid, ich wollte nicht … aufdrängend sein.«

Er wirkte nervös, unsicher. Aber es war eine Art von Nervosität, die nicht zu Taboris fast sicherer Vermutung passen wollte, dass er hier den Mörder vor sich hatte oder zumindest jemanden, der mehr wusste, als er sagte, eher schien der Künstler peinlich berührt, als hätte er sich zu weit vorgewagt und etwas von sich preisgegeben, das ihn schutzlos machte …

»Gib her«, sagte er unwirsch und schob die Fotografien wieder zu einem Stapel zusammen, um sie zurück in den Karton zu legen. »Es ist manchmal, dass ich … es ist ein Traum von mir, verstehst du? Ich möchte eine Udstilling, eine Ausstellung machen mit diesen Motiven, die Fotos, die Zeichnungen, rostiges Eisen und geborstener Beton in den Dünen, der Widerspruch zwischen dem Frieden der Landschaft und dem, was ihr uns damals hinterlassen habt, aber niemand erinnert mehr, wofür es eigentlich steht …«

»Ich glaube, ich weiß, was du meinst«, kriegte Tabori jetzt immerhin raus. »Ich kann es mir vorstellen und ich bin mir sicher, dass es funktionieren würde.«

»Wirklich?«

»Wirklich.«

»Eine alte Fabrikhalle vielleicht, die leer steht, in einer Galerie kannst du das nicht machen …«

»Seit wann machst du diese Fotos?«

»Das meiste ist aus diesem Jahr, nur ein paar Bilder sind schon älter. Aber die Idee, was ich daraus machen könnte, hatte ich erst im Frühjahr.«

»Warst du auch in einem von den Bunkern drin?«

»In vielen. Aber du kommst nicht weit. Sie haben die Eingänge meistens zugemauert oder Schutt in die Stollen gekippt, damit keine Kinder hineinkriechen.«

»Gibt es einen Bunker, in den man vielleicht doch noch weiter reinkommt? Oder der noch irgendwelche Seitenstollen hat, die unter der Erde weiterführen? Zum nächsten Bunker oder einem versteckten Ausgang?«

»Höchstens in Skovsbjerg oben, das ist eine ganze Anlage da. Die alten Leute hier erzählen, dass es sogar mehrere Etagen unter der Erde gibt, aber das ist alles zugeschüttet.«

»Warst du in letzter Zeit mal da oben?«

»Nein, nur im Frühjahr, als ich die Fotos gemacht habe. Danach nicht mehr. Danach habe ich gemalt.«

»Ich würde dir gerne die Zeichnung mit dem rostigen Armiereisen abkaufen«, sagte Tabori, ohne eigentlich einen Grund für seinen Entschluss zu wissen.

»Ich verkaufe nichts davon. Kaufen kannst du nur die Fischkutter. Aber ich schenk dir das Foto dazu, hier!«

Tabori bedankte sich. »Wenn du eine Ausstellung machst, würde ich gerne kommen.«

»Gib mir deine E-Mail-Adresse, dann nehme ich dich in meinen Verteiler.«

Tabori schrieb die Adresse auf einen Zettel.

»Dein Deutsch ist übrigens ausgezeichnet«, sagte er zum Abschied.

»Ich muss. Sonst kauft keiner. Die Touristen sind alle deutsch.«

»Weil wir gerade von Touristen sprechen«, sagte Tabori. »Eine Frage noch: Ich hab auch ein Foto. Hast du die Frau schon mal gesehen?« Er zog das Foto aus der Tasche und hielt es dem Künstler hin.

»Sie ist jung. Deine Tochter? Es ist eine Ähnlichkeit um die Augen herum.«

»Nein, nein, ich habe keine Tochter, es ist nur …«

»Ich kenne sie nicht.« Der Künstler schüttelte den Kopf. »Nie gesehen.«

»Ich finde allein raus«, sagte Tabori.

Einen kurzen Moment stand er unschlüssig auf der Dorfstraße. Dann stieg er in den Passat und klemmte das Foto aus dem Bunker in die Heizungsschlitze am Armaturenbrett. Der Bunker auf der Klippe von Skovsbjerg, hatte der Künstler gesagt. Tabori meinte sich zu erinnern, wo die Zufahrt abging. Ein Stück hinter Elsbets Hotel, noch am Campingplatz vorbei und dann irgendwo rechts.

Er startete den Motor und fuhr langsam durch die Ortschaft zurück zur Landstraße. Hinter ihm drängelte ein Mitsubishi-Geländewagen, der Fahrer schien deutlich genervt und fuhr so dicht auf, dass Tabori im Rückspiegel nur noch den Kühlergrill mit der Batterie an Suchscheinwerfern sehen konnte.

Prompt verpasste er im Kreisverkehr die Ausfahrt nach Lerup Strand, ein neuer Blick in den Rückspiegel zeigte ihm, dass der Mitsubishi immer noch an seiner Stoßstange klebte, Tabori rechnete jetzt jeden Moment mit dem Rammstoß von hinten, wenn der Kuhfänger des Geländewagens sich in das Heck seines Passats bohren würde.

10

Seine Gedanken überschlugen sich. Sollte er versuchen, den Aufprall abzufangen, indem er sich mit aller Kraft gegen die Rückenlehne presste, oder war es besser, den Körper möglichst locker zu machen und auf die instinktiven Schutzmechanismen zu vertrauen, die ihn vielleicht vor einem Schleudertrauma retten würden? Er wusste es nicht. Er riss das Lenkrad herum und zwang den Passat mit quietschenden Reifen in die nächste Ausfahrt, das linke Vorderrad knallte böse über den Bordstein, nur um Haaresbreite verfehlte der Außenspiegel das Verkehrsschild auf dem kurzen Mittelstreifen, dann trat Tabori das Gaspedal bis zum Anschlag durch, das Automatikgetriebe reagierte mit heftigem Rucken, jaulend schlingerte der Passat über die Fahrbahn.

Aber der Vorsprung, den ihm das plötzliche Manöver verschafft hatte, verringerte sich in erschreckend kurzer Zeit, es dauerte keine halbe Minute und der Mitsubishi schob sich schon wieder heran, um dann im letzten Moment vor dem Zusammenprall dröhnend an Tabori vorbeizuziehen. Der Beifahrer im offenen Seitenfenster zeigte ihm mit höhnisch aufgerissenem Mund den ausgestreckten Mittelfinger, gleichzeitig stemmte sich der Fahrer auf die Hupe, die jedes Signalhorn eines Fernlasters zum Kinderspielzeug erklärte. Von der offenen Ladefläche hinter der Fahrerkabine grölten ihm zwei oder drei Jugendliche mit bunten Abiturientenmützen zu, instinktiv stieg Tabori in die Bremse, als eine Bierdose geflogen kam und direkt vor seiner Kühlerhaube auf der Fahrbahn explodierte.

Dann war der Spuk vorüber. Tabori kroch jetzt mit 20 Stundenkilometern dicht am Seitenstreifen dahin und versuchte, das Zittern seiner Knie unter Kontrolle zu bekommen. Gleich darauf merkte er, wie er wütend wurde. Er hatte sich von einer Horde angetrunkener Jugendlicher in Panik versetzen lassen, die mit Sicherheit ihren Spaß mit ihm gehabt hatten. Für einen Moment dachte er tatsächlich an so etwas wie Rache. Wenn er sie jetzt an der nächsten Tankstelle zufällig noch mal erwischen würde, würde er nicht lange fragen, sondern nur den Fahrer hinter dem Lenkrad hervorzerren und ihm links und rechts eine verpassen. Hör auf, Tabori, dachte er gleichzeitig, du spinnst, du bist nicht Bruce Willis. Aber es ärgerte ihn, dass er sich noch nicht mal das Kennzeichen gemerkt hatte, um sie anzuzeigen.

Er fummelte eine Zigarette aus der Lederjacke, als er sich zum Zigarettenanzünder vorbeugte, roch er den Schweiß unter den Achselhöhlen. Er hatte Angst gehabt, und seine Reaktion stand im krassen Widerspruch zu den Erfahrungen, die er als Ex-Polizist zwangsläufig auch mit Situationen hatte, die tatsächlich gefährlich gewesen waren. Aber er wusste genau, was passiert war, die kurze Episode eben hatte die Erinnerung an einen Vorfall wachgerufen, den er gerne für immer vergessen wollte. Auch damals waren es betrunkene Jugendliche gewesen, die ihn und Lisa nach einem Tankstopp verfolgten, um ihrem Frust Luft zu machen. Und er selber hatte die Situation so falsch eingeschätzt, wie es nur ging, und als nicht bedrohlich abgetan. Was genau der Fehler gewesen war, der dann eins zum anderen kommen ließ und mit Lisas Vergewaltigung endete.

Er warf die halb gerauchte Kippe aus dem Seitenfenster. Dann bremste er und setzte mit eingeschalteter Warnblinkanlage zurück, stieg aus und zertrat den glimmenden Rest auf dem Asphalt. Er wollte nicht schuld sein, wenn der nahe gelegene Kiefernwald in Flammen aufging. Die Hitze und die lange Trockenheit des Sommers ließen die Gefahr eines Waldbrandes mit jedem Tag größer werden.

Ein Moped knatterte vorüber. Mit dem altertümlichen Helm sah der Fahrer aus wie ein ameisenähnliches Wesen von einem anderen Stern. Er hob im Vorbeifahren die Hand und winkte Tabori zu. Tabori grüßte mit einem Kopfnicken zurück. Über dem Wald türmte sich eine weiße Wolkenwand, vielleicht würde der Regen, auf den hier alle warteten, doch noch kommen.

Tabori stieg wieder ein, um an der nächsten Abzweigung zu wenden. Bei seiner Flucht vor dem Mitsubishi war er in die falsche Richtung geraten, er musste wieder zurück nach Lerup und von dort nach Lerup Strand und zur Klippe von Skovsbjerg.

An der Abzweigung stand ein Schild: »Ejstrup Mohair-Butik, 300 Meter«, darunter die Öffnungszeiten und der Hinweis auf »Pullover und Decken aus feinster Mohairwolle«. Tabori erinnerte sich jetzt, bei Elsbet auf dem Tresen einen Werbeprospekt gesehen zu haben. Kurz entschlossen folgte er dem Schild, ein letzter Versuch, dachte er, vielleicht hatte sich die Anwärterin ja eher von Mohairpullovern als buntem Nippes oder naiven Fischkutterbildern anlocken lassen.

Ejstrup empfing ihn mit einem verlassenen Bauernhof, dessen Dach bereits zur Hälfte eingestürzt war, ein Stück weiter kam ein typisch dänisches Wohnhaus mit gelber Klinkerverkleidung und welleternit-gedecktem Carport, im Vorgarten standen mehrere Autowracks, auch ein Buckelvolvo aus den Fünfziger Jahren. Danach zweigte ein Schotterweg zur Mohairfarm ab, der Passat rumpelte durch tiefe Schlaglöcher, die Doppelreihe neu gepflanzter Bäume würde, sollte die Trockenheit anhalten, nie zur Allee heranwachsen können. Der Hof dann allerdings war stilvoll restauriert, die Mauern weiß gekalkt, im Hintergrund reckten sich unzählige Windräder in den Himmel.

Tabori musste abrupt bremsen, als ihm an der Scheunenecke ein Wagen entgegenkam, der die gesamte Breite der Zufahrt für sich beanspruchte. Bevor er wirklich realisierte, dass es der Mitsubishi-Geländewagen war, war er auch schon in eine Staubwolke eingehüllt und hörte nur noch den Kies gegen das Blech des Passats spritzen, aber diesmal merkte er sich wenigstens das Kennzeichen und notierte sich die Buchstabenfolge auf einer Tankquittung.

Zwei Hunde sprangen kläffend am Gitter ihres Zwingers hoch, ein Traktor blubberte im Leerlauf vor sich hin, ein Mann im ölverschmierten Overall wollte gerade auf den Sitz klettern, sprang aber wieder auf den Boden, als Tabori näher kam, und blickte ihn fragend an.

»Ich wollte nur mal gucken«, sagte Tabori und zeigte auf die Tür mit der Aufschrift »Butik«.

»Ist nicht mehr viel da«, kam die Antwort, »aber ein paar Socken habe ich noch und zwei oder drei Pullover. Kommen Sie!«

Er winkte Tabori in den Laden, den Treckermotor ließ er laufen, als wäre ohnehin klar, dass Taboris Besuch nicht allzu lange dauern würde.

»Der Laden wirft nichts mehr ab, wir werden zumachen müssen«, erklärte er mit einer flüchtigen Handbewegung zu den fast leeren Regalen hinüber. »Ich habe schon nichts mehr nachbestellt, die Touristen bleiben weg, Dänemark ist zu teuer, das kann sich keiner leisten. Vor zwei Jahren hatten wir noch über 8000 Kunden im Sommer, letztes Jahr waren es gerade 600, in diesem Sommer bisher dreißig oder vierzig. – Bei den Pullovern gebe ich Ihnen zwanzig Prozent, es nützt ja nichts, wenn die Sachen hier rumliegen.«

Sein Deutsch hatte keinen Akzent, zumindest keinen dänischen, ein paar Lautverschiebungen ließen Tabori auf das Ruhrgebiet schließen.

»Sie sind nicht von hier, oder?«

»Rheinland. Aus der Nähe von Düsseldorf. Und so wie es aussieht, werden wir wohl zurückgehen.« Er streckte Tabori die Hand hin. »Ich bin Michael. Mikke für die Bauernköppe hier.«

»Tabori.«

»Auch noch nicht gehört.«

Tabori verzichtete darauf zu erklären, dass Tabori sein Nachname war. Stattdessen sagte er: »Ungarische Vorfahren.«

»Und wo kommst du her?«

»Hannover.«

»Datt jibbet ja woll nich«, verfiel Michael in seinen alten Dialekt. Begeistert spuckte er Tabori ein paar Namen entgegen: »Jane, Eloy, Scorpions, Epitaph, hab ich alles, die Platten, das ist meine Zeit, und die waren alle aus Hannover!«

»Epitaph nicht«, korrigierte Tabori. »Die kamen aus Berlin. Aber der Gitarrist ist jetzt bei Jane, stimmt schon!«

»Die gibt es immer noch? Ich denke, Peter Panka ist tot!«

»Die Band spielt trotzdem noch, mit ein paar anderen Leuten, der Schlagzeuger kommt von Eloy.«

»Hammer! Und du kennst die womöglich alle, was? Musst du ja, wenn du aus Hannover bist.«

»Ein paar von ihnen kenne ich tatsächlich, aber das bleibt nicht aus, Hannover ist nicht so groß. Und von dir da aus der Ecke waren die Lilac Angels, richtig? Von denen habe ich nämlich noch eine Platte.«

»Düsseldorf, ja! Hammer«, wiederholte Michael. »Darauf müssen wir aber einen trinken, du!«

Er verschwand in einem Nebenraum und kam mit zwei Flaschen Bier zurück, von denen er Tabori eine hinstreckte. An der Außenseite perlte das Schwitzwasser herab, die Flasche war so kalt, dass Tabori sie kaum halten konnte.

»Skål!«, prostete Michael ihm zu. »Auf den Krautrock!«

Sie tranken.

»Eine Frage habe ich jetzt aber an dich«, setzte Tabori an, bevor Michael womöglich noch mit Bands aus der hannoverschen Punkszene ankommen konnte, die es ja später auch gegeben hatte. Oder ganz und gar mit Winnie Martin und seinem One-Day-Hit »Heute fahr ich mit der Lambretta hin nach meinem Vetta.« Oder so ähnlich jedenfalls. Er zog das Foto der Anwärterin aus der Tasche. »Ich bin nicht ganz zufällig hier, kannst du dir das vielleicht mal ansehen? Sie war vor ein paar Tagen im Strandhotel von Lerup Strand, war sie vielleicht auch bei dir im Laden?«

Michael warf nur einen flüchtigen Blick auf das Bild.

»Blauer Nissan Micra«, nickte er dann. »Und sie hat einen Pullover gekauft. Olivgrün. Ich fand, die Farbe stand ihr nicht, aber sie wollte genau den. Sie hat gesagt, das würde

113

gut zu ihrem Beruf passen. Sie war Hundeausbilderin bei der Polizei … warte mal, heißt das, dass du auch …«

»Nicht wirklich«, sagte Tabori. »Aber weißt du noch genau, an welchem Datum sie hier war?«

»Da brauch ich nur den Kassenbeleg zu suchen. Sie hat mit Visa bezahlt, das weiß ich noch, so viel Kunden hab ich ja nicht.«

Er brauchte nicht lange, um den entsprechenden Beleg zu finden.

Tabori starrte auf das Datum und versuchte, die einzelnen Puzzleteile zusammenzufügen. Am 6. September hatte sie bei Elsbet ein Zimmer genommen und für drei Tage im Voraus bezahlt. Abends hatte er sie auf der Party am Strand gesehen. Einen Tag später hatte sie mit ihm zusammen auf der Terrasse gesessen und Zeitung gelesen. Dann hatte sie ihm einen Brief unter der Tür durchgeschoben und war direkt danach abgefahren, ohne auszuchecken. Am selben Tag war sie laut Michaels Kassenbeleg um 15:20 Uhr in dem Mohair-Laden gewesen und hatte sich einen Pullover gekauft. Olivgrün, weil die Farbe gut zu ihrer Arbeit passen würde. Am 8. September war sie um 22:07 Uhr von dem ICE »Jacob Fugger« kurz hinter Aligse überrollt worden. Er erinnerte sich jetzt auch wieder, dass Sommerfeld etwas von einem olivgrünen Pullover erzählt hatte. Aber was war zwischen dem 7. September nachmittags und dem 8. September abends passiert?

»Wo ist der blaue Nissan?«, fragte Tabori unvermittelt.

Michael starrte ihn verständnislos an.

»Der Nissan muss irgendwo sein«, erklärte Tabori, während ihm gleichzeitig klar wurde, dass Michael gar nichts verstehen konnte. Tabori beeilte sich, ihm wenigstens die Eckpunkte mitzuteilen: Die Kollegin war im Strandhotel abgestiegen, am Tag darauf war sie verschwunden, noch mal einen Tag später war sie von einem ICE überrollt worden, er selber, Tabori, glaubte nicht an einen Selbstmord, deshalb war er jetzt hier, um die Lücken zu schließen.

»Du bist bislang die letzte Person, die sie lebend gesehen hat«, sagte er.

»Hammer«, kam es von Michael. »Und du bist also tatsächlich bei der Polizei?! Sieht man gar nicht. Ich meine, du wirkst nicht wie ein Bulle, überhaupt nicht, und du kennst die ganzen Bands, auf die ich früher gestanden habe und so was, ist das irre?«

Kopfschüttelnd setzte er wieder die Flasche an. Die Tatsache, dass die Anwärterin womöglich ermordet worden war, schien ihn nicht weiter zu interessieren.

»Apropos Bullen«, sagte Tabori. »Wenn hier irgendjemand einen Nissan mit deutschem Kennzeichen entdeckt, wird er es ja sicher auch gemeldet haben. Wo ist bei euch die nächste Polizeistation, damit ich bei den Kollegen nachfragen kann?«

»Ålborg«, sagte Michael.

»Was? Das kann nicht sein! Das sind fast vierzig Kilometer. Ihr müsst doch hier im nächsten Ort …«

Michael winkte ab.

»Vergiss es. Früher hatten wir eine Wache in Fjerritslev und einen Dorfpolizisten in Brovst. Aber die dänische Polizei versucht zu sparen, wo es geht. Jetzt ist alles nach Ålborg verlagert worden. Dafür gibt es einen Streifenwagen mehr, der das Gebiet hier abklappert. Das soll angeblich billiger sein und außerdem wäre er schneller da, wenn irgendwas los ist, vorausgesetzt natürlich, er ist gerade zufällig in der Nähe.«

»Was?«

»So lautet die Begründung, die in der Zeitung stand. Aber du hast ja keine Ahnung, was seitdem hier los ist! Die Leute hier fühlen sich echt verarscht, und zu Recht! Zu den neuen Maßnahmen gehört nämlich auch, dass sie nur noch Kapitalverbrechen verfolgen. Für alles andere ist kein Geld mehr da, das gilt dann als Bagatell-Kriminalität, um die sich keiner kümmert. Für die auch keiner mehr zuständig ist, verstehst du? Und das erklär mal den Leuten, denen gerade das Sommerhaus aufgebrochen worden ist oder die morgens ihr Auto nicht mehr wiederfinden. Und umgekehrt funktioniert das genauso: Jeder Dieb weiß, dass ihm sowieso nichts passieren kann, also hat er auch nichts zu befürchten. Kannst du dir ja ungefähr vorstellen, noch dazu mit dem Lager, das wir bei Lerup jetzt haben.«

»Was für ein Lager?«

»Asylanten. Hast du noch nicht gesehen? Jede Menge Schwarze, die meisten aus Ghana, glaube ich …«

Tabori erinnerte sich jetzt, dass er gerade heute Morgen am Straßenrand drei farbige Frauen in bunten Wickelkleidern gesehen hatte. Und in Lerup waren zwei dunkelhäutige Jungen auf dem Fahrrad an ihm vorbeigefahren, der eine auf dem Gepäckträger, mit einer prallgefüllten Plastiktüte in jeder Hand. Tabori hatte sich noch gewundert, wo sie wohl herkamen, und die Jungen auf dem Fahrrad auch den Frauen am Straßenrand zugeordnet, aber zu mehr hatten seine Überlegungen nicht geführt.

»Doch, ja, dann habe ich welche von ihnen gesehen, aber ich wusste nicht, dass sie aus einem Asylanten-Lager …«

»Wenn du mich fragst, sind sie arme Schweine, und das

ist eine Sauerei, was sich Dänemark da leistet. Sie dürfen drei Jahre nicht arbeiten, das Übliche, also genauso wie bei uns, in Deutschland, meine ich jetzt. Aber überleg dir mal, wie es dir gehen würde, wenn du hier in irgendwelchen Baracken sitzt! Und jetzt haben wir noch Sommer, da ist das vielleicht noch ganz okay, aber was ist, wenn es kalt wird und wochenlang nur regnet, und du hast keine Chance, hier irgendwas zu machen. Die Bauernköppe wollen dich sowieso nicht, die drehen dir noch den Rücken zu! Klar, da ist schon was dran, wenn hier ein Rad verschwindet, brauchst du nur rüber ins Lager, da steht es dann, und das von deinem Nachbarn gleich noch dazu, und den Bullen brauchst du damit gar nicht erst zu kommen, habe ich ja gerade erzählt, die zucken nur mit den Schultern. Aber darum geht es nicht, das ganze System stimmt nicht! Du kannst Leute nicht einfach wegsperren, dann musst du dich auch nicht wundern, wenn es schief geht. Du musst mit den Leuten reden, sonst funktioniert das nicht. Und zwar sowohl mit denen als auch mit unseren, das sind zwei Kulturen, Mann, die wissen gar nichts voneinander! Aber inzwischen ist es schon so weit, dass unsere Kinder nicht mehr zusammen mit den Schwarzen im Bus fahren wollen, das musst du dir mal vorstellen! Da gibt es einen Bus zur Schule nach Brovst, und jetzt überlegen sie tatsächlich, ob sie einen Extra-Bus nur für die Schwarzen einsetzen. Weil die so laut sind und sich nicht benehmen können, sagen unsere eigenen Kids! Aber glaub nicht, dass in der Schule von den Lehrern mal darüber geredet würde …«

»Nicht witzig«, sagt Tabori. »Ich hatte gedacht, dass ihr das hier besser gelöst kriegt als wir.«

»Dann träum mal schön weiter.« Michael knallte seine leere Flasche auf den Tresen. »Ich sag ja, lange machen wir hier nicht mehr. Irgendwann ist Abflug. Das war okay, solange die Jungen klein waren, aber jetzt wollen sie sowieso nur noch in die Stadt, am liebsten gleich nach Kopenhagen. Und ich kapier es auch, Mann, der Kleine ist jetzt auch fertig mit der Schule, hat gerade Abitur gemacht, was soll er noch hier? Hier ist nichts, ein paar Kühe und Schweine und die Windräder, und wenn du mal ins Kino willst, musst du bis nach Ålborg. Vergiss es.«

Tabori nickte. Für einen Moment überlegte er, ob er Michael auf die betrunkenen Jugendlichen mit dem Mitsubishi ansprechen sollte, von denen der eine ja nun offensichtlich Michaels jüngerer Sohn gewesen war. Aber was sollte er sagen, was Michael nicht ohnehin schon wusste? Dass die Kids hier nichts zu tun hatten und ihre Leere mit Alkohol und leichtsinnigen Autofahrten betäubten? Aggressiv, nicht leichtsinnig. Lebensgefährlich.

Gleichzeitig schoss ihm plötzlich ein anderer Gedanke durch den Kopf, den er aber schnell wieder zu verdrängen versuchte. Es erschien ihm einfach zu billig, jetzt auch noch die Asylanten als neues Puzzleteil bei der Suche nach einem Mörder mit einzubeziehen, das schmeckte verdammt nach genau den Vorurteilen, die ihm die Polizeiarbeit mehr als einmal gründlich vergällt hatten, wenn Kollegen sich von Mutmaßungen leiten ließen, die auch gut aus der Bild-Zeitung hätten stammen können. Andererseits wusste er leider nur zu genau, dass der Umkehrschluss ebenso fatal sein konnte: Nicht jeder Asylant oder Migrant konnte allein als unschuldig gelten, weil der Ermittler sich auf keinen Fall einer weiteren Diskriminierung bestimmter Bevölkerungsgruppen schuldig machen wollte. Wobei dann da zu allem Überfluss auch noch die Jugendlichen wären, dachte Tabori mit einem weiteren Anflug von Verzweiflung über seine eigene offensichtliche Unfähigkeit, eine klare Linie zu finden: Ich habe es selber erlebt, wie schnell eine Situation eskalieren kann, und ein Gang-Bang mit einer vermeintlich wehrlosen und also als Opfer willkommenen Touristin kann ebenso gut auch mit ihrem Tod enden. Hat eigentlich irgendjemand die Anwärterin auf ein Sexualdelikt hin untersucht? Natürlich hatte Lepcke daran gedacht. Lepcke war kein Anfänger, im Übrigen gehörte ein Abstrich zum zwangsläufigen Procedere jeder Untersuchung. Tabori erinnerte sich jetzt auch wieder, dass Lepcke die entsprechende Frage gestellt hatte, als sie zusammen im Obduktionssaal gewesen waren. Und der Abstrich war negativ gewesen, aber Bohnenkamp hatte noch irgendwas von Verletzungen im Analbereich gesagt, das Problem war nur wieder, dass Tabori keinen Zugriff auf die Ergebnisse hatte. Ich weiß nichts, dachte er, ich habe keinerlei Einblick in die laufenden Ermittlungen, ich bin hilflos ohne den Apparat, dem ich froh war, entkommen zu sein …

11

»Und sie ist ermordet worden, glaubst du?«, unterbrach Michael Taboris Gedanken. Er hatte das Foto hochgenommen und betrachtete ungläubig das Gesicht der Anwärterin, als wäre ihm erst jetzt klar geworden, dass sie nicht mehr lebte. »Heißt das, es könnte auch hier irgendwo passiert sein ...?«

»Ich weiß es nicht«, antwortete Tabori, »aber möglich ist es. Sogar wahrscheinlich.«

Michael blickte hoch und an Tabori vorbei zum Fenster. Mit zwei schnellen Schritten war er an der Tür und brüllte in den Hof hinaus: »Gunnar! Komm mal kurz her, ich muss dir was zeigen!« Er drehte sich zurück zu Tabori. »Mein Großer. Er ist gerade bei der Armee. Meine Frau wollte nicht, dass er hingeht. Aber es dauert nur ein halbes Jahr hier und er kann sogar zu Hause wohnen, weil die Kaserne nur zwanzig Kilometer entfernt ist. Ziemlich lasch, das Ganze, und am Wochenende hängen sie sowieso nur in der Disko rum, deshalb dachte ich gerade ...«

Gunnar kam in den Laden. Ein hochaufgeschossener Zwanzigjähriger mit millimeterkurzem Haarschnitt. Er trug Springerstiefel und eine Tarnfleckhose, unter dem olivgrünen T-Shirt waren die Ansätze von Oberarm-Tattoos zu sehen.

Tabori empfand sein Erscheinungsbild als krassen Widerspruch zu dem offenen Lachen, mit dem Gunnar ihn begrüßte.

Michael hielt seinem Sohn das Foto hin.

»Hast du die Frau schon mal irgendwo gesehen? Vielleicht in der Disko oder so?«

»Nein. Doch warte mal, ich glaube … Doch, klar, das ist sie! Ich wollte sie erst noch ansprechen wegen dem Pullover, den sie anhatte, deshalb ist sie mir überhaupt aufgefallen, der war ja von uns. Aber es passte nicht, weil der Gruppenführer neben mir war und außerdem …«

»Wo war das?«, unterbrach ihn Tabori nervös. »Und weißt du vielleicht auch noch, wann?«

»Klar weiß ich das, letzte Woche, Donnerstag. Ich weiß es, weil wir eine Übung hatten, deshalb war ja auch der Gruppenführer dabei. Und er hatte mich sowieso schon auf dem Kieker, weil ich rumgenölt habe, wegen dem Umweg, den er uns aufgeknattert hatte.« Er blickte zu seinem Vater. »Heißt das so?«

»Aufgebrummt«, korrigierte Michael.

»Aufgebrummt, nicht geknattert. Eigentlich war nur ein Strandmarsch angesagt, mit vollem Sturmgepäck und so! Aber dann hat er uns auch noch die Klippe hochgebrummt. Und da oben war sie dann auch, die Frau hier.«

Michael warf einen Blick auf den Kalender an der Wand. »Donnerstag war der 7. September, derselbe Tag, an dem sie hier war.«

»Weiter!«, drängte Tabori.

»Diese Klippe, auf der du sie gesehen hast, war das bei Skovsbjerg?«

»Was? Ach so, ja, du meinst Skosbjer, so wird das gesprochen, aber stimmt schon, da war das. Bei dem alten Bunker da oben.«

»Kannst du dich noch an irgendwas erinnern? Was hat sie da gemacht?«

»Mit diesem Typen da rumgemacht.«

Tabori merkte, wie sich sein Magen zusammenzog. Da war das lose Ende des Fadens, an den er schon nicht mehr geglaubt hatte. Er schaffte es kaum, die nächste Frage zu stellen, sein Atem ging stoßweise.

»Sie war nicht allein?«

»Nein, sage ich doch. So ein Typ, der echt verboten aussah. Kai hat mir noch zugeflüstert, dass es echt zum Kotzen ist, dass die coolsten Bräute immer mit …« Er sagte etwas auf dänisch zu seinem Vater.

»Kann man schlecht übersetzen«, entschuldigte sich Michael. »Torsk, das heißt eigentlich Dorsch, aber … so was wie der Dorftrottel.«

»Genau«, grinste Gunnar. »Der Dorftrottel!«

»Wieso?«, hakte Tabori nach.

»Mann, ein Typ, der sich mit einer echt coolen Frau trifft und voll nicht locker ist, sondern Fangen mit ihr spielt! Echt, sie ist immer so weggerannt, und er immer hinter ihr her. Rumgemacht, sag ich doch.«

»Kannst du mir den Typen ein bisschen genauer beschreiben, Größe, Statur, Gesicht? Haare, blond oder dunkel, ein Bart vielleicht, Brille?«

Gunnar zuckte mit den Schultern. »Nee, eigentlich nicht, weiß ich nicht mehr, wenn ich ein Foto sehen würde, würde ich ihn vielleicht wieder erkennen. Aber so? Nee. Einfach ein Torsk eben. Und mit so einer Warnweste über der Lederkombi.«

»Warnweste?«, stieß Tabori hervor. »Lederkombi? Du meinst, er war ein Motorradfahrer?«

Gunnar nickte.

»Ja, klar, seine Maschine stand ja da auch rum. Sie war mit so einem blauen Japaner da und er mit einem Motorrad. Fand ich auch komisch.«

Tabori schüttelte den Kopf. Da war ein vages Bild, das er nicht zu fassen kriegte. Ein Motorradfahrer mit einer neongrünen Warnweste über der Lederkombination, der ihm irgendwo aufgefallen war. Aber wo? Es war gar nicht unbedingt die Warnweste gewesen, Tabori hatte sich eher gewundert, warum jemand in der Hitze mit seinen Motorradklamotten …

Das war es! Alle anderen hatten leichte Sommerkleidung angehabt. Tabori sah das Bild jetzt wieder genau vor sich: Das ältere Ehepaar, die beide völlig versunken in die Welt ihrer dickbauchigen Romane eingetaucht waren, der Mann mit dem Border Collie, der partout die Möwen hüten wollte, der Glatzkopf und die Blondine mit dem verwirrend tiefen Dekolletee – und der Motorradfahrer, der vom Parkplatz her auf die Sonnenterrasse gestiefelt kam und dann eine Weile regungslos über die Düne aufs Meer gestarrt hatte, bevor er wieder umdrehte und Tabori sich gleich darauf über das nervtötende Geblubber einer Harley geärgert hatte, als er davon fuhr. Er war da gewesen, vor Elsbets Strandhotel! Ein Motorradfahrer mit einer Warnweste über der Lederkombi …

»Was war das für ein Motorrad?«, fragte Tabori, »weißt du die Marke noch?« Sein Gehirn arbeitete auf Hochtouren. Und er kannte die Antwort schon, bevor Gunnar sie gab. Ganz deutlich hatte er die Szene vor Augen, als er und Lisa mit Carlos und Ulrike geredet hatten und deren Kollege ihnen ein paar Informationen zu dem entführten Polizisten ge-

123

geben hatte: Ein Typ, der keinen Meter ohne sein Motorrad zurücklegte, der immer eine Warnweste über der Kombi trug, genauso wie sein Hund, den er im Beiwagen mit sich herumkutschierte …

»Harley Davidson Electra Glide in Schwarzweiß«, sagte Gunnar ohne Zögern. »Ohne den albernen Beiwagen wäre das Ding echt cool gewesen.«

»Hatte er einen Hund dabei?«, fragte Tabori, obwohl es eigentlich keine Rolle spielte. Es wäre nur …

»Quatsch«, lachte Gunnar mit schneeweißen Zähnen, »Wo sollte er denn … ach so, du meinst, im Beiwagen?«

»Also du kennst den Typen?«, fragte jetzt Michael. »Auch ein Kollege von dir?«

»Kollege?«, echote Gunnar verständnislos.

»Ich bin mir fast sicher«, antwortete Tabori. »Wenn nicht irgendjemand anders zufällig das gleiche Motorrad haben sollte oder die Maschine geklaut hatte. Aber das kriegen wir schnell raus. Hast du einen PC, den ich benutzen kann?«, fragte er Michael. »Und eine E-Mail-Adresse?«

»Natürlich, im Büro drüben. Die E-Mail ist einfach, mohair@mohairbutik, in einem Wort, dot dk.«

Tabori folgte ihm ins Büro, während er schon die richtige Nummer in seinem Adressbuch aufrief.

Er hoffte, dass Carlos das Telefonat annehmen würde. Carlos würde nicht weiter überrascht sein und keine langen Fragen stellen, er würde im Gegenteil mit hämischer Genugtuung einmal mehr den Dienstweg missachten. Aber dann war es doch Ulrike, die er am Hörer hatte.

»Hier ist ein alter Kollege von euch«, sagte Tabori, ohne seinen Namen zu nennen. »Ich brauche eure Hilfe, aber ich hab nicht viel Zeit für lange Erklärungen. Sag mir nur, ob ich das richtig in Erinnerung habe, dass ihr voll ausgestattet seid in eurem Bulli. Schafft ihr es dann auch, mir ein Foto rüberzuschicken? Dann würde ich dir gerne eine E-Mail-Adresse durchgeben ...«

»Ach, du bist es«, kam Ulrikes Stimme leicht verzerrt über die Leitung. »Du scheinst uns ja echt zu vermissen!«

Für einen Moment war Tabori irritiert, dass sie sofort gewusst hatte, mit wem sie sprach. Er benutzte ein neues Handy, für das er gerade erst einen Vertrag abgeschlossen hatte und dessen Nummer sie unmöglich gespeichert haben konnten. Aber vielleicht unterschätzte er auch die Möglichkeiten des modernen Überwachungsstaates.

»Geht das? Mit dem Foto, meine ich?«

»Es geht alles.« Ulrike lachte wieder. »Das Einzige, was ich brauche, ist eine möglichst plausible Begründung, um mich zu überzeugen. Ohne Begründung läuft gar nichts, da kann ich nicht tätig werden. Also, was hast du mir anzubieten?«

Tabori erinnerte sich wieder, dass Ulrike es liebte, irgendwelche Spielchen zu spielen. Das war ihre Art, sich vor der maßlosen Idiotie zu schützen, mit der der interne Polizeiapparat seine Mitarbeiter zunehmend konfrontierte.

»Risiko der Verschwörung zur Vorbereitung eines terroristischen Anschlags«, redete er drauflos und bediente sich dabei einer seiner Lieblingsfloskeln, die der Verfassungsschutz gerne zur Rechtfertigung seiner oftmals unverhältnismäßigen Einsätze insbesondere gegen die linke Szene bemühte.

»Bingo«, kam prompt die Antwort, wobei Tabori deutlich hören konnte, wie Ulrike vergnügt kicherte.

»Der vermisste Kollege«, präzisierte er jetzt sein Anliegen. »Damaschke. Die E-Mail ist …« Er gab die Adresse durch.

»Ich habe schon blödere Tarnadressen gehabt«, war Ulrikes knapper Kommentar. »Mohair, sind das diese langhaarigen Schafe?«

»Ziegen, glaube ich.«

»Foto ist schon raus«, sagte Ulrike.

»Grüß Carlos von mir.«

»Iss nicht so viele Pølser. Die Röstzwiebeln kommen nicht gut, wenn du Touristinnen abzuschleppen versuchst.«

Tabori grinste und drückte die rote Taste.

Michael hatte mittlerweile den PC eingeschaltet und rief die eingegangenen Mails auf. Damaschkes Foto war unter dem Betreff »Vive la revolution« angehängt.

Gunnar warf nur einen Blick auf den Bildschirm und nickte.

Tabori hatte es plötzlich eilig wegzukommen. Er versprach, sich am nächsten Tag noch mal blicken zu lassen.

»Dann hören wir ein paar Platten von früher«, sagte Michael. »Und dann erzählst du aber mal ein bisschen mehr, was hier eigentlich los ist!«

»Mach ich.«

»Wenn du dir dann vielleicht auch noch einen Pullover kaufen willst, habe ich bestimmt nichts dagegen!«, rief Michael ihm hinterher.

Gunnar lachte. Tabori hob nur die Hand, ohne sich noch mal umzusehen, und stieg in den Passat.

Die weiße Wolkenwand am Horizont war verschwunden. Der Himmel war wieder von einem endlosen Blau. Und es

126

war immer noch heiß. Ein Pullover aus Mohairwolle war so ziemlich das Letzte, woran Tabori im Moment dachte.

Als er auf die Landstraße einbog, ahnte er nicht, dass er noch am selben Tag den blauen Nissan Micra und einen Leichnam finden würde.

12

Der blaue Nissan war in der Zufahrt eines Ferienhauses geparkt. Dass er ihn entdeckt hatte, war eher ein Zufallstreffer, Tabori hatte wieder mal die richtige Abzweigung verpasst und war auf einer Nebenstraße gelandet, die nach Hjardestrand jenseits der Grasklippe führte. Er hatte gerade wenden wollen und zwischen den wild wuchernden Heckenrosen eine passende Einfahrt entdeckt, als er plötzlich den funkelnden Lack im Sonnenlicht aufblitzen sah. Er parkte und stieg aus. Er zweifelte nicht einen Moment daran, dass das kleine Auto hier nur abgestellt worden war, um es aus dem Weg zu haben und den Zeitpunkt hinauszuzögern, an dem es jemandem auffallen würde, der womöglich Fragen stellte.

Wie erwartet, war das Ferienhaus nicht mehr vermietet. In einer Klarsichthülle an dem Pfosten mit der Hausnummer war ein vorgedruckter Zettel des örtlichen Tourismusbüros. Das Haus war erst Mitte Oktober wieder für zwei Wochen gebucht, neue Feriengäste waren in der Zwischenzeit nicht mehr zu erwarten, die Sommersaison war vorüber.

Ein neuer Papiersack war sauber gefaltet unter dem Deckel der Abfalltonne festgeklemmt, die Terrassenmöbel standen gestapelt unter dem vorgezogenen Dach und waren mit einem Metallkabel umwickelt und zusätzlich mit einem Fahrradschloss gesichert. Die Besitzer hatten offensichtlich Sorge, dass die Asylanten die billigen Plastikstühle in ihr Lager schleppen könnten, um sie als Zuschauerplätze für irgendwelche Fruchtbarkeitstänze zu missbrauchen. Oder womit auch immer die fremdländischen Menschen nach Meinung der Dänen ihre Sommerabende verbringen mochten.

Tabori drehte eine Runde ums Haus und spähte kurz in jedes Fenster. Nichts erweckte den Anschein, dass in letzter Zeit irgendjemand hier gewesen war. Dann näherte er sich dem Nissan. Er zerrte einen Zipfel seines T-Shirts aus dem Hosenbund und benutzte es, um den Türgriff zu bedienen, ohne seine Fingerabdrücke zu hinterlassen. Die Tür war nicht abgeschlossen. Der Schlüssel steckte im Zündschloss. Auf dem Beifahrersitz lag eine Straßenkarte von Dänemark, die Karte war so gefaltet, dass sie den Ausschnitt nördlich des Limfjordes zeigte, von der A 11 abzweigend war mit Kugelschreiber der Weg nach Lerup Strand und weiter zum Strandhotel markiert. Auf einem Faltblatt des Tourismusbüros in Fjerritslev, mit einer Aquarellzeichnung der Dünenlandschaft von Lerup auf dem Titel, war das Wort »Skovsbjerg« notiert, die Buchstaben waren auffällig schräg gestellt.

Auf der Rückbank lag eine umgekippte Reisetasche, deren Reißverschluss aufgezogen war, außer einem Wirrwarr an Kleidungsstücken konnte Tabori auf den ersten Blick nichts erkennen, was eine weitere Suche gelohnt hätte. Einzig ein schwarzer BH aus einem fast durchsichtigen Material fesselte für einen Moment seine Aufmerksamkeit. In Höhe der Brustwarzen war der BH mit aufgenähten Blütenblättern aus Pailletten verziert.

Wiederum mit Hilfe seines T-Shirts öffnete Tabori das Handschuhfach. Ein angebrochenes Päckchen Kaugummi, ein Reklamezettel eines Heimwerkermarktes, eine bunte Sammlung von Plastikchips für Einkaufswagen, ein einzelnes

Kondom der Marke »Billy-Boy«, noch ein Kugelschreiber, die Sonnenbrille, die die Anwärterin auf der Hotelterrasse getragen hatte.

Tabori klappte das Handschuhfach zu und drückte die Tür ins Schloss. Er setzte rückwärts aus der Einfahrt und folgte der Schotterstraße, bis der Waldweg nach Skovsbjerg abzweigte. Er fuhr sehr langsam, wo die Betonplatten der beiden einzelnen Fahrspuren aufgebrochen waren, lauerten tiefe Schlaglöcher. Einmal kam er mit dem rechten Vorderrad aus der Spur, augenblicklich wühlte sich der Reifen in den losen Sand. Als Tabori das Gaspedal durchtrat, schlingerte der Passat zurück auf den Beton.

Er schätzte die Strecke durch den Wald auf gut zwei Kilometer. Links und rechts gab es viel Windbruch, an manchen Stellen war frisch geschlagenes Holz aufgestapelt und mit neonroter Sprühfarbe markiert. Auf einem einzeln stehenden Kiefernstamm ohne Zweige saß ganz oben ein Raubvogel.

Dann lag plötzlich das Meer vor Tabori, weit draußen dümpelte ein Fischkutter in der Fahrrinne zwischen den Sandbänken, die von einer schmalen Brandungslinie markiert wurden.

Der Weg führte durch eine Senke und in einer engen Kurve zur Klippe hinauf. Auf dem Parkplatz hielt Tabori an und stellte den Motor aus. Der Abfallkorb neben dem Picknickplatz quoll über, der vertrocknete Rasen um die Bänke herum war mit Müll übersäht, hauptsächlich leere Bierdosen und Pizzaschachteln von irgendeinem Take-away, auch zerknüllte Taschentücher und Kondome, diesmal benutzt, die Dorfjugend schien den Platz für eine Party gewählt zu haben. Und danach hat sich ein Fuchs an den Resten bedient, dachte

Tabori, als er den kreisrunden Eingang des Fuchsbaus in einer Düne entdeckte, und: keine schlechte Wahl für eine Bleibe, den gedeckten Tisch gleich vor der Tür!

Er bahnte sich einen Weg zwischen Ginsterbüschen und Sanddorngestrüpp zur Aussichtsstelle hinauf, weit unten erstreckte sich das Dünental mit dem Strand, direkt neben ihm ragte der rissige Beton einer Bunkerwand aus dem Gras, die Kante zur ebenen Fläche hinauf war glatt geschliffen von den unzähligen Händen und Füßen der Touristen, die hier hinaufgeklettert waren.

Tabori stemmte sich ebenfalls hoch, vor ihm gähnte ein Luftschacht in der Betonplatte, der mit einem rostigen Gitter gesichert war. Ursprünglich musste der Bunker hier oben ein weiteres Stockwerk gehabt haben, ein Stück nach links ragten armdicke Armiereisen in die Luft, daneben führten Treppenstufen in die feuchte Dunkelheit hinunter, die Treppe hatte zweifellos noch mehr Leuten als nur der partybegeisterten Dorfjugend als behelfsmäßige Toilette gedient.

Tabori achtete genau darauf, wo er seine Füße hinsetzte, am Ende der Stufen war wieder ein verrostetes Eisengitter, das den weiteren Weg versperren sollte, allerdings waren zwei Stangen mit brachialer Gewalt so weit auseinandergebogen, dass man problemlos hindurchschlüpfen konnte.

Tabori überlegte, ob er die Taschenlampe aus dem Passat holen sollte, aber für ein paar Meter den Gang hinein würde das Licht von der Treppe her ausreichen, er schob sich durch das Gitter und hielt unwillkürlich den Atem an, als ihn der Modergeruch einhüllte. Es war kühl hier unten, kühl und feucht, Tabori spürte schon nach den ersten Schritten, wie sich die Feuchtigkeit als feiner Film auf seiner Haut niederschlug.

Als er den toten Körper auf dem Boden entdeckte, zuckte er zurück und rammte sich den Ellbogen an der Bunkerwand, der Schmerz durchzuckte ihn bis in die Schulter hinauf. Er beugte sich vor. Der Fuchs oder irgendein anderes Tier hatte ganze Arbeit geleistet. Die Wirbelsäule lag fast zur Gänze frei, ebenso wie der größte Teil der Rippen. Das, was von den Eingeweiden noch übrig war, lag verstreut auf dem Boden, große schwarze Ameisen waren kollektiv bemüht, sich ihren Anteil an der Beute zu sichern, weiße Maden wimmelten in den nicht mehr zu identifizierenden Fleischfetzen. Allein der Kopf war noch mehr oder weniger erhalten, nur das rechte Auge war nicht mehr da, das linke blickte starr zur Decke hinauf. Im Nackenbereich war der Schädel aufgebrochen, hier hatte der Fuchs sich seine Nachspeise geholt. Tabori war irritiert, dass er außer am Kopf kaum noch irgendwelche Fellreste entdecken konnte, aber wahrscheinlich hatte der Fuchs alles zusammen hinuntergeschlungen, und das Fell später irgendwo anders wieder herausgewürgt. Frederiks Ende war jedenfalls ganz sicher kein schöner Tod gewesen, Tabori nahm an, dass ihm ein verzweifelter Kampf vorausgegangen war, bei dem Elsbets Dackel wahrscheinlich von vornherein keine Chance gehabt hatte. Die Frage war jetzt nur, ob er es Elsbet überhaupt erzählen sollte. Und wenn ja, wie er es vermeiden konnte, dass sie sofort auf die Idee kam, hier selber hochzusteigen, um Abschied zu nehmen. Den Anblick wollte er ihr gerne ersparen, er wusste, wie sie an Frederik gehangen hatte. Im gleichen Moment erkannte er die einzig mögliche Lösung für sein Problem. So würde Elsbet zumindest etwas haben, für das sie ein verstecktes Grab irgendwo oben im Wald hinter dem Hotel herrichten konnte.

Tabori richtete sich auf und verließ den Gang auf demselben Weg, auf dem er gekommen war. Er war dankbar für den frischen Wind, der über die Klippe wehte. Er holte mehrmals tief Luft, bevor er die Taschenlampe und den kurzen Klappspaten aus dem Kofferraum des Passats suchte. Wie er gehofft hatte, war der Spaten in eine blaue Mülltüte gewickelt. Die Tüte würde er jetzt für etwas anderes brauchen. Noch einmal stieg er die Treppe zum Bunker hinab, diesmal hatte er sich vorsorglich ein Tuch vor Mund und Nase gebunden. Er setzte den Spaten direkt unter den sauber abgenagten Halswirbeln an, als das Eisen mit einem hässlichen Knacken den Knochen durchtrennte, schloss er nur kurz die Augen, dann schob er Frederiks Kopf in die Mülltüte und verknotete sie.

Erst jetzt schaltete er die Taschenlampe ein, um den Gang hinter dem Kadaver abzuleuchten. Nach wenigen Metern war die Decke eingestürzt, auf dem Boden lagen scharfkantige Betonbrocken und eine zerbrochene Flasche. Ob die Flecken auf einem der Brocken getrocknetes Blut waren, konnte er nicht mit Sicherheit sagen, nahm es aber an.

Mit der Fußspitze scharrte er einen zerbrochenen Kugelschreiber unter dem Schutt hervor, bis er die Werbeaufschrift lesen konnte. Er wusste sofort, wo er den Namen des Heimwerkermarktes das letzte Mal gesehen hatte. Mehr brauchte er nicht, das reichte ihm für den Moment. Alles Weitere sollten die Kollegen von der Spurensicherung übernehmen, wie Lepcke das dann mit den dänischen Behörden regelte, würde nicht mehr seine Sache sein.

Fünf Minuten später saß er wieder im Passat. Er blickte auf die Uhr. Kurz nach vier. Er hatte seit heute Morgen nichts mehr gegessen, aber fast ein ganzes Päckchen Zigaretten geraucht. Sein Magen rebellierte mit Krämpfen, die in Wellen kamen und gingen.

Er schob sich die letzte Zigarette aus der Packung zwischen die Lippen, ohne sie anzuzünden. Er war gerade an dem kahlen Baum vorbei, auf dem immer noch der Raubvogel saß, als ihm der Streifenwagen entgegenkam. Tabori machte ein Zeichen, dass er zurücksetzen würde, aber die Polizisten waren schneller. Der Volvo schlingerte rückwärts vor Tabori her bis zur nächsten Ausweichstelle. Tabori hob dankend die Hand und wollte weiter, aber die Sache war noch nicht vorbei. Die Polizisten stiegen aus und kamen auf ihn zu. Zwei blonde Hünen, ein alter und ein junger, die beide die gleiche auffällige Kerbe am Kinn hatten, vielleicht Vater und Sohn.

Tabori bremste und streckte fragend den Kopf durchs Seitenfenster.

»Schöner Tag heute«, begann der Ältere der beiden das Gespräch.

»Heiß«, präzisierte Tabori. »Fast zu viel.« Er deutete eine Bewegung an, als wollte er sich den Schweiß von der Stirn wischen.

Der Ältere lachte.

»Heiß, ja. Da liegt man eigentlich am Strand.«

Einmal mehr dachte Tabori, dass es durchaus von Vorteil war, in einem Land zu leben, in dem sogar die Streifenpolizisten in der Lage waren, sich problemlos in einer Sprache zu verständigen, die nicht die ihre war. Seine deutschen Kollegen scheiterten meist schon an den einfachsten Sätzen auf Englisch.

»Ich war auf der Klippe oben und habe eine Weile aufs Meer geguckt«, sagte Tabori jetzt.

Im Außenspiegel konnte er sehen, wie der jüngere Polizist durch das Rückfenster in den Passat zu spähen versuchte.

Der Ältere lehnte sich schweratmend gegen die Tür und verdeckte den Blick in den Spiegel. Tabori wusste nicht, ob es Absicht war. Resigniert stellte er den Motor aus.

»Gut«, nahm sein Gesprächspartner den Faden wieder auf. »Dann möchte ich mal bitte die Papiere sehen.«

»Und warum?«, konnte es Tabori nicht lassen zu fragen. »Ist es verboten, zur Klippe rauszufahren?«

»Verboten, ja. Das ist ein Weg nur für Waldarbeit, ein …«

»Ein Forstweg«, half ihm Tabori, das richtige Wort zu finden. »Gut«, setzte er dann hinzu, »das wusste ich nicht. Aber ich bin auch nicht der Einzige, der hier langgefahren ist. Und es gibt sogar einen Parkplatz da draußen mit einer Picknickstelle. Außerdem habe ich nirgends ein Schild gesehen.«

Der jüngere Polizist kam dazu, die beiden wechselten ein paar Sätze auf Dänisch.

»Es ist kein Schild da«, wendete sich der Ältere wieder an Tabori. »Das hat ein Tourist gestohlen. Die Touristen stehlen viele Schilder hier und hängen sie dann zuhause an ihre Gartentür. Sie stehlen auch Briefkästen und dänische Fahnen von den Ferienhäusern. Sie nehmen alles mit!«

Tabori versuchte die Idiotie ihrer Diskussion mit einem Lachen zu überspielen.

»Okay, das ist ärgerlich, das verstehe ich, aber ich habe nichts gestohlen, also …«

Ich habe nur einen Müllsack mit dem abgetrennten Kopf des Hoteldackels im Kofferraum, dachte er, und ich bin überzeugt, dass hier bei euch genau vor eurer Nase ein Mord passiert ist! Er griff nach seiner Lederjacke, um seinen Ausweis und den Führerschein aus der Innentasche zu ziehen. Sofort waren die beiden Polizisten hellwach, ihre Hände zuckten zu den schwarzen Lederhalftern, in denen ihre Waffen steckten.

»Ganz ruhig«, sagte Tabori. »Ich will Ihnen nur meine Papiere zeigen.«

Er hielt ihnen die Ausweise hin. Er hatte immer noch seinen alten grauen Führerschein, mit dem der jüngere Polizist offensichtlich nichts anfangen konnte.

»Und das?«, fragte sein Kollege im gleichen Augenblick. Er hielt eine zerknickte Visitenkarte hoch, die irgendwann zwischen die Seiten von Taboris Pass gerutscht sein musste. Mit dem Wappen von Niedersachsen in der oberen linken Ecke und darunter in schlichter Schrifttype die Zeilen »Degenhard Tabori. Polizeihauptkommissar. Mordkommission. Polizeidirektion Hannover«. Sowie die entsprechenden Kontaktdaten, Telefon, Fax, E-Mail.

Tabori winkte ab und wollte bereits zu einer Erklärung ansetzen, dass die Angaben nicht mehr gültig waren, dass er kein Polizist mehr war, sondern tatsächlich nur Ferien in Dänemark machte, aber dann konnte er sich gerade noch rechtzeitig bremsen und dachte: Lassen wir es doch dabei, ich bin gespannt, was sie damit jetzt anfangen …

Sie blickten von der Karte zu ihm und wieder zurück. Dann verglichen sie seinen Namen mit dem Eintrag in seinem Pass. Schließlich sagte der Ältere: »Ein bisschen zu viel deutsche Polizei hier in letzter Zeit.«

»Was?«, fragte Tabori irritiert. Seine Gedanken überschlugen sich. Wussten sie etwas von der Anwärterin? Oder von Damaschke? Hatten sie mit den beiden zu tun gehabt?

Zum ersten Mal wendete sich jetzt auch der jüngere Beamte an Tabori. »Haben Sie ein Problem mit unseren Verkehrs-regeln? Oder meinen Sie, weil Sie bei der Polizei sind, dürfen Sie alles? Sie fahren im Wald spazieren, wo es verboten ist, und Ihr Kollege fährt auf der Landstraße wie ein Rennfahrer, was auch verboten ist, und beide sind Sie bei der deutschen Polizei! Das ist nicht gut.«

»Welcher Kollege?« Tabori bemühte sich, seine Frage mög-lichst harmlos klingen zu lassen, als hätte er keine Ahnung und wäre auch nicht wirklich interessiert.

»Wir haben ihn auf der A 11 gestoppt«, übernahm jetzt wieder der Ältere. »In Halvrimmen, wo die Geschwindigkeit vierzig Kilometer ist. Aber er war mit über hundert unter-wegs. Wenn er nicht bei der deutschen Polizei gewesen wäre, hätten wir sein Auto genommen und ihn mit einem Falck-Laster zurückgeschickt. Das geht in Dänemark, da kannst du nicht Herr Schumacher sein.«

»Sein Auto?«

Das Bild, das Tabori eben noch vor Augen gehabt hatte, war so klar gewesen, dass er jetzt nach Luft schnappte: Da-maschke, wie er durch irgendeine Ortschaft raste. Aber eben mit dem Motorrad und nicht …

13

»Natürlich, was denken Sie? Schumacher fährt Auto, oder?«
Der Polizist tippte sich an die Stirn. »Er spinnte. Mit hundert
durch Halvrimmen! Vielleicht hatte er gedacht, es gibt hier
keine Polizei in der Nacht, aber da irrte er sich, wir schlafen
nicht, auch nicht morgens um vier …«

Jetzt hatte Tabori auch eine Zeitangabe, fehlte nur noch
das Datum, aber die Frage erschien ihm zu auffällig.

»Wie sah der Mann aus?«, unterbrach er den Polizisten
stattdessen. »Vielleicht kenne ich ihn?«

Die Antwort ließ ihn zusammenzucken.

»Vielleicht so alt wie Sie, aber mit einem besseren Haarschnitt. Ein Oberkommissar. Mit einem Tattoo am Arm, das
wäre nicht erlaubt bei uns. Haben Sie ein Problem mit Nazi-
Leuten bei der Polizei in Deutschland?«

»Nein, ganz sicher nicht«, sagte Tabori wider besseres Wissen.

»Und ein weißer Range Rover. Sehr teuer für einen Oberkommissar. Ein guter Kollege?«

Tabori zuckte mit den Schultern und schüttelte gleichzeitig
den Kopf.

»So kennen Sie ihn nicht?«

»Keine Ahnung, ich denke, nicht, nein.«

»Aber er kam auch aus Hannover, so wie Sie.«

»Hannover ist groß. Da kannst du unmöglich alle Kollegen
kennen.«

»Also alles nur ein Zufall?«

Tabori zuckte erneut mit den Schultern.

»Und auch nur ein Zufall, dass zwei Polizeimänner alleine hier auftauchen, ohne Familie, um angeblich Urlaub zu machen?«

Tabori blickte hoch.

»Was mit dem Rennfahrer war, weiß ich nicht. Was mich angeht, bin ich gerade frisch geschieden«, log er drauflos. »Und Sie können mir glauben, dass ich lieber mit meiner Frau und den Kindern hier wäre, mit meiner Ex-Frau, meine ich …«

Endlich schien er den richtigen Ton getroffen zu haben. Die beiden dänischen Polizisten reichten ihm seine Ausweise zurück.

»Manchmal hilft Alkohol«, sagte der Ältere mit einem Blick, der verriet, dass er wusste, wovon er sprach. »Aber nicht, wenn Sie mit dem Volkswagen unterwegs sind. Sonst kriegen wir Sie!«

Er klopfte zum Abschied mit der flachen Hand aufs Dach.

»Ich werd's mir merken«, versprach Tabori. Noch im Anfahren drückte er den Zigarettenanzünder und zog dann gierig die ersten Züge in die Lunge.

Auf dem Rückweg zum Hotel bog er noch einmal ab. Er fuhr den Passat so weit wie möglich hinter die Friedhofsmauer der weiß getünchten Kirche und wartete, bis unten auf der Landstraße der Polizeiwagen vorüberschlich und hinter den Hügeln verschwand.

Die Felder sind zu trocken, dachte er, die Ernte muss eine Katastrophe gewesen sein dieses Jahr. Er vergewisserte sich noch einmal, dass niemand in der Nähe war, der ihn beobachten konnte. Dann nahm er den blauen Müllsack und den Spaten aus dem Kofferraum und ging die paar Meter zum Wald zurück. Er fand schnell eine mit trockenen Kiefernnadeln bedeckte Kuhle, die ihm passend erschien. Der Spaten ließ sich mühelos in den lockeren Sand stechen, nur einmal musste Tabori eine Wurzel durchtrennen.

Bevor er die Grube zuschüttete, suchte er ein paar faustgroße Steine, um zu verhindern, dass ein anderer Fuchs oder die Wildschweine den Kadaver wieder ausgruben. Als er die Kiefernnadeln mit den Händen über der Grabstelle verteilt hatte, sah der Platz so unberührt aus wie zuvor. Er fragte sich, wie er jemals auf die Idee gekommen sein konnte, Elsbet den Kopf ihres Dackels mitbringen zu wollen. Im Nachhinein machte es ihm manchmal Angst, zu welchen Handlungen er fähig war, wenn er unter Druck stand. Als würde irgendetwas aussetzen in seinem Kopf und ihm eine Logik vorgaukeln, die jeder vernünftigen Grundlage entbehrte. Aber so war es jetzt in Ordnung, er würde den Dackel mit keinem Wort mehr erwähnen, und Elsbet würde sich irgendwann damit abfinden, dass Frederik nicht mehr zurückkehren würde. Als er wieder in den Passat stieg, sah er aus den Augenwinkeln eine alte Frau, die gebückt einen Grabstein von Moos und Flechten säuberte.

Er beschloss, den kleinen Umweg über Lerup Strand zu fahren und sich im Strandkiosk eine Portion Pommes frites zu holen. Als er die Werbetafel mit den grellroten Würstchen sah, änderte er seine Bestellung und verlangte auch noch eine Extra-Portion Röstzwiebeln dazu. Schon bevor er den ersten Bissen nahm, wusste er, dass es ihm nicht schmecken würde. Er versorgte sich mit drei Flaschen Tuborg Lys-Øl, die er dann unter der Jacke durch den Hintereingang in sein Hotelzimmer schmuggelte, als wäre er sonst womöglich irgendjemandem Rechenschaft schuldig.

Sein Zimmer war nicht sauber gemacht worden, offensichtlich galt er nicht wirklich als Gast oder Elsbet wollte unter allen Umständen vermeiden, dass er wieder etwas vermissen und erneut eine ihrer Angestellten beschuldigen würde.

Er hatte vergessen, ihr eine Kleinigkeit mitzubringen, um sich bei ihr zu entschuldigen. Der Kerzenladen wäre der richtige Ort gewesen, um etwas für sie zu besorgen! Einen kleinen Dackel aus Porzellan zum Beispiel. Nein, dachte er gleich darauf, das geht gar nicht. Ich muss morgen noch mal in den Supermarkt, vielleicht haben sie hier eine besondere Schokolade, oder auch Pralinen, das ist angemessener. Ich darf auf keinen Fall wieder vergessen, mich darum zu kümmern.

Er setzte sich aufs Bett und rief Lisas Nummer im Display auf. Das Netz war ausreichend, der Akku noch fast voll. Lisa nahm schon nach dem zweiten Klingelzeichen ab. Tabori redete ohne Pause, am Schluss kam er noch mal auf den Dackel zu sprechen: »Ich nehme an, dass Frederik eine Spur aufgenommen hat, vom Parkplatz in den Bunker, da war ja Blut an den Zementbrocken, und wenn sie die Leiche zum Auto transportiert haben, muss es eine Spur gegeben haben. Wahrscheinlich ist der Fuchs der gleichen Spur gefolgt …«

»Lass mich noch mal die einzelnen Punkte wiederholen«, unterbrach ihn Lisa, »damit ich es kapiere. Du hast die Anwärterin im Hotel gesehen, sie hat dir einen Brief unter der Tür durchgeschoben, dann ist sie abgereist.«

»Sie hat sich einen Pullover in der Mohair-Farm gekauft …«

»Dann ist sie zur Klippe gefahren, wo sie sich mit Damaschke getroffen hat. Oder wohin er ihr gefolgt war, jedenfalls hat der Junge aus dem Mohair-Laden sie zusammen gesehen.«

»Das war womöglich der erste Fehler«, hakte Tabori ein. »Damit war für Damaschke klar, dass es Zeugen gab, und zwar gleich einen ganzen Trupp von Soldaten, von denen irgendeiner sich an ihn erinnern würde.«

»Gut. Also was immer dann passiert ist, entweder er hat sie umgebracht oder …«

»Sie waren jedenfalls zusammen im Bunker, wo sie ihren Kugelschreiber verloren hat, vielleicht bei einem Kampf.«

»Der Bunker wäre kein schlechtes Versteck für eine Leiche gewesen, aber das hatte sich erledigt, weil es Zeugen gab, die Damaschke am Tatort gesehen hatten.«

»Also ruft er in seiner Panik Respekt an, die einzige Person, von der er glaubt, dass sie ihm helfen kann. Wir müssen unbedingt an sein Handy kommen, um die Anruferliste zu überprüfen.«

»Gehen wir mal davon aus, dass es so war«, redete Lisa weiter, »dann ist Respekt also noch in der Nacht wie eine gesengte Sau nach Dänemark gefahren, um die Sache in Ordnung zu bringen. Nur dass er dabei von der Polizei angehalten wird. Und damit war das Risiko zu groß, dass die dänische Polizei eine Verbindung zu ihm herstellen würde, wenn plötzlich die Leiche einer deutschen Polizeianwärterin exakt in der Gegend auftauchen würde, in der er selber zum gleichen Zeitpunkt gewesen war.«

»Das heißt, es durfte keine Leiche geben«, fasste Tabori zusammen. »Sie mussten sie möglichst weit wegschaffen und hatten nur noch die Idee, das Ganze wie einen Selbstmord aussehen zu lassen. Aber da sind zu viele Punkte, die nicht passen. Es musste doch klar sein, dass auch ein Selbstmord Fragen aufwerfen würde. Und diese Fragen würden zwangsläufig einen Zusammenhang zu ihrer Ausbildung bei den Hundeführern ergeben. Womit auch Respekt wieder in die Schusslinie kommen musste! Denk an die Missbrauchsvorwürfe, die ja im Raum standen …«

»Er ist schon mal davongekommen, ohne dass die Anschuldigungen irgendwelche Konsequenzen ergeben hätten! Und wir wissen nicht, inwieweit er sich vielleicht sicher war, dass ihm nichts passieren würde, vielleicht hatte er irgendwelche Beziehungen nach oben, die ihn schützten.«

»Das wäre eine Möglichkeit«, stimmte Tabori zu. »Aber das müssten wir rauskriegen können. Bleibt der Nissan, den sie in Dänemark zurückgelassen haben. Wieso? Der Wagen würde zumindest darauf hindeuten, dass die Anwärterin vor ihrem angeblichen Selbstmord in Dänemark gewesen war. Auch das würde Fragen aufwerfen …«

»Sie waren in Panik, vergiss das nicht, sie haben nur noch reagiert, sie mussten handeln, es musste schnell gehen. Es wäre noch idiotischer gewesen, das Motorrad zurückzulassen.«

»Bleibt die Frage nach dem Motiv«, sagte Tabori. »Warum? Warum sollte Damaschke die Anwärterin umgebracht haben? Warum hier oben?«

»Er hat gewusst, dass sie reden wollte. Oder sie hatten zumindest Sorge, dass sie es tun würde. Wahrscheinlich hatte sie ja auch anonym die Zeitung informiert, sie müssen gewusst haben, dass die Information von ihr kam. Also haben sie sie beobachtet. Und dann ist Damaschke ihr gefolgt. Als er sie auf der Hotelterrasse gesehen hat, auf der auch du warst, hat er eins und eins zusammengezählt und ist ausgeflippt.«

»Aber wieso sollte er mich kennen? Ich habe nie etwas mit ihm zu tun gehabt. Ich kannte ihn ja auch nicht.«

»Du kanntest auch die Anwärterin nicht, trotzdem hat sie dir geschrieben und wollte deine Hilfe. Ich habe da übrigens auch noch mal drüber nachgedacht. Auch wenn sie dich wahrscheinlich nie persönlich getroffen hat, aber dein Bild war ein paar Mal in der Zeitung, als du den Fall mit dem geklauten Auto des Oberbürgermeisters und der Leiche im Kofferraum damals hattest, und es ging dabei vor allem um deine unorthodoxen Ermittlungsmethoden, weißt du noch? Die BILD hat dich sogar den ›Schimanski von Hannover‹ genannt, ich kann mir gut vorstellen, dass die Anwärterin daraufhin gedacht hat, du bist so was wie ein Held, eben kein normaler Bulle, und deshalb …«

Tabori holte tief Luft.

»Kann sein, aber wieso ist Damaschke jetzt entführt worden? Von wem?«

»Komm zurück«, sagte Lisa. »Da oben hast du nichts mehr verloren. Wenn wir eine Lösung finden wollen, geht das nur von hier aus.«

»Ich wollte mich heute eigentlich noch betrinken«, sagte Tabori, »aber alleine macht das ohnehin keinen Spaß.« Er blickte auf seine Uhr. »Wenn ich jetzt losfahre, könnte ich im Morgengrauen zu Hause sein.«

»Fahr vorsichtig«, sagte Lisa nur. »Ich freu mich!«

Es dauerte einen Moment, bis Tabori Elsbet aufgetrieben hatte. Sie wollte kein Geld von ihm für das »schlechte Zimmer«, aber sie bat ihn, nicht wieder unangemeldet zu kommen.

Tabori versuchte noch, sich für sein Benehmen zu entschuldigen, trotzdem war er sich fast sicher, dass das Hotel beim nächsten Mal ausgebucht sein würde.

Der Himmel war noch hell. Über dem Horizont lag ein grüngelber Streifen, der sich im Meer widerspiegelte. Das Zirpen der Grillen kam Tabori schriller vor als sonst.

Als er den Nordostsee-Kanal passiert hatte, fing es an zu nieseln. Hinter dem Elbtunnel wurde der Regen stärker, monoton quietschten die Wischerblätter über die Windschutzscheibe. Tabori hielt noch zweimal an, auf einem Parkplatz, um zu pinkeln, und dann an der Raststätte Allertal, um sich ein Päckchen Zigaretten zu kaufen. Dass er seit dem Abend zuvor nicht mehr geraucht hatte, empfand er als persönliche Leistung, die ihm aber gleichzeitig vollkommen sinnlos erschien. Auf dem kurzen Stück bis Hannover schaffte er drei Zigaretten, die vierte steckte er sich an, als er in der Morgendämmerung mit steifem Rücken aus dem Auto stieg.

Der Lieferwagen stand nicht in der Einfahrt. Quer über den Fußweg war ein dunkelgrüner Mercedes aus den Sechziger Jahren mit Berliner Kennzeichen geparkt, die rechte Heckleuchte war mit Paketband geflickt, ansonsten schien der Wagen liebevoll gepflegt zu sein. Tabori kannte niemanden aus Berlin mit einem alten Mercedes.

Die Hunde im Zwinger winselten. Als Tabori die Haustür aufschloss, sprangen Rinty und Beago an ihm hoch und rannten dann vor ihm her in die Küche, wo sie schweifwedelnd und mit vor Freude trappelnden Vorderpfoten darauf warteten, dass er ihnen ein Leckerli geben würde.

Der Zettel auf dem Küchentisch beantwortete zwar Taboris unausgesprochene Frage, irritierte ihn aber dennoch: »Ich bin mit einem Freund unterwegs. Mach dir keine Sorgen. Morgen beim Frühstück erzähle ich dir alles. Küsse. Lisa.«

Lisa hatte keine Freunde, mit denen sie nachts um die Häuser zog, und Lisa ging auch selten irgendwohin, ohne Rinty und Beago mitzunehmen. Auf dem Tisch standen zwei Teller mit Essensresten sowie eine Flasche Wein, die bis auf einen fingerbreiten Rest geleert war, den Tabori jetzt trank. Der Wein war zu süß. Und es war auch nicht Lisas Art, schmutziges Geschirr auf dem Tisch zurückzulassen.

Tabori füllte den Wassernapf für die Hunde auf und stieg die Treppe ins obere Stockwerk hinauf. Rinty und Beago folgten ihm auf dem Fuß, auf dem Treppenabsatz musste Beago niesen. Tabori zog die Luft in die Nase, der Geruch, den er die ganze Zeit schon unbewusst wahrgenommen hatte, war jetzt unverkennbar.

Irgendjemand hatte bei ihnen im Haus Gras geraucht. Im gleichen Moment entdeckte er die runtergetretenen Chucks vor der Tür zum Gästezimmer, sie hatten also Übernachtungsbesuch, und die Turnschuhe zusammen mit dem Dopegeruch ließen keinen Zweifel daran, wer der Gast war.

Die Hunde blickten Tabori erwartungsvoll an.

»Sitz«, sagte er. »Bleib.«

14

Er drückte vorsichtig die Klinke und warf einen Blick auf das abgedunkelte Zimmer, das Lisa und er für eventuelle Gäste mit ein paar einfachen Ikea-Möbeln und alten Kinoplakaten an der Wand eingerichtet hatten. Quer über dem Doppelbett lag Svenja, sie hatte sich noch nicht mal die Mühe gemacht, unter die Bettdecke zu kriechen, ihr T-Shirt war hochgerutscht, das Tattoo über ihrem Bauchnabel kannte Tabori noch nicht.

Ihr Atem ging gleichmäßig, aber der Geruch nach Alkohol und Dope ließ Tabori annehmen, dass sie sich wieder mal weggeschossen hatte. Er legte ihr eine leichte Wolldecke über und verließ das Zimmer ebenso leise wie er gekommen war.

Beago nieste wieder, zusammen stiegen sie die restlichen Stufen zu Taboris Wohnung hinauf.

Svenja war die Freundin von Lisas kleinem Bruder gewesen, seit seiner Ermordung war sie mehr oder weniger auf die schiefe Bahn geraten. Sie hatte das Studium abgebrochen und wohnte eigentlich wieder bei ihrer Mutter, hing aber meistens mit ein paar Typen rum, die Tabori inzwischen bestenfalls nur noch als Spinner abtun konnte. Er hatte Svenja einmal in der Wohngemeinschaft in dem besetzten Haus besucht, seine grundsätzliche Sympathie für die Hausbesetzer in der Nordstadt hatte sich schnell verflüchtigt, als sie ihn noch nicht mal gegrüßt, sondern nur verächtlich gemustert hatten. Was Tabori ihnen vorwarf, war, dass sie noch nicht mal im Ansatz die Bereitschaft aufbrachten, sich auf jemanden einzulassen, der nicht ihrem Bild entsprach, das die Welt in Gut und Böse einteilte und sich dabei genau der Vorurteile bediente, die sie so vehement zu bekämpfen versuchten. Es hatte nichts mit seinem Beruf zu tun gehabt, von dem sie nichts wussten – und den Svenja ihnen wohlweislich verschwiegen hatte –, er war für sie allein schon aufgrund seines Alters nur ein weiterer Vertreter der verhassten Spießergesellschaft, der es nicht verdiente, dass man ihm eine Chance gab.

Dass Svenjas wachsender Graskonsum dann auch zu den üblichen Folgen wie Anzeigen wegen Ladendiebstahl und wiederholtem Schwarzfahren mit der U-Bahn führte, war absehbar gewesen, aber weder Tabori noch Lisa waren in der Lage, mehr für Svenja zu tun, als ihr eine Anlaufstelle zu bieten, wenn sie reden wollte. Ihr Angebot, ganz bei ihnen einzuziehen, hatte sie rundheraus abgelehnt, die Lehrstelle in der Theatertischlerei, die sie sich mit Taboris Hilfe gesucht hatte, hatte sie dann gar nicht erst angetreten, sondern war lieber mit ihren Leuten zu einem Festival irgendwo in Tschechien getrampt. Aber sie war Mitte zwanzig und konnte längst machen, was sie wollte.

Trotz allem fühlten sich Tabori und Lisa auf irgendeine Weise immer noch für sie verantwortlich. Svenja hatte einen Schlüssel fürs Haus und kam spätestens dann, wenn sie dringend Geld brauchte. In den letzten zwei Monaten hatte Tabori sie allerdings nicht mehr gesehen. Der einzige Kontakt waren zwei Handy-Telefonate gewesen, die sie mit Lisa geführt und bei denen sie erzählt hatte, dass sie eine Ausbildung als Heilerzieherin angefangen hätte. Was weder Lisa noch Tabori ihr geglaubt hatten.

Tabori war im Halbschlaf, als die Hunde anschlugen und kläffend die Treppe hinunterjagten. Ihr Kläffen war hell und aufgeregt, was nur bedeuten konnte, dass Lisa nach Hause gekommen war. Tabori hörte, wie sie mit den Hunden sprach. Er drehte sich auf die Seite und war in Sekunden endgültig eingeschlafen.

Er träumte von den beiden Anwärterinnen, die er noch mal aufsuchte, um ihnen neue Fragen zu stellen. Und mit denen er dann – wieso auch immer – im Bett landete. Dass die eine der beiden Svenjas Tattoo an einer höchst intimen Stelle trug, machte die Sache nicht unbedingt besser. Als er aufwachte, fand er sich selber einfach nur peinlich.

Es regnete immer noch. Es war kurz nach neun, er meinte, aus der Küche irgendwelche Geräusche zu hören, und schlappte ins Bad, um sich die Zähne zu putzen. Sein Gesicht im Spiegel kam ihm alt vor, einzelne Bartstoppeln am Kinn und auf den Wangen waren grau, was ihm nicht gefiel. Ihm fehlte die Energie, sich zu rasieren.

Svenja hatte Kaffee gekocht. Sie nickte Tabori zu und schob ihm wortlos eine Tasse hin, während sie die Schlagzeilen der Zeitung studierte.

»Und?«, fragte Tabori und setzte sich ihr gegenüber an den Tisch.

»Nichts und«, sagte Svenja. »Alles okay.«

Einen Moment lang schwiegen sie sich an. Die Hunde strichen schweifwedelnd um ihre Beine. Ihr Fell war nass und sie hinterließen feuchte Abdrücke auf dem Holzboden.

»Du warst mit ihnen draußen?«, fragte Tabori und war leicht irritiert, dass Svenja sich ausnahmsweise mal um etwas anderes gekümmert haben sollte als nur um sich selbst.

»Nicht ich«, antwortete Svenja, ohne den Blick von der Zeitung zu nehmen. »Der Alte. Echt hart drauf, der Typ! Hat erzählt, dass er heute Morgen schon eine Stunde draußen rumgerannt ist. Und nicht nur mit Rinty und Beago, sondern mit dem ganzen Rudel! Im Regen, Mann, und voll die verbotenen Klamotten an, so einen langen Mantel, wie ihn Reiter haben, und auch noch so einen Hut dazu … Leichen pflastern seinen Weg und so, du weißt schon. Aber ich glaube, er ist trotzdem okay, hier, guck mal, hat er mir gegeben.«

Svenja zog einen zusammengefalteten Fünfzig-Euro-Schein aus ihrer Jeanstasche.

»Einfach so, echt«, redete sie weiter, »obwohl ich nichts gesagt habe, aber kann ich gut gebrauchen.«

»Welcher Alte?«, fragte Tabori. »Von wem redest du?«

Svenja blickte ihn jetzt zum ersten Mal direkt an, als wäre sie irritiert von seiner Begriffsstutzigkeit.

»Mann, was weiß ich! Er ist gestern Abend hier aufgetaucht, als ihr beide nicht da wart. Er hat irgendwas mit Lisa zu tun, glaube ich, ist ihr Vater oder so was.«

Der Mercedes mit dem Berliner Kennzeichen, dachte Tabori, und: Natürlich, Lisas Vater lebte in Berlin! Aber ich wusste nicht, dass er einen alten Mercedes hat. Ich wusste auch nicht, dass er kommen wollte, Lisa hat nichts davon erwähnt …

Der Kontakt zwischen Lisa und ihrem Vater war nicht unbedingt der beste. Sie telefonierten in größeren Zeitabständen miteinander, mehr nicht. Warren war ein Eigenbrötler, wie er im Buche stand. Er musste jetzt über sechzig sein, ein Maler, der eine Zeit lang ganz ordentlich mit seinen Bildern verdient hatte, aber sich dann völlig aus dem Kunstmarkt zurückgezogen und jeglichen Kontakt zu Freunden und Verwandten abgebrochen hatte. Auch zu Lisa. Sie redete nicht gerne über ihn, und Tabori hatte auch nie wirklich nachgefragt. Er hatte Warren nur einmal gesehen, auf der Beerdigung von Lisas kleinem Bruder, Warrens Sohn. Damals hatte er ihn spontan sympathisch gefunden, vielleicht war es auch Mitleid gewesen, Warrens Frau war kurz vorher gestorben und dann wurde auch noch sein Sohn ermordet! Tabori hatte nie verstanden, warum sich Warren und Lisa damals in ihrer Trauer nicht aneinander klammerten, sondern jeder seine eigenen Wege ging.

Tabori merkte, dass Svenja ihn beobachtete.

»Und wo ist er jetzt?«, fragt er.

Svenja zuckte mit den Schultern.

»Er wollte nicht ins Gästezimmer, deshalb habe ich ihm deinen alten Zirkuswagen im Garten gezeigt. Fand er gut. Also haben wir seinen Kram reingeschleppt und es ein bisschen gemütlich für ihn gemacht.«

»Seinen Kram? Du meinst …«

Seine Reisetasche, wollte Tabori sagen, aber Svenja unterbrach ihn.

»Klar, die Kartons und das alles. Der Mercedes war echt voll bis unters Dach! Hat ganz schön lange gedauert, das da alles hinzuschleppen. – Du weißt schon, dass er hier bleiben will, oder?«, setzte sie dann hinzu. »Also, dass er jetzt bei euch eingezogen ist, meine ich?«

Tabori tippte sich an die Stirn.

»Du versuchst, mich hochzunehmen!«

»Ganz cool«, grinste Svenja. »Keine Panik, er ist echt okay.« Sie stand auf und schob den Stuhl zurück. »Ich muss los. Ich hab eine Verabredung wegen einem neuen Job. Ich soll mich da heute vorstellen. Also, danke für den Kaffee und so. Und grüß Lisa und den Alten. Ich komme demnächst mal wieder vorbei, weil, also, das will ich schon sehen, wie ihr das jetzt hier so macht zu dritt!«

Sie bückte sich zu den Hunden und kraulte sie hinter den Ohren. Dann war sie weg.

Tabori starrte durch das Fenster in den Garten hinaus. Die Regentropfen an der Scheibe ließen den Umriss des Zirkuswagens zu einem bräunlichen Fleck verschwimmen. Tabori hatte den Wagen von alten Freunden gekauft, die zu einem Wanderzirkus gehört hatten, der pleite gegangen war. Er hatte eigentlich nie einen Plan gehabt, was er mit dem Wagen machen wollte, aber die Freunde hatten dringend Geld gebraucht, und Tabori war gerade umgezogen und hatte genügend Platz im Garten gehabt. Außerdem hatte es ihn gereizt, die Nachbarn ein bisschen zu ärgern, für die der Zirkuswagen im Garten nur ein weiteres Indiz dafür war, dass mit Tabori irgendwas nicht ganz stimmen konnte.

Er saß immer noch bewegungslos, als Lisa in die Küche kam.

»Hej«, sagte sie und strich ihm mit der Rückseite ihrer Hand über die Bartstoppeln. Kein Kuss zur Begrüßung, wie sonst. Sie wirkte merkwürdig unsicher. »Ich dachte, ich hätte Stimmen gehört«, sagte sie.

»Svenja war heute Nacht hier. Ist eben weg. Ich soll dich grüßen.«

Lisa nickte nur.

»Hast du schon genug oder trinkst du noch einen Kaffee mit mir?«, fragte sie, während sie bereits die Espressokanne aufsetzte.

»Gerne. – Gibt es irgendwas, was du mir erzählen willst?«

»Was?«

Tabori sah, wie sich an ihrem Hals rote Flecken bildeten, die sich zu ihren Wangen hinauf ausbreiteten. Sie vermied jeden Blickkontakt mit ihm.

Tabori griff nach seinen Zigaretten und zwang sich, ganz ruhig zu bleiben.

»Also«, sagte er, »ich hätte es wahrscheinlich nur besser gefunden, wenn du mich vorher informiert hättest. Dann käme ich mir jetzt vielleicht nicht so völlig bescheuert vor.« Er inhalierte so tief, dass ihm schwindlig wurde. »Außerdem müssen wir irgendeine Lösung finden, ich weiß nicht, worauf das hier sonst rauslaufen soll.«

Lisa fuhr herum.

»Hej, jetzt mal ganz langsam, ja?! Ich bin dir keine Rechenschaft schuldig, okay? Und das ist ganz allein meine Sache, damit hast du nichts zu tun. Also spiel jetzt hier gefälligst nicht den Control-Freak, klar ist die Situation ein bisschen blöd, aber auch für mich. Trotzdem gilt immer noch, dass es dich nichts angeht, was in meinem Schlafzimmer passiert, merk dir das?«

»Hä?«, machte Tabori überrascht, »wovon redest du?«

Lisa stutzte. »Wieso? Wovon redest du?«

»Au Mann, was soll das? Da draußen steht der Mercedes von Warren und Svenja erzählt mir …«

Zwischen Lisas Augenbrauen bildete sich eine steile Falte. »Wie bitte?« Sie war mit einem Schlag schneeweiß im Gesicht.

»Und Svenja erzählt mir, dass dein Vater seit heute Nacht bei uns im Zirkuswagen wohnt, davon rede ich«, sagte Tabori und hatte das deutliche Gefühl, dass ihr Dialog vollkommen absurd war. »Und was soll das jetzt mit deinem Schlafzimmer? Das kapiere ich nicht …«

»Das ist nicht wahr! Sag, dass das nicht wahr ist!«

Lisa stürmte zur Vordertür, die Hunde folgten ihr winselnd.

Tabori hörte, wie sie die Tür aufriss. Dann stieß sie einen Schrei aus. »Nein!« Dann fiel die Tür ins Schloss. Tabori sah sie am Fenster vorbei zum Zirkuswagen hinüberrennen.

Der Kaffee blubberte hoch. Tabori stellte die Flamme aus. Hinter ihm hüstelte jemand. Tabori zuckte zusammen.

»Sorry«, sagte Lepcke. »Ich wollte dich nicht erschrecken.«

Tabori verstand gar nichts mehr. Er starrte Lepcke an, als würden die Synapsen in seinem Hirn kollektiv den Dienst verweigern.

»Okay, Mann«, sagte Lepcke und hob die Hände in einer Geste, die aus einem Wildwestfilm hätte stammen können, als wollte er sich ergeben. Er trug einen Anzug aus hellgrauer Shantungseide, den Tabori noch nie an ihm gesehen hatte. Der Zipfel einer roten Krawatte hing aus seiner Jacketttasche. Lepcke war außer Dienst. Wo immer er seine Schuhe gelassen hatte, jetzt war er jedenfalls barfuß. Tabori dachte, dass er auffällig kleine Füße hatte, was er zuvor noch nie bemerkt hatte.

»Ist dumm gelaufen, gebe ich zu«, kam es von Lepcke. »Aber ich wusste nicht, wie ich hier anders wegkommen sollte, bei euch muss man ja immer durch die Küche, wenn man raus will. Und bei Lisa zu warten, bis du irgendwann verschwunden bist, war mir einfach zu blöd. Außerdem kriegst du es ja früher oder später sowieso raus, also lass uns irgendwie ganz vernünftig bleiben, kein Stress, wenn du weißt, was ich meine.«

»Weiß ich nicht«, sagte Tabori. Als er die Kanne auf den Tisch setzte, sah er, dass seine Hände zitterten. »Ich weiß überhaupt nichts mehr.«

Lepcke stieß die Luft aus und deutete ein Lachen an. »Ich auch nicht, das glaub mir mal.«

Er zog sich einen Stuhl heran und setzte sich. »Lisa ist wo?«

Tabori zeigte mit dem Kopf zum Fenster hinaus.

Lepcke beließ es dabei, ohne weiter nachzufragen.

»Bringen wir es hinter uns«, sagte er.

15

Er wartete, bis sich auch Tabori wieder gesetzt hatte. Seine Geschichte klang wirr, Tabori hatte Mühe, ihm zu folgen. Aber unterm Strich lief es darauf hinaus, dass er, Lepcke, im Zusammenhang mit dem Tod der Anwärterin über irgendwas gestolpert war, was Tabori eindeutig aus der Schusslinie brachte. Deshalb hatte er dann Lisa angerufen und sich mit ihr getroffen.

Lepcke breitete die Arme aus.

»Was soll ich sagen, Alter? Vielleicht waren wir beide einfach nur froh, dass du nicht mehr unter Verdacht stehst. Lisa hat mir erzählt, was du in Dänemark rausgekriegt hast, und das passt ganz gut zu dem, was ich inzwischen weiß. Vielleicht haben wir auch ein bisschen zu viel getrunken. Oder ich habe Lisa immer schon gemocht und es nur nicht wahrhaben wollen, weil ich Angst vor dir hatte, wenn da was zwischen uns laufen würde, was weiß ich? Aber jedenfalls kam eins zum anderen und das war's dann. Wir sind zusammen in der Kiste gelandet. Und jetzt zu den guten Nachrichten …«

Er zog einen Plastikbeutel mit einem Handy aus der Jacketttasche.

»Das Handy von Herrn Respekt. Interessante Anruferliste, du wirst es nicht glauben, mit wem er telefoniert hat, warte, ich zeig's dir! – Drei Anrufe, die interessant sind«, sagte Lepcke, während er gleichzeitig das Menü aufrief. »Zwei davon hat er bekommen, einen hat er selber geführt. Willst du es chronologisch?«

Tabori nickte.

»Nummer eins, hier, am 7. September um 19:26 Uhr.«

»B-Wolf«, las Tabori vom Display ab. Er blickte fragend hoch.

»War nicht so schwer rauszukriegen, wer sich dahinter verbirgt«, grinste Lepcke. »Die Nummer gehört Damaschke. Und jetzt halt dich fest. Der Anruf ist über das dänische Netz reingekommen! Das heißt, Damaschke war in Dänemark. Ich weiß«, stoppte er Tabori, bevor er noch etwas sagen konnte, »aber das passt zu eurer Theorie, Damaschke hat also tatsächlich mit Respekt telefoniert, an dem Tag, an dem …«

»Er sich mit der Anwärterin getroffen hat und sie gute zwei Stunden vorher gesehen worden sind.«

»Bingo. Und jetzt Anruf Nummer zwei, diesmal von Respekt selber. Am nächsten Vormittag, 8. September, 10:06 Uhr. Respekt hat die Kollegen vom 1. Kommissariat am Welfenplatz angerufen. Sie haben den Vorgang brav protokolliert: Respekt hat das Auto seiner Schwester als gestohlen gemeldet, einen blauen Nissan Micra, aber das dachtest du dir ja wahrscheinlich schon … was ist?«

»Das Auto seiner Schwester?«

Lepcke lachte. »Ach so, sorry, das habe ich noch nicht gesagt, Respekt hat nicht unter seinem Namen angerufen, sondern nannte sich ganz dreist Koschinski! – Nein, vergiss es, er ist wirklich nicht mit ihr verwandt, ich habe das schon überprüft. Keine Stiefgeschwister oder irgendwas, nichts.«

»Sie hatten ein Auto zu viel«, überlegte Tabori laut. »Das war eine der Fragen, die ich mir gestellt hatte: Warum sind sie das Risiko eingegangen, dass der Nissan da oben gefunden wird und es damit eine Spur gibt?«

»Keine Spur, jedenfalls keine, die irgendjemanden interessieren würde. Ein gestohlener Wagen, der irgendwann in Dänemark auftaucht und zufällig einer Frau gehört, die in Deutschland Selbstmord begangen hat. Das eine hat nichts mit dem anderen zu tun, der Selbstmord-Fall ist längst abgeschlossen, warum sollte da jemand noch mal nachhaken?«

»Es passt«, sagte Tabori und zündete sich eine neue Zigarette an. »Damaschke hat Respekt nach Dänemark beordert – er war da, er ist in eine Geschwindigkeitskontrolle geraten …«

»Ich weiß, hat Lisa erzählt.«

»Und sie mussten sich was wegen dem Auto einfallen lassen. Abfackeln wäre eine Möglichkeit gewesen, aber das hätte wahrscheinlich für zu viel Aufmerksamkeit gesorgt, gerade jetzt, nach diesem Sommer, wo sie wegen der Trockenheit in den Wäldern … Außerdem hatten sie keine Zeit. Nicht schlecht als Lösung, die Karre einfach als gestohlen zu melden und darauf zu hoffen, dass noch einige Zeit vergehen wird, bis sie überhaupt entdeckt wird. – Dieser Anruf von Respekt, ist der auch über das dänische Netz gekommen?«

»Habe ich noch nicht überprüfen lassen, weil ich ja auch erst gestern Nacht von Lisa gehört habe, dass Respekt da oben war, aber lasse ich noch machen. Und ich wette darauf, Alter, dass es genauso war.«

»Und der letzte Anruf? Du hast von drei Anrufen gesprochen.«

Lepcke zog sich wieder das Handy heran.

»9. September, kurz nach ein Uhr nachts, unbekannter

158

Teilnehmer«, las er vom Display ab. »Also noch in derselben Nacht, in der die Anwärterin auf den Gleisen gefunden worden ist. Übrigens auch der letzte Anruf, den er überhaupt gekriegt hat.«

»Und der unbekannte Teilnehmer war wer?«, fragte Tabori.

»Ein Anruf von einem öffentlichen Telefon.«

»Standort?«

Lepcke grinste.

»Die Hauptstraße in Elze. Und zwar nicht das Elze in Richtung Alfeld, sondern …«

»Der Nachbarort von Bennemühlen, wo zufällig die Ausbildungsstätte ist.«

»Bingo. Man kann sogar zu Fuß rüberlaufen, wenn man will. Und mit dem Auto sind es fünf Minuten, höchstens.«

»Was sagt der Pförtner? Gibt es da eine Liste, wann wer das Gelände verlässt?«

»Ach was. Und außerdem sind an diesem Abend beziehungsweise in der Nacht zig Leute gekommen und wieder gefahren. Als die Nachricht von dem Selbstmord rum war, haben sie da nämlich in der Ausbildungsstätte eine Art spontaner Trauerfeier abgehalten, mit Kerzen und Schweigeminute und so.«

»Wie weit bist du überhaupt inzwischen mit den Aussagen der anderen Anwärter?«

»Sie reden endlich alle, ohne Ausnahme. Angefangen haben die beiden, die mit ihr im Zimmer gewohnt haben. Aber inzwischen habe ich kaum genug Leute, um das alles zu Protokoll zu nehmen.«

»Und was …«

Lepcke winkte ab.

»Das willst du nicht wirklich im Detail wissen. Lisa hat mir inzwischen auch diesen Zeitungsartikel gezeigt, der nie erschienen ist. Nur so viel dazu: Was da wiedergegeben war, ist wahrscheinlich noch untertrieben. Zusammengefasst ergibt sich so was wie ein Muster, nach dem Respekt seine perversen Spielchen getrieben hat. Er hat willkürlich irgendwelche Regeln aufgestellt, wer eine Regel brach, wurde kollektiv bestraft. Und offensichtlich gab es keine Chance, nicht irgendwann gegen eine dieser Regeln zu verstoßen, es hat sie alle erwischt, ohne Ausnahme, egal ob Mann oder Frau. Und es gab verschiedene Härtegrade bei der Bestrafung. Angefangen damit, dass auf einen Verräter – achte auf das Wort! – der Reihe nach uriniert werden musste, bis hin zum Tanz bei vorgehaltener Waffe auf einem elektrischen Campingkocher mit zwei Platten, von denen eine eingeschaltet war, auf höchster Stufe natürlich. Und so weiter …«

»Das heißt, dass auch Damaschke gefoltert worden ist.«

»Ja, anzunehmen. Aber auffällig ist, dass keiner der anderen irgendwas über ihn sagen will. Wenn es um Damaschke geht, machen sie sofort dicht. Ich habe bisher nicht den geringsten Hinweis, warum er entführt worden ist, geschweige denn, wer dahinter stecken oder was für ein Motiv es überhaupt geben könnte. Nichts, ich bin am Ende mit meinem Latein.«

»Du hast vorhin gesagt, Damaschke war in der Anruferliste von Respekt unter ›B-Wolf‹ abgespeichert …«

»Richtig. Aber worauf willst du hinaus?«

»Ein Rudel. Respekt ist das Alpha-Tier, der B-Wolf könnte darauf hindeuten, dass Damaschke so was wie sein Stellvertreter war.«

»Au Mann! Er war vielleicht gar kein Opfer wie die anderen, sondern der … Gehilfe von Respekt, sein Folterknecht, was weiß ich, er hat mitgemacht! – Aber warum sollten die anderen das jetzt nicht erzählen? Über Respekt reden sie ja auch! Es sei denn …«

»Es war jemand aus ihrer Gruppe, der sich an Respekt gerächt hat, oder sogar sie alle zusammen, und Damaschke soll der Nächste sein, deshalb ist er entführt worden. Sie konnten nicht schon wieder den Heizungskeller benutzen, klar, deshalb mussten sie ihn woanders hinbringen. Der Tod von Anna Koschinski war der Auslöser, plötzlich war jemand aus ihrer Gruppe tot, auch wenn sie alle nur an einen Selbstmord geglaubt haben, hat das schon gereicht, es war ja klar, warum sie es getan hatte, aus genau der verzweifelten Ohnmacht heraus, die sie alle kannten! Dafür musste Respekt bezahlen, und jetzt …«

»… ist Damaschke dran«, nickte Lepcke. »Das wäre zumindest ein Motiv.«

»Aber?«

Tabori dachte nicht mehr für einen Moment daran, dass er eigentlich enttäuscht von Lepcke war. Verletzt. Empört. Sauer. Stattdessen war er ganz auf die Sache konzentriert, es war wie früher, wenn sie sich nachts im Büro die Bälle so lange hin- und hergespielt hatten, bis sie den entscheidenden Punkt gefunden hatten, von dem aus sich alles wie Perlen auf einer Schnur auffädeln ließ.

Aber noch waren sie nicht so weit.

»Das Problem ist, dass die Alibis der Anwärter absolut wasserdicht sind. Genauer gesagt, ein Alibi, das für alle zusammen gilt: Die ganze Hundeabteilung war in Lingen auf einer Fortbildung. Es gibt sogar Fotos davon. Sie sind alle drauf.

161

Und ich habe gestern mit Bohnenkamp telefoniert. Er hat seinen Bericht zwar immer noch nicht fertig, aber zumindest den Todeszeitpunkt konnte er mir ein bisschen genauer eingrenzen: Zwischen acht und zehn Uhr, die Fortbildung lief ab acht Uhr dreißig, das Zeitfenster ist zu eng, das passt nicht, in der Zeit kann keiner von hier nach Lingen gekommen sein, das Alibi steht.«

»Fast zu perfekt, finde ich«, wandte Tabori ein. »Als wäre es sorgfältig konstruiert …«

»Sie standen unter Druck, wenn es so war, wie wir uns das eben zusammengereimt haben. Nach unserer Theorie haben sie spontan reagiert, da bleibt keine Luft, um sich ein Alibi zurechtzuzimmern. – Also, was soll ich machen? Was sagst du?«

Lepcke griff sich eine Zigarette aus Taboris Schachtel. Nachdem er sie angezündet hatte, hielt er sie zwischen Daumen und Zeigefinger in der hohlen Hand verborgen, als wollte er sie für den Fall, dass jemand ins Zimmer kam, schnell in der Jacketttasche verschwinden lassen können. Er rauchte ein paar Züge und drückte die Zigarette wieder aus.

»Ich muss diese Entführung geklärt kriegen, sonst habe ich in Kürze den nächsten Toten, so viel dürfte sicher sein. Noch lebt Damaschke vielleicht, aber viel Zeit bleibt mir nicht mehr, fürchte ich. Und ich habe zu wenige Leute, die ich dafür einsetzen kann.« Er lachte bitter und schüttelte gleichzeitig den Kopf. »Aber dafür hatte ich gestern erst den Polizeidirektor und dann auch noch den neuen Präsidenten höchstpersönlich am Apparat, die mich beide mehr oder weniger unverhohlen unter Druck setzen, dass ich Ergebnisse bringen soll. Wie denn, ohne Leute? – Übrigens, absolute Nachrichtensperre für den Fall, und bisher hat es erstaunlicherweise auch funk-

162

tioniert, die Zeitungen halten dicht, irgendwas läuft da auf einer Ebene ganz oben, sonst hätten sie sich längst wie die Aasgeier auf uns gestürzt und uns fertig gemacht.«

»Die beiden Anwärterinnen, mit denen ich geredet habe«, setzte Tabori halblaut an, als wäre er sich selber noch nicht sicher über seinen Gedanken, »die Freundinnen von Anna …«

»Ja?«

»Ich bin überzeugt, dass sie mehr wissen, und ich glaube, es ist möglich, ihren Panzer zu knacken. Wir brauchen nur den richtigen Ansatzpunkt.«

Lepcke reagierte sofort.

»Vergiss es. Ich kann dich nicht noch mal zu ihnen lassen. Jetzt geht es um die Entführung! Du bist erstmal aus der Schusslinie und das ist gut so. Aber mehr ist nicht drin. Wenn das jemand mitkriegen würde, hätte ich ein ernsthaftes Problem – habe ich übrigens so schon«, setzte er noch hinzu. »Verbindlichsten Dank auch, dass ich jetzt mal eben einen von der Spurensicherung nach Dänemark hochschicken darf, um sich den Bunker vorzunehmen.« Lepcke zog sein Moleskin-Notizbuch aus der Tasche und schrieb etwas auf. »Vielleicht kann das Sommerfeld machen, er hat ohnehin nach Urlaub gefragt, da kann er gleich das Angenehme mit dem Nützlichen verbinden.«

»Warte mal!«, platzte Tabori raus. »Was soll das? Warum machst du nicht einen Antrag auf Amtshilfe und lässt die Kollegen aus Dänemark das erledigen?«

»Und wie, bitte schön, soll ich das begründen? Dass mein alter Kollege zufällig da oben war und ebenso zufällig über einen Tatort gestolpert ist, während er gleichzeitig noch selber unter Verdacht stand und eigentlich noch nicht mal hätte pupsen dürfen, ohne mich um Erlaubnis zu fragen? Nee, du, da halte ich mal schön den Deckel drauf und sammle weiter meine Puzzleteilchen, ohne das an die große Glocke zu hängen. Wie ich das dann hinterher erklärt kriege, wird sich noch früh genug zeigen.«

»Okay, deine Sache«, sagte Tabori. »Aber zurück zu Damaschke, dann lass mich wenigstens einen Vorschlag machen, wegen der beiden Anwärterinnen, meine ich.«

»Ich höre.«

»Lass Lisa mit ihnen reden, so würde ich es jedenfalls machen. Du kannst das allemal damit begründen, dass du jemanden brauchtest, um eine Art Vertrauensverhältnis herzustellen oder so was. Und genau darum geht es: Lisa ist keine Polizistin, aber sie und die Anwärterinnen haben die Hunde als gemeinsamen Nenner. Es ist nur ein Strohhalm, aber vielleicht ist das die Basis, auf der Lisa ein paar Antworten bekommen könnte. Es müsste allerdings einen Anlass geben, dass sie sich treffen, ohne dass die beiden stutzig werden …«

Lepcke blickte hoch.

»Heute Nachmittag ist die Beerdigung von Respekt, großer Auftrieb, sind alle da, bis nach ganz oben, und die Hunde-Abteilung natürlich sowieso. Auf dem Friedhof in Engesohde. Wenn Lisa da auch auftaucht, sollte das niemanden wundern. Schließlich hat sie genug Einsätze für uns gemacht. Keine schlechte Idee, danke.«

»Du hast ohnehin keine Alternative, oder? Also! Aber lass dir besser irgendwas einfallen, warum Lisa das überhaupt machen sollte. Ich bin mir nicht sicher, ob es ihr reicht, dass ihr zusammen im Bett wart.«

Im gleichen Moment klappte die Haustür. Die Hunde brachten neue Nässe in die Küche. Lisa ging wortlos zum Herd und setzte Teewasser auf. Tabori wusste nicht, ob sie seinen letzten Satz noch gehört hatte. Weder er noch Lepcke sagten etwas. Lisa kramte in der Schublade nach den Teebeuteln, um gleich darauf die Schublade zuzuknallen und in ihrem Zimmer zu verschwinden. Es dauerte keine Minute, bis die Tür wieder aufflog. Tabori sah, dass sie um Fassung bemüht war. Ihre Stimme klang angespannt, als könnte sie jeden Augenblick in Hysterie umschlagen.

»Wäre schön, wenn du jetzt gehst«, sagte sie zu Lepcke. »Ich ruf dich später an, aber jetzt habe ich was mit Tabori zu besprechen, das dich nicht interessieren muss.«

Sie ging ins Bad hinüber.

Lepcke blickte Tabori ratlos an, während er schon sein Notizbuch und den Kugelschreiber im Jackett verstaute.

Tabori zuckte mit den Schultern.

»Meine Schuhe sind noch in ihrem Zimmer«, flüsterte Lepcke heiser.

Tabori versuchte, sein Grinsen zu unterdrücken, als er Lepckes Schuhe aus dem Schlafzimmer holte. Hellbraunes, geflochtenes Leder, auf der Sohle stand ein italienischer Markenname. Und die Schuhgröße, 7.

Er hielt Lepcke die Schuhe hin.

»Um wie viel Uhr ist die Beerdigung?«, fragte er.

»16 Uhr, in der Kapelle am Haupteingang.«

»Ich frage sie«, sagte Tabori und versuchte, die Hunde von Lepcke wegzuschieben, die auf einen Spaziergang hofften.

Als er weg war, fragte Tabori sich kurz, wie er jetzt eigentlich zurückkäme. Heute Morgen war er ja anscheinend mit

165

Lisa gekommen, jedenfalls hatte er nicht wie sonst beim Reden mit seinem Autoschlüssel gespielt. Wenn er was gesagt hätte, dachte Tabori, hätte ich ihm ein Taxi gerufen. Aber das kann er auch selber, er hat ja sein Handy dabei.

Tabori stellte das kochende Wasser aus und goss eine Kanne schwarzen Tee auf. Er ließ ihn genau zwei Minuten ziehen, bevor er den Beutel in den Komposteimer warf. Dann setzte er sich wieder an den Tisch und wartete. Aus dem Bad hörte er die Dusche rauschen. Es war genau zwölf Uhr mittags. Wenn es weiter so regnet, dachte er mit einem Blick in den Garten, wird bei der Beerdigung niemand mehr entscheiden können, wer womöglich echte Tränen um Respekt vergießt.

16

Während Lisa wortlos ihren Tee schlürfte, hatte Tabori ein Omelett für sie gemacht. Er selber hatte keinen Hunger. Er merkte erst jetzt, wie verletzt er war. Eifersüchtig traf es wahrscheinlich besser. Er hatte keinerlei Anrecht auf Lisa, und mit wem sie ins Bett ging, war nicht seine Sache. Bisher hatte er bei den – zugegebenermaßen eher seltenen – Gelegenheiten, bei denen Lisa jemanden über Nacht mit nach Hause brachte, keine Probleme gehabt. Aber dass sie sich nun ausgerechnet mit Lepcke eingelassen hatte, erwischte ihn mehr, als er erwartet hatte.

Lisa erwähnte Lepcke mit keinem Wort, dafür gab sie ihm in kurzen Sätzen wieder, wie das Gespräch mit ihrem Vater verlaufen war. Warren hatte endgültig beschlossen, nie wieder eine Galerie zu betreten geschweige denn auch nur ein einziges seiner Bilder in einer Galerie auszustellen, auch würde er nicht mehr malen. Stattdessen plante er einen Neuanfang auf einem völlig anderen Gebiet, über das er aber nicht reden wollte. Oder jedenfalls nicht mit Lisa.

»Er hat gesagt, er würde sich bei Gelegenheit gerne mal mit dir unterhalten«, berichtete Lisa. »Aber es eilt nicht, wenn du Zeit hast, würde er sich freuen.«

»Heißt das, er will jetzt im Zirkuswagen bleiben?«

Lisa zuckte mit den Schultern.

»Die Wohnung in Berlin hat er noch, das habe ich zumindest rausgekriegt. Es scheint eher so zu sein, als wollte er Zeit zum Nachdenken haben. – Ich habe keine Ahnung, wie wir damit umgehen sollen. Immerhin ist er mein Vater, ich kann ihn schlecht vor die Tür setzen, oder?«

Sie stocherte einen Pilz aus dem Omelett und betrachtete ihn einen Moment, bevor sie ihn sich in den Mund schob.

»Solange er im Zirkuswagen bleibt, stört er nicht, also geben wir ihm die Zeit. Aber ich möchte nicht, dass er hier jeden Abend in der Küche rumhängt oder sich sonst irgendwie in mein Leben einmischst.«

»Hast du ihm das gesagt?«

»So in etwa, ja.«

»Und?«

»Er akzeptiert es. – Noch«, setzte sie hinzu. »Er hat auch angeboten, dass er morgens mit den Hunden rausgehen kann. Aber ich bin mir nicht sicher, ob ich das wirklich will.«

»Ich rede mit ihm, okay?«

Lisa nickte. Dann blickte sie ihn fragend an.

»Und für dich wäre es …?«

»Im Moment gehen mir zu viele andere Sachen durch den Kopf, vielleicht warten wir einfach erstmal ab, wie sich das entwickelt. Aber doch, ja, von mir aus ist es in Ordnung. Du weißt, dass Mankells Wallander einen Vater hatte, der im Gartenhaus gemalt hat?«

»Warren malt nicht mehr, ich glaube, das ist ihm ernst«, sagte Lisa, ohne sich auf Taboris Versuch einzulassen, dem Ganzen eine heitere Note zu geben.

»Und was war mit Svenja?«, fragte sie jetzt.

Tabori informierte sie über die Neuigkeiten. »Und sie hält Warren für cool«, sagte er abschließend. »Er hat ihr einen Fünfziger zugesteckt.«

»Na wunderbar, dann wird sie sich ja jetzt öfter sehen lassen.«

»Ich hab noch was anderes, worüber wir kurz sprechen müssen«, setzte Tabori an.

»Wenn es um Markus geht, will ich es nicht wissen.«

Tabori brauchte einen Augenblick, bis er mit dem Vornamen etwas anfangen konnte. Lisa redete von Lepcke. Für Tabori war es ungewohnt, seinen ehemaligen Kollegen als »Markus« einzuordnen. Selbst als Freunde sprachen sie sich ausschließlich mit Nachnamen an, vielleicht hatte es damit zu tun, dass Tabori selber immer vermieden hatte, seinen eigenen Vornamen preiszugeben, und so schließlich auch den Freund auf »Lepcke« reduziert hatte.

»Nein«, sagte Tabori. »Es geht nicht um …« Er zögerte. »Lepcke«, sagte er dann anschließend doch wieder, »jedenfalls nicht direkt, also nicht, was dich und ihn angehen würde, also, ich meine …«

»Bist du dir sicher, dass bei dir alles okay ist?«, unterbrach ihn Lisa irritiert.

»Noch mal von vorne«, sagte Tabori und griff wieder nach seinen Zigaretten. Er berichtete, zu welchem Ergebnis Lepcke und er in ihrem Gespräch gekommen waren. Und bevor Lisa etwas erwidern konnte, rückte er mit der Idee heraus, dass sie vielleicht Kontakt zu den beiden Anwärterinnen aufnehmen könnte.

»Ganz informell«, sagte er. »Wenn es nichts bringt, haben wir Pech gehabt. Aber es ist die beste Möglichkeit, die ich im Moment sehe.«

Lisa weigerte sich rundheraus. Ihre Empörung über Taboris Anliegen wurde erst nachvollziehbar für ihn, als sie abschließend sagte: »Die Sache ist ganz einfach, nur mal angenommen, sie würden mir wirklich irgendwas erzählen, was sie bei der Polizei verschwiegen haben, und weiter angenommen, das würde dann den Verdacht bestärken, dass sie womöglich als Täter in Frage kommen, dann möchte ich nichts damit zu tun haben. Verstehst du das nicht? Respekt war ein ausgemachter Dreckskerl, ein Schwein, ein Perverser, nenn es, wie du willst, und sicher ist, dass er es nicht anders verdient hat. Jemand hat sich an ihm gerächt, aber dafür gab es genug Gründe, und das weißt du auch!«

»Moment«, hakte Tabori ein. »Das heißt doch aber nicht, dass jemand hergehen kann und Selbstjustiz üben! Eine Gesellschaft funktioniert nach klaren Regeln, ich kann nicht einfach das Gesetz in die eigenen Hände nehmen und …«

»Vergiss es«, winkte Lisa ab. »Diese Diskussion haben wir schon oft genug geführt und sie wird nicht besser, indem wir immer die gleichen Standpunkte vertreten.«

Sie schob ihren Stuhl zurück und füllte die Espressokanne nach.

Sie hatte recht, sie hatten sich bereits mehrfach über genau dieses Thema gestritten. Und Lisa vertrat dabei grundsätzlich die Ansicht, dass es hier um eine entscheidende Lücke im Gesetz gehen würde, mit anderen Worten: Wenn die Gesetze oder vielmehr ihre Auslegung nicht ausreichten, um Menschen zu schützen, die hilflos der Willkür anderer ausgeliefert waren, dann müsste damit auch eine Reaktion der Opfer legitimiert sein. Aus diesem für Tabori eher steinzeitlichen »Auge-um-Auge-Denken« leitete Lisa weiterhin die klare Erwartung ab, dass die Exekutive, sprich die Polizei – oder zumindest ihre wenigen »denkenden« Vertreter wie Tabori oder eben auch Lepcke – durchaus so weit gehen sollte, im entsprechenden Fall jemanden wider besseres Wissen ohne Strafe davonkommen zu lassen.

Der Hintergrund war klar, Lisa hatte noch lange nicht mit dem so völlig sinnlosen Mord an ihrem Bruder abgeschlossen. Wenn sie die Chance gehabt hätte, den Täter aufzuspüren, wollte Tabori nicht die Hand dafür ins Feuer legen, dass sie die Bestrafung dem Justizapparat überlassen hätte.

»Lass mich noch mal mein Hauptargument anführen«, sagte Tabori. »Die beiden Anwärterinnen stehen ohnehin unter Verdacht, genauso wie der Rest der Gruppe, egal was nun mit ihrem Alibi ist. Wenn du nicht mit ihnen redest, wird Lepcke sie schlicht und einfach vorladen und durch die Verhörmühle drehen. Und du weißt, was das bedeutet. Aber jetzt geht es erstmal um die Entführung. Willst du wirklich riskieren, dass es noch ein weiteres Opfer gibt, obwohl vielleicht noch eine Chance besteht, wenigstens das halbwegs glücklich zu beenden? Sollte das deine Haltung nicht ändern?«

Lisas Antwort war zunächst eher indirekt.

»Was ich nicht verstehe«, sagte sie, »ist, wieso du immer noch ausschließlich denkst wie ein Polizist! Können zwanzig Jahre Beruf einen Menschen tatsächlich so prägen, dass er nicht mehr aus seiner Haut kann?«

»Zweiundzwanzig Jahre«, sagte Tabori. »Und: Ja, können sie. Oder es gibt irgendein Gen, das mich so handeln lässt, ohne dass ich es beeinflussen kann.«

»Ein Mann muss tun, was ein Mann tun muss?«, fragte Lisa spöttisch.

»So in etwa.«

»Unter einer Bedingung«, sagte Lisa. »Wenn ich das Gefühl habe, dass da irgendwas kommt, was für sie gefährlich werden könnte, breche ich das Gespräch ab. Und ich werde nichts über den Mord an Respekt rauszufinden versuchen, sondern mich auf Damaschke konzentrieren.«

»Damit kann ich leben«, nickte Tabori.

Sie verabredeten, dass Lisa die beiden Anwärterinnen auf die Terrasse im Strandbad am Maschsee einladen würde, das nicht weit vom Friedhof entfernt war. Direkt neben den Tischen des Restaurants waren Strandkörbe zum Sonnen aufgestellt. Wenn es nicht zu voll sein würde, müsste Tabori aus einem Strandkorb heraus ihrem Gespräch folgen können, ohne selber in Erscheinung zu treten.

Tabori hatte keine Ahnung, dass Lisa nicht mit offenen Karten spielte.

17

In der schmalen Kopfsteinpflasterstraße vor dem altehrwürdigen Engesohder Friedhof standen bereits dicht an dicht die Polizeiwagen, direkt vor Tabori eskortierten zwei Motorräder einen schwarzen Phaeton, der neue Polizeipräsident würde also höchstpersönlich an der Trauerfeier teilnehmen. Kopfschüttelnd beobachtete Tabori, dass nicht wenige seiner ehemaligen Kollegen Haltung annahmen und grüßend die Hand zur Mütze hoben, als der Phaeton an ihnen vorüberschlich. Lisa musste es auch gesehen haben, verzichtete aber auf einen Kommentar.

Tabori fummelte seine Sonnenbrille aus dem Handschuhfach, es war nicht nötig, dass ihn jemand erkannte, dennoch zeigte ihm Carlos grinsend das Peacezeichen, als sie den flammenbemalten VW-Bus passierten. Zum ersten Mal registrierte Tabori, dass der Bus als Kennzeichen die Buchstabenkombination H-PW hatte, er war sich sicher, dass das nur auf Carlos' und Ulrikes Mist gewachsen sein konnte, nicht mal die Leute von der zentralen Fahrzeugausgabe würden so bescheuert sein, einen Zivilwagen als »Polizeiwagen« zu kennzeichnen.

Ein paar Meter vor dem Haupteingang hielt Tabori an und ließ Lisa aussteigen. In ihrem schwarzen Kostüm wirkte sie seltsam seriös, sie hatte deutlich Mühe, auf den hochhackigen Schuhen über das unebene Pflaster zu kommen. Tabori fand dennoch, dass ihr die Verkleidung ausgesprochen gut stand. Vielleicht sollten sie abends mal zusammen ins Theater oder ins Varieté gehen, er war lange mit keiner Frau mehr ausgegangen, die unweigerlich die Blicke auf sich zog, er war eigentlich mit gar keiner Frau mehr unterwegs gewesen. Ich werde sie fragen, wenn wir den Fall hinter uns haben, dachte er. Aber Lepcke will ich nicht dabei haben, nur sie und ich, und vielleicht nehmen wir dann noch einen Absacker in Harry's Bar in der alten Pelikan-Fabrik, da wollte ich immer schon mal hin, auch wenn mir das Publikum wahrscheinlich auf den Wecker geht, aber mit Lisa könnte es Spaß machen …

Er wendete und fuhr zurück, diesmal war es Ulrike, die ihm heimlich zuwinkte, Lepcke konnte er nirgends entdecken. Für einen kurzen Moment überlegte er, ob er den Wagen parken und einen Spaziergang über den Friedhof machen sollte, während die anderen auf der Trauerfeier waren. Auf der Engesohde lag so gut wie alles begraben, was in Hannover jemals Rang und Namen gehabt hatte, früher war Tabori oft hier gewesen und zwischen den Grüften und steinernen Engeln umhergewandert. Am besten hatte ihm jedes Mal der unerwartet schlichte Grabstein von Kurt Schwitters gefallen, der auf der Rückseite die Inschrift trug: »Man kann nie wissen.« Irgendwie hatte er immer gefunden, dass dieses Motto sich auch perfekt als Leitsatz für die polizeiliche Ermittlungsarbeit eignen würde. Wenn ich jemals Kinder gehabt hätte, dachte er, hätte ich sie mit dem Kinderwagen so oft wie möglich über die sorgsam geharkten Parkwege geschoben, der Friedhof war wie eine Insel im großstädtischen Lärm.

Als ihm ein Ford mit Magdeburger Kennzeichen die letzte freie Parklücke wegschnappte, gab er Gas und bog hinter der Brauerei nach links zum Maschsee ab. Der Maschsee war zweifellos eine Attraktion, mit der Hannover punkten konnte. Wenn auch unter wenig glücklichen Umständen vom »Arbeitsdienst« im Dritten Reich angelegt, vermittelte die fast drei Kilometer lange Wasserfläche mitten in der Stadt so etwas wie weltstädtisches Flair. Als Kind war Tabori hier am Wochenende Tretboot gefahren, im Winter hatte er auf dem zugefrorenen See Schlittschuhlaufen gelernt. Einmal, viel später, Tabori war längst bei der Kriminalpolizei, hatten Schüler der nahe gelegenen Waldorfschule eine unbekleidete Frauenleiche unter der schimmernden Eisfläche entdeckt, die Frau war nie identifiziert worden, der Fall nie gelöst. Mit der anderen Maschsee-Leiche hatte Lisa zu tun gehabt, als sie mit ihren Hunden zur Suche angefordert worden war und die Hunde schon nach kurzer Zeit am Zulauf der Leine, die den See mit Frischwasser versorgte, die Fundstelle anzeigten. Polizeitaucher hatten aus mehreren Metern Tiefe vor dem Absperrgitter die Leiche des vermissten Kindes geborgen, das beim Spielen einige Kilometer oberhalb des Flusses von der Uferböschung gerutscht und abgetrieben worden war. Der Fall hatte damals für viel Aufsehen gesorgt, weil nicht auszuschließen gewesen war, dass nicht die Spielkameraden das Mädchen in den Fluss gestoßen hatten, »um ihr Schwimmen beizubringen«, wie ein beteiligter Junge bei der ersten Vernehmung erzählt, dann aber später widerrufen hatte. Dass das Mädchen aufgrund seiner türkischen Herkunft schon häufiger misshandelt worden war, hatte die Sache nicht besser gemacht.

In Höhe der Waldorfschule überquerte ein junger Mann die Straße, der zwar ein womöglich selbst gebautes hölzernes Kajak zum See trug, aber ansonsten aussah wie jeder andere Electro-Music begeisterte Jugendliche seines Alters auch, auf seinem T-Shirt stand in neonbunten Buchstaben zu lesen: FRAUEN SIND ZUM POPPEN DA.

Tabori erinnerte sich, dass John Kay, der spätere Sänger von Steppenwolf, in den Sechziger Jahren Schüler des hannoverschen Gymnasiums gewesen war. Wie Kays damals noch deutscher Name war, wollte ihm beim besten Willen nicht mehr einfallen, aber eigentlich spielte es auch keine Rolle, dachte er, die Zeiten haben sich geändert. »Born to be wild« ist längst durch Mario Barth ersetzt, das ist bitter, aber wahr.

Kurz vor der Zufahrt zum Parkplatz am Strandbad musste er noch mal anhalten, zwei Streifenpolizisten hatten die Fahrbahn gesperrt, um einer Entenfamilie den watschelnden Übergang über die Straße zu ermöglichen.

Die Enten ließen sich alle Zeit der Welt, der Fahrer hinter Tabori hupte ungeduldig, eine ältere Frau auf dem Fußweg fing augenblicklich an, ihn lautstark zu beschimpfen und drohte ihm mit ihrem Regenschirm, der Fahrer brüllte irgendetwas Unflätiges zurück, die Polizisten grinsten, ohne sich einzumischen. Als auch das letzte Entenküken den Bordstein hinaufgehüpft war, gaben sie die Straße wieder frei. Tabori hatte noch viel Zeit, Lisa konnte frühestens in einer Stunde mit den Anwärterinnen auftauchen. Wenn es ihr denn überhaupt gelingen würde, sie zu überreden.

Tabori suchte sich einen Parkplatz im Schatten einer Kastanie. Aus einer spontanen Idee heraus nahm er das Handy und rief die Nummer seiner Ex-Frau auf. Die, mit der er gerne die Kinder gehabt hätte, die er dann über den Engesohder Friedhof hätte schieben können. Und mit der er das letzte Mal kurz nach Ostern telefoniert hatte, um ihr zu erzählen, dass er jetzt kein Polizist mehr war. Was sie ohne weiteren Kommentar zur Kenntnis genommen hatte, obwohl es genau der Beruf gewesen war, der zu ihrer Trennung geführt hatte. Während es klingelte, trommelte Tabori nervös auf dem Lenkrad. Er wusste nicht, was der Anruf überhaupt sollte, vielleicht wollte er sich unbewusst an Lisa rächen, für ihre Affäre mit Lepcke. Sie hat Schuld, dachte er, wenn ich mich gleich zum Affen mache. Seine Ex-Frau meldete sich, als er gerade auflegen wollte.

»Ich bin's«, sagte Tabori. »Ich wollte nur mal hören …«

Sabine erzählte ihm, dass man ihr eine Stelle in London angeboten hatte, die sie auch annehmen würde. Tabori wünschte ihr viel Glück, obwohl er noch nicht mal fragte, um was für einen Job es überhaupt ging. Dann erwähnte er noch, dass es in Hannover die ganze Nacht geregnet habe, jetzt aber wieder die Sonne scheinen würde und es schwül und drückend sei. In München war schönes Spätsommerwetter, berichtete Sabine. Sie würde heute noch mit dem Hund einen langen Spaziergang im Englischen Garten machen. Mehr hatten sie sich nicht zu sagen. Tabori vergaß zu fragen, seit wann sie eigentlich einen Hund hätte.

Er schloss den Wagen ab und ging durch das Restaurant auf die Sonnenterrasse hinaus. Der See funkelte im grellen Licht, Tabori kniff die Augen zusammen. Das Café war nur mäßig besucht, die Preise waren zu teuer für die üblichen Badegäste geworden, seit ein Zwei-Sterne-Koch die Restauration übernommen hatte.

Er fand ohne Mühe einen leeren Strandkorb, die Tische in der Nähe waren unbesetzt und würden es hoffentlich bleiben. Er bestellte einen doppelten Espresso, den er sich aufhob, bis er fast kalt war und so bitter schmeckte, dass es ihm den Gaumen zusammenzog. Als Lisa mit den beiden Anwärterinnen ankam, war er kurz davor einzunicken.

Er hörte, wie sie ihre Bestellungen aufgaben. Lisa erzählte von der Wassersuche mit ihren Hunden, als sie die Kinderleiche aus dem See geborgen hatten. Tabori versuchte, die Stimmen der beiden Anwärterinnen den Gesichtern zuzuordnen, die er von seinem eigenen Gespräch mit ihnen noch im Kopf hatte. Die tiefe Stimme mit dem leichten Akzent gehörte zu der Dunkelhaarigen, Güngör, die andere Stimme musste also die Frau mit dem Nasenpiercing sein. Janin. An den Nachnamen konnte er sich nicht mehr erinnern.

»Ich weiß überhaupt nicht, warum wir jetzt hier mit hergekommen sind«, sagte Güngör in Lisas Geschichte hinein. »Was willst du überhaupt von uns? Du hast uns doch bestimmt nicht zum Eis eingeladen, um ein paar Hundegeschichten auszutauschen.«

Lisa zögerte einen Moment, bevor sie antwortete. Aber sie duzen sich, dachte Tabori, das ist schon mal ein Anfang. Sie akzeptieren Lisa also zumindest als eine Art Kollegin, was die Hunde angeht.

»Ich denke, ihr seid hier, weil ihr neugierig seid«, kam es jetzt von Lisa. »Oder eher nervös. Weil ihr nicht wisst, ob es irgendwas gibt, was euch reinreiten könnte. Und ihr hofft, dass ich vielleicht ein paar Informationen habe, die euch nützen können.«

»Wovon redest du?«, sagte Janin ganz ruhig. »Ich habe keine Ahnung, was du meinst.«

»Und überhaupt müssen wir uns das nicht bieten lassen, oder?«, regte sich Güngör wieder auf. »Wir haben alles gesagt, was wir wissen. Außerdem gehörst du nicht zu uns, also geht dich das Ganze auch gar nichts an. Wenn du uns wegen irgendwas verdächtigst, bist du auf dem Holzweg, wir haben nichts damit zu tun.«

»Womit?«, kam es prompt von Lisa.

»Mit ... mit dem Mord an ...«

»Darfst du das überhaupt?«, mischte sich Janin wieder ein. »Ich meine, uns hierher bringen und irgendwelche komischen Fragen stellen?«

»Ihr seid freiwillig hier. Ihr könnt jederzeit wieder gehen, wenn ihr wollt.«

Einen Moment lang sagte keiner etwas.

Die Bedienung kam und brachte die Eisbecher.

»Okay«, sagte Lisa, »da ihr immer noch hier seid, versuche ich vielleicht mal, ein paar Sachen klarzustellen.« Als sie weitersprach, zuckte Tabori unwillkürlich zusammen. »Erstens, ich kenne Respekt, oder vielmehr ich kannte ihn. Er war ein ausgemachtes Dreckschwein, darüber müssen wir nicht reden. Wer immer ihn umgebracht hat, hat wahrscheinlich allen anderen einen großen Dienst erwiesen ...«

Janin reagierte als Erste.

»Versuchst du, uns einzuwickeln? Das läuft nicht, wir waren es nicht, wir haben ein Alibi.«

»Interessiert mich nicht«, sagte Lisa. »Wie ihr ganz richtig festgestellt habt, gehöre ich nicht zur Polizei. Und solange die euch euer Alibi abkauft, habt ihr ja ohnehin nichts zu befürchten.« Ihr nächster Satz ließ Tabori so heftig Luft holen, dass er sich an seiner eigenen Spucke verschluckte. Er hatte Mühe, einen Hustenanfall zu unterdrücken, zum Glück setzten im gleichen Moment zwei Möwen zum kreischenden Sturzflug auf die Terrasse an. »Aber zufällig schlafe ich gerade mit einem

Polizisten, der an dem Fall dran ist«, sagte Lisa. »Und es wäre verdammt gut für euch, wenn ihr beweisen könntet, dass ihr mit der Entführung von Damaschke nichts zu tun habt. Nur damit wir uns richtig verstehen: Solltet ihr da mit drinhängen und sollte er überhaupt noch am Leben sein, dann redet gefälligst. Und zwar jetzt, bevor es zu spät ist. Mit einem zweiten Polizistenmord kommt ihr nicht durch, keine Chance.«

Tabori hörte, wie eine der beiden Anwärterinnen ein Feuerzeug aufschnappen ließ. Zigarettenrauch wehte zum Strandkorb hinüber.

»Du spinnst komplett«, sagte Janin, aber ihre Stimme klang deutlich verunsichert.

Güngör hustete. Sie ist also diejenige, die raucht, dachte Tabori. Und: Wieso setzen sie sich nicht zur Wehr? Wieso erklären sie nicht, dass sie mit Damaschkes Entführung nichts zu tun haben? Weil sie ihn tatsächlich entführt haben. Genauso wie Respekt. Und auch Damaschke ist längst tot. Gefoltert und ermordet. Und die beiden Täterinnen sitzen keine zwei Meter von mir entfernt …

»He«, kam es jetzt von Güngör. »Das ist Kacke, was du da redest. Wir wissen nichts von Damaschke.«

Zu spät, dachte Tabori.

Lisa schwieg.

»Wir haben selber schon überlegt, wer es gewesen sein könnte«, sagte Janin. »Aber keine Ahnung, wir wissen es nicht.«

»Wir waren es jedenfalls nicht«, setzte Güngör noch mal hinzu. »Dafür könnt ihr uns nicht rankriegen, das läuft nicht.«

»Okay«, sagte Lisa. »Das wollte ich nur wissen. Dann ist ja alles prima.«

Sie rief nach der Bedienung, um zu zahlen.

Tabori hörte, wie die Anwärterinnen offensichtlich gleichzeitig ihre Stühle zurückschoben.

»Als Damaschke entführt worden ist, waren wir mit den Hunden auf dem Trainingsplatz«, sagte Janin. »Der Ausbilder, der für Respekt eingesprungen ist, hat alles auf Video aufgezeichnet, damit wir später darüber reden können. Und alles mit Datum und Uhrzeit. Kannst du deinem Lover sagen.«

»Alles klar«, meinte Lisa. »Tut mir leid, wenn ich euch genervt habe.«

Die Bedienung kam. Lisa zahlte. Die Anwärterinnen mussten gegangen sein, ohne sich zu verabschieden. Als Tabori sich aus dem Strandkorb beugte, sah er sie gerade noch im Restaurant verschwinden. Sie trugen beide ihre Uniformen.

Lisa kam zu ihm und setzte sich wortlos neben ihn auf das rotweiß gestreifte Polster. Als Tabori sich eine Zigarette ansteckte, wedelte sie den Qualm mit der Hand zur Seite.

»Deine Vernehmungstechnik ist ein bisschen gewöhnungsbedürftig«, konnte Tabori es nicht lassen anzumerken.

Lisa zuckte mit den Schultern und strich sich eine Strähne aus dem Gesicht. Ein leichter Wind war aufgekommen, kleine Wellen kräuselten sich auf der Wasserfläche vor ihnen.

»Erstens«, sagte Lisa, »sie lügen, was Respekt angeht. Ich habe ihre Augen gesehen, irgendwas stimmt da nicht, egal wie perfekt ihr Alibi ist. Zumindest wissen sie irgendwas.« Sie hob die Hand, als Tabori etwas erwidern wollte. »Zweitens, mit der Damaschke-Sache haben sie nichts zu tun, da bin ich mir sicher. Nicht nur wegen des Videos, das es angeblich gibt ...«

»Aber entschuldige«, brachte Tabori an, »allein die Pause hat schon gereicht, bevor sie auf deine indirekte Anschuldigung reagiert haben, hast du das nicht gemerkt? Du hast sie kalt erwischt, sie waren nicht darauf vorbereitet, mit der Entführung konfrontiert zu werden.«

»Falsch. Oder nein, richtig, sie waren nicht darauf vorbereitet, stimmt, aber der Grund, dass sie gezögert haben, war ein anderer. Ich glaube, sie sind selber irritiert über Damaschkes Verschwinden! Was immer es vielleicht für einen Plan gegeben hat, mit dem sie irgendwie zu tun hatten, Damaschkes Entführung gehörte jedenfalls nicht dazu.«

Tabori schüttelte den Kopf.

»Das sehe ich anders.«

Sein Handy klingelte. Lepcke. Er musste im Auto sitzen, Tabori hörte deutlich die Fahrgeräusche.

»Das Spiel geht weiter. Ich hab gerade einen Anruf aus Bennemühlen gekriegt. Während wir alle auf der Trauerfeier waren, ist Damaschkes Hund verschwunden! Aus dem Zwinger raus! Das Schloss ist aufgeknackt, der Hund ist weg. Gesehen hat niemand was. War ja auch nur eine Notbesetzung da.«

Tabori reagierte, ohne zu zögern.

»Hat schon jemand überprüft, ob Damaschkes Motorrad noch da ist?«

Lepcke lachte.

»Nicht schlecht, war auch meine erste Idee. Damaschke ist am Leben und holt sich höchstpersönlich seinen geliebten Hund und die geliebte Maschine. Aber ich muss dich enttäuschen. Nein, das Motorrad ist noch da.«

Einen Tag später war die Beerdigung von Anna Koschinski. Die Staatsanwaltschaft hatte den Leichnam freigegeben,

Lepcke hatte die klare Anweisung bekommen, den Fall als »Selbstmord aus persönlichen Gründen« zu den Akten zu legen und jegliche weiteren Nachforschungen unverzüglich einzustellen.

18

Lepcke waren zwei neue Mitarbeiter zugeteilt worden, um die Suche nach Damaschke voranzutreiben und den Mörder von Respekt zu finden, wobei man davon ausging – so hatte es jedenfalls der Polizeipräsident auf einer kurzen Pressekonferenz formuliert –, dass der oder die Täter identisch und womöglich im links-autonomen Milieu zu suchen waren: »Wir konzentrieren uns momentan auf verschiedene linksradikale Gruppierungen, die sich zum Ziel gesetzt haben, unsere freiheitlich-demokratische Grundordnung zu zerstören und dabei in ihrem blindwütigen Hass auf den Polizeiapparat auch vor tätlichen Angriffen nicht zurückschrecken, wie unsere Erfahrungen im letzten Jahr deutlich gezeigt haben.«

Die Erfahrungen bezogen sich auf einen Brandanschlag in einem Polizeikommissariat, der Anschlag hatte sich dann allerdings als ein defekter Wasserkocher herausgestellt, der in der Kaffeeküche explodiert war. Aber zumindest hatte der niedersächsische Innenminister die Polizeikräfte zur Überwachung vor allem subversiver Personenkreise verstärkt, und somit hatten die wenigen »linken« Studenten in Hannover jetzt das zweifelhafte Vergnügen, mit Personenkontrollen und Hausdurchsuchungen konfrontiert zu sein.

Lepckes neue Mitarbeiter waren ausgerechnet Carlos und Ulrike, was allerdings einer gewissen Logik im polizeilichen Führungsapparat durchaus entsprach: Beide galten schließlich als intime Kenner der Szene. Lepcke war mit der Ent-

184

scheidung nicht glücklich, Tabori hatte sich am letzten Abend vergeblich bemüht, ihn zu überzeugen, dass es ihn schlimmer hätte treffen können. Gerade Carlos und Ulrike konnten ihm den Freiraum verschaffen, den er brauchte, um die fehlenden Puzzleteile zusammenzusetzen.

Unterm Strich saßen Tabori und Lepcke jetzt im gleichen Boot: Der eine konnte nicht offen ermitteln, weil er den Dienst quittiert hatte, der andere durfte nicht, weil man ihn zurückgepfiffen hatte. Umso mehr waren sie beide von der Idee besessen, den Fall jetzt erst recht zu lösen. Wir gegen den Rest der Welt, dachte Tabori und musste unwillkürlich grinsen, als ihm dabei irgendeiner der Filme einfiel, von denen Lisa neulich noch gesprochen hatte – der Privatdetektiv und sein einziger Freund, der Bulle, die gemeinsam im Dreck stochern, regelmäßig eins auf die Fresse kriegen und jeden Morgen aufs Neue erstmal ihren Kater mit einem ordentlichen Schluck Whiskey bekämpfen müssen.

Ein Whiskey wäre nicht schlecht, dachte er immer noch grinsend, begnügte sich dann aber zwangsläufig mit einer neuen Zigarette, die er auf dem lockeren Kies wieder austrat, kaum dass er sie angezündet hatte – die Trauergesellschaft kam als kleine Gruppe über den Weg zur Kapelle, Tabori beeilte sich, um nicht den Anschluss zu verpassen.

Die Beerdigung fand auf dem Bothfelder Friedhof statt, einer eher belanglosen Anlage mit langen Reihen schmuckloser Grabsteine vor allem aus den Fünfziger Jahren. Allein durch das Alter der Bäume und Rhododendronbüsche hatte der Friedhof im Laufe der Jahrzehnte ein wenig Parkatmosphäre bekommen. Wenn Tabori sich recht erinnerte, musste hier irgendwo das Grab von Benno Ohnesorg sein, jenem Studenten, der 1967 in Berlin von einem Polizisten auf offener Straße niedergeschossen worden war.

Sein Tod hatte den Studentenunruhen neue Nahrung gegeben, auch Bader und Meinhof bezogen sich mehrmals auf das sinnlose Opfer von Polizeiwillkür. Und der bis dato völlig unbekannte Ohnesorg hatte es immerhin geschafft, selbst die hannoversche Provinz zu politisieren. Tabori bezweifelte, ob die Mehrzahl der Trauergäste vor ihm den Namen Benno Ohnesorg jemals gehört hatte.

Viele waren nicht gekommen, ein paar Uniformen, wahrscheinlich Kollegen aus der Ausbildung, ein älteres Ehepaar, zweifellos die Eltern, er sehr gerade, sie vor Schmerz gekrümmt an seinem Arm, das Gesicht tränenüberströmt.

Auch Carlos und Ulrike waren da, beide trugen dunkle Kleidung und wirkten seltsam deplatziert. Tabori quetschte sich in die Bankreihe hinter Güngör und Janin, Lisa saß ganz hinten am äußersten Rand. Sie trug wieder das schwarze Kostüm, diesmal mit einer Halskette aus hell schimmernden Perlen, die Tabori noch nie zuvor an ihr gesehen hatte. Sie hatten verabredet, so zu tun, als würden sie sich nur flüchtig kennen, deshalb waren sie auch nicht zusammen gekommen. Tabori nickte ihr kurz zu, Lisa nickte zurück. Kurz bevor der Pastor neben den Sarg trat, huschte Lepcke in die Kapelle, Tabori sah, dass er einen dünnen Schnellhefter bei sich trug. Güngör und Janin drehten sich nervös um, dann steckten sie die Köpfe zusammen und flüsterten miteinander.

Die Predigt bestand aus Allgemeinplätzen und war wenig persönlich, der Pastor – Tabori schätzte ihn trotz seiner fast vollständigen Glatze auf höchstens Anfang dreißig – schwitzte stark und verhedderte sich mehrmals selbst bei einfachsten

Sätzen. Das Orgelspiel kam von einem CD-Player. Als der Pastor das Schlussgebet mit den Worten einleitete »So lasset uns für eine arme Seele beten, die in ihrer unsäglichen Verzweiflung nur den Tod als Lösung sah«, zischte Güngör: »Vielleicht sollte er lieber mal sagen, warum sie es getan hat!«

Die anschließende Grablegung dauerte kaum zehn Minuten und endete mit dem missglückten Versuch des Pastors, ein gemeinsames Lied anzustimmen. Wenn es für mich irgendwann so weit ist, dachte Tabori, dann will ich eine Rockband, die etwas spielt. Nichts Trauriges, sondern ein letzter Gruß für den Weg ins Nirgendwo, »Supersonic Rocket Ship« von den Kinks vielleicht, das würde passen.

Er reihte sich als Letzter in die Schlange der Kondolierenden ein. Warum Annas Vater ihn dann unvermittelt am Arm packte und auf ihn einzureden begann, konnte er sich nicht erklären. Vielleicht brauchte er nur jemanden, der ihm zuhörte.

»Ich habe nie gewollt, dass sie zur Polizei geht«, sagte er, während er Taboris Ellbogen schmerzhaft umklammert hielt. »Ich war selber bei dem Verein, lange genug, Polizeiobermeister zum Schluss, und ich war immer der Meinung, dass du als Polizist für die Schwächeren einstehen musst, für die, um die sich sonst keiner kümmert, die brauchen nämlich deine Hilfe! Aber das scheint heute keiner mehr zu begreifen, ich weiß nicht, was das für Leute sind, die jetzt in diesen Beruf gehen, zum Schluss war es so, dass ich die jungen Kollegen lieber draußen im Wagen gelassen habe, wenn wir wegen einer Kneipenschlägerei gerufen wurden, bevor da einer mit gezogener Waffe durch die Tür stürmt und hinterher Anzeigen wegen gefährlicher Körperverletzung schreibt, nur weil ihm vielleicht jemand sein Bier über die Schuhe gekippt hat! Das kann man alles anders lösen, manchmal hilft es, einfach nur zu reden, verstehen Sie, was ich meine?«

Tabori nickte und rieb sich verstohlen den Ellbogen, den Annas Vater jetzt endlich losgelassen hatte.

»Und deshalb wollten Sie auch nicht, dass Ihre Tochter ...«

»Ich habe mit Engelszungen auf sie eingeredet. Ich habe ihr gesagt, dass der Beruf nichts mehr mit alldem zu tun hat, weshalb ich vierzig Jahre lang dabei war. Als ich anfing, gab es noch Polizisten, die Haare bis über den Hemdkragen hatten und nicht einfach nur aussahen wie der Kampftrupp irgendeines Söldnerheeres. Und wir waren auch durchaus in der Lage, unseren eigenen Kopf zu benutzen, so wie die Motorradstaffel, die bei der Rote-Punkt-Aktion 1968 geschlossen den Einsatz verweigert hat, weil die Kollegen fanden, dass die Demonstrationen gegen die Fahrpreiserhöhungen ja völlig gerechtfertigt waren! Ich bin dann später sogar noch den Kritischen beigetreten, viel später allerdings erst, als schon klar war, wie sich der Apparat veränderte, aber ich wollte ...«

»Das will doch aber niemand wissen, Rüdiger«, unterbrach ihn seine Frau, »hör auf mit den alten Geschichten, das hilft jetzt auch nicht mehr.«

»Ich höre gerne zu«, sagte Tabori ganz ruhig. »Es interessiert mich, wirklich«. Er drehte sich wieder zu Annas Vater. »Sie waren bei den kritischen Polizisten?«

»Bundesarbeitsgemeinschaft kritischer Polizistinnen und Polizisten, kurz BAG, ja, ich war dabei und ich bin es immer noch. Nach meinem Beitritt haben sie mich ziemlich schnell in den Vorruhestand versetzt, angeblich wegen Umstrukturierungsmaßnahmen, wer's glaubt, wird selig! Aber bei den Kritischen bin ich trotzdem geblieben ...«

Annas Vater blickte Tabori an, als hätte er plötzlich den Faden verloren, sein Gesicht schien vor Kummer wie erstarrt.

»Zum Schluss habe ich es ihr glattweg verboten! Aber sie hatte immer ihren eigenen Kopf. Ich konnte nichts machen.«

»Sie wollte mit den Hunden arbeiten, deshalb ist sie hingegangen«, warf seine Frau ein, während sie sich mit dem Handrücken die Tränen aus den Augen wischte. »Sie hat schon als kleines Kind immer alles angeschleppt, was kein Zuhause hatte. Streunende Katzen und ... und einmal einen Vogel, der aus dem Nest gefallen war, weißt du noch?«

»Sie wollte helfen«, erklärte ihr Vater, ohne auf seine Frau einzugehen. »Sie wollte dem Vorbild ihres Vaters nacheifern, eine gute Polizistin werden, und ich habe es nicht geschafft, sie davon abzuhalten.«

»Sie können nichts dazu«, sagte Tabori in dem hilflosen Versuch, Trost zu spenden.

»Aber weshalb war sie so verzweifelt, dass sie nicht mit uns geredet hat? Was ist da passiert? Was haben die mit ihr gemacht?«

Seine Frau schluchzte auf und verbarg ihr Gesicht hinter einem Taschentuch.

Spontan beugte Tabori sich vor und nahm Annas Vater in den Arm. Dann streichelte er der Mutter über die Schulter.

»Ich ...«, setzte er an. Ich werde versuchen rauszukriegen, was wirklich passiert ist, wollte er sagen. Aber der Vater unterbrach ihn.

»Gehören Sie eigentlich auch dazu?«

Es schien, als würde er Tabori zum ersten Mal wirklich ansehen. Sein Blick wurde starr. »Moment mal, Sie sind doch der … Natürlich, über Sie war mal was in der Zeitung! Anna hat es uns gezeigt. Ich weiß noch, dass sie gesagt hat: Ich glaube, das ist ein Polizist, dem man vertrauen kann, oder so was in der Art. Dass Sie sich nicht verbiegen lassen würden von den Bürohengsten, sondern Ihre Arbeit so machen, wie Sie es für richtig halten. Sie waren da in irgendeinen Fall verwickelt, aber ich weiß nicht mehr, worum es ging. Auf jeden Fall waren Sie doch so was wie eine richtig große Nummer bei uns!«

»Keine große Nummer«, sagte Tabori. »Ich hatte nur ein gutes Team.«

»Das war es, wovon unsere Tochter immer geträumt hat. In einem Team zu arbeiten, mit Leuten wie Ihnen.«

Wieder blickte er Tabori an, als würde er erst jetzt die Zusammenhänge sehen.

»Heißt das, Sie sind jetzt auch mit dem Mord an diesem Ausbilder beschäftigt oder … Sie haben gerade gesagt, Sie hatten ein gutes Team, aber jetzt?«

»Ich bin nicht mehr dabei«, sagte Tabori.

Aus den Augenwinkeln sah er Lepcke, der mit Carlos und Ulrike zusammenstand und winkte, dass Tabori kommen sollte.

Lisa war verschwunden, oder zumindest konnte Tabori sie nirgends entdecken.

»Tut mir leid«, sagte er zu Annas Eltern, »die Kollegen wollen irgendwas von mir. Die Ex-Kollegen. Aber ich würde mich gerne bei Gelegenheit noch mal länger mit Ihnen unterhalten, wenn ich darf. Es interessiert mich, was Sie zu erzählen haben.«

»Nicht mehr dabei«, murmelte Annas Vater, als hätte er

190

die Information erst jetzt wirklich verarbeitet. »Das klingt so, als ob Sie mir auch was zu erzählen hätten. – Ja, es wäre schön, wenn Sie uns besuchen würden, warten Sie, ich gebe Ihnen meine Karte.« Er zog eine Visitenkarte aus seinem Portemonnaie. »Hat mir Anna letztes Jahr zu Weihnachten geschenkt, hat sie selber entworfen, am Computer. Anna hat gerne irgendwelche selbst gebastelten Sachen an uns verschenkt.«

Bei der Erwähnung von Anna fing ihre Mutter wieder an zu schluchzen. Annas Vater zog sie an sich und nickte Tabori zu.

Tabori schob die Karte in die Innentasche seiner Lederjacke.

»Ich melde mich«, versprach er leise, bevor er zu Lepcke hinüberging.

»Es gibt Neuigkeiten«, begrüßte ihn Lepcke. Sein Gesicht war nahezu ausdruckslos.

Tabori schüttelte Carlos und Ulrike die Hand, dann blickte er Lepcke an: »Also los, ich höre!«

»Ich war noch bei Bohnenkamp, deshalb bin ich so spät gekommen. Es sieht so aus, als wäre Anna Koschinski tatsächlich schon tot gewesen, als sie auf den Gleisen aufschlug. Und zwar seit mindestens 24 Stunden! Bohnenkamp hat sich bedeckt damit gehalten, was nun genau die eigentliche Todesursache war. Wahrscheinlich Genickbruch, entweder durch einen Sturz, möglicherweise aber auch durch gezielte Gewaltanwendung von jemandem, der weiß, wie man Leute mit bloßen Händen umbringt.«

»Das hat er dir gesagt? Bohnenkamp, meine ich.«

»Das habe ich aus ihm rausgeholt, wie, braucht dich nicht

zu interessieren. In seinem Bericht steht jedenfalls nichts davon.«

»Aber das ist das entscheidende Indiz, das uns noch fehlte! Damit ist die Sache doch endgültig klar …«

»Ist sie eben nicht. Bohnenkamp versteckt sich dahinter, dass es ja die Weisung von oben gibt, den Fall als abgeschlossen zu behandeln. Selbstmord aus persönlichen Gründen.«

»Das kann doch nicht wahr sein! Damit ist eindeutig bewiesen …«

»Die Leiche war in einem Zustand, der keine eindeutigen Schlüsse erlaubt. Zumindest nicht nach Bohnenkamps Erklärung. – Aber es geht noch weiter, hier!«

Lepcke blätterte den Schnellhefter auf. »Ich habe jetzt auch endlich den Bericht zu Respekt gekriegt. Und jetzt halt dich fest: Er ist nicht aufgrund der Folterungen gestorben, jedenfalls nicht ursächlich, er hat ganz einfach einen hypoglykämischen Schock gehabt.«

Tabori zog die Augenbrauen zusammen. Er kannte den Begriff, brauchte aber einen Moment, um ihn einzuordnen. Gleichzeitig erinnerte er sich an den vagen Geruch nach Alkohol, den er bei dem Leichnam bemerkt hatte.

»Respekt war zuckerkrank?«

Lepcke nickte.

»Hypoglykämischer Schock«, wiederholte er, »Zuckerschock. Schwere Unterzuckerung«, las er aus seinen Notizen ab, »oft wegen ausgefallener Mahlzeiten oder außergewöhnlich langer und extremer körperlicher Anstrengung. Es kommt zu übermäßiger Insulinzufuhr, in Folge davon dann Herzrasen, Schwindel, Übelkeit mit Erbrechen, möglicherweise auch Heißhunger oder Durst. Traubenzucker kann helfen, wenn der Patient noch rechtzeitig reagieren kann, sonst tritt schnell Bewusstlosigkeit ein, die – wie in unserem Fall – zum Tode führen kann.«

Er blickte auf.

»Wer immer ihn also gefoltert hat, hat seinen Tod nicht unbedingt beabsichtigt.«

»Das ist interessant, hilft uns aber im Moment nicht weiter, oder? Es ändert nichts daran, dass er gefoltert worden ist.«

»Wir sind noch nicht fertig«, sagte Lepcke. Er nickte Ulrike zu. »Du bist dran.«

»Ich hab mal ein bisschen im Netz rumgesucht, ob ich irgendwas über Respekt finde. Heute glaubt ja jeder, dass er sich im Netz ausbreiten muss, und Respekt war da keine Ausnahme. Ich habe ihn bei Facebook gefunden, er verbreitet sich da sehr ausführlich über spezielle Methoden bei der Hundeausbildung, aber wirklich interessant ist eigentlich das hier ...« Ulrike hielt Tabori eine kopierte Liste hin und tippte mit dem Finger auf eine lange Reihe von Begriffen und Namen, die in der Rubrik »Gefällt mir« standen. »Hier, die dritte Zeile, gleich am Anfang, siehst du?«

»Beiß nie die Hand, die dich füttert«, las Tabori halblaut vor. »Was ist das, worum geht es da?«

»Eine Facebook-Gruppe, die ihm gefällt. Jeder kann eine solche Gruppe aufmachen und reinstellen. Und wenn du auch bei Facebook bist, kannst du das als ›gefällt mir‹ anklicken ...«

»Ich weiß, das kenne ich. Und, hast du ...«

»Natürlich.«

Ulrike zeigte Tabori einen weiteren Ausdruck.

»Aber da gibt es nicht viel, keine weiteren Informationen,

worum es sich bei dieser Gruppe handelt, nur eine Liste mit den Mitgliedern, aber alles irgendwelche Phantasienamen.«

»Sieht verdammt aus wie ein Geheimbund«, mischte sich Lepcke wieder ein. »Und der Zusammenhang ist da: Ein Hundeausbilder, der eine Gruppe gut findet, die sich ›Beiß nie die Hand, die dich füttert‹ nennt. Ich meine, das Erste, was mir da einfallen will, ist irgendein Club, in dem sich hinter geschlossenen Türen etwas abspielt, was mit Sicherheit nicht sauber ist. Wir müssen rauskriegen, was das für Namen sind, die da stehen, wer sich hinter dem Ganzen verbirgt! Wobei ich dir jetzt schon sagen kann, dass mir die Sache nicht schmeckt. Das riecht doch sehr danach, dass wir hier über irgendwas gestolpert sind, was vielleicht auch erklären kann, warum ich von ganz oben zurückgepfiffen worden bin, womöglich auch, warum der Tod der Anwärterin partout als Selbstmord behandelt werden soll, oder wie siehst du das?«

Tabori hatte die letzten Sätze von Lepcke schon nicht mehr gehört. Ein Name auf der Liste war ihm sofort ins Auge gesprungen. Er versuchte verzweifelt zu erfassen, was das bedeuten konnte. Aber er war sich nicht sicher, ob er mit seiner Vermutung richtig lag.

19

Nachdem Lepcke von einem anderen Kollegen, der ihn dringend sprechen wollte, beiseite gezogen worden war, war Tabori mit Carlos und Ulrike zu deren Bus zurückgegangen.

Ulrike hatte ihm bereitwillig – ohne dass er irgendwelche längeren Erklärungen abgegeben hätte – die Informationen besorgt, um die er gebeten hatte. Carlos hatte nach einem kurzen Blick auf den Monitor nur mit der Schulter gezuckt und gesagt: »Ich hoffe, du weißt, was du da tust.«

Heinischs Wochenendhaus war in Steinhude. Die letzte Straße vor der Seepromenade rechts ab, wo hinter alten Bäumen und hohen Hecken verborgen kaum mehr als handtuchgroße Grundstücke das Ufer säumten, jedes allerdings mit eigenem Bootsanleger und kurzem Stichkanal durch das dichte Schilf hinaus aufs offene Wasser. Die Grundstücke mussten mittlerweile Millionenwert haben, wenn auch die meisten Häuser noch aus den späten Sechziger Jahren stammten, in denen das Steinhuder Meer zum beliebten Ausflugsziel der ansonsten mit besegelbaren Wasserflächen nicht gerade verwöhnten Hannoveraner avanciert war. Irgendeine halbwegs clevere Baupolitik hatte verhindert, dass aus den ursprünglich reinen Wochenendhäusern nicht längst die Bauhaus-Architektur imitierende Glas- und Betonschuppen geworden waren. Nach wie vor war diese Uferzeile als reines Sommerhaus-Gebiet ausgewiesen, dennoch erweckten vereinzelte Parzellen mit blickdichten Rolltoren und Gegensprechanlagen eher

195

den Eindruck von Hochsicherheitstrakten. Nach den ersten hundert Metern gab Tabori es auf, die Kameras zu zählen, die seinen Weg verfolgten.

Umso mehr war er dann überrascht, dass nicht auch Heinisch mit Hilfe von ein paar Segelwochenenden als Gegenleistung für die entsprechenden Amtsleiter die Baubestimmungen umgangen hatte, sondern sein Grundstück tatsächlich mehr oder weniger im Originalzustand belassen war. Ein flüchtiger Blick im Vorbeifahren zeigte ein Holzhaus in Schwedenrot mit weiß abgesetzten Fensterrahmen und Dachlatten, der Rasen neben der Zufahrt war lange nicht gemäht worden, eine bunte Kinderschaukel und ein kieloben aufgebocktes Ruderboot suggerierten bescheidene Ferienidylle. Einzig der schwarze Audi mit den Zivilbeamten auf den Vordersitzen wollte nicht so recht ins Bild passen.

Als der Fahrer den Kopf drehte, um Taboris Nummernschild zu lesen, bremste Tabori ab und hielt auf Höhe des Audis an. Er ließ das Seitenfenster herunter und signalisierte, dass er eine Frage habe. Das Spiel funktionierte. Zivilpolizisten sind es nicht gewohnt, angesprochen zu werden. Sie sind diejenigen, die andere anhalten, jede Abweichung von diesem Muster führt zwangsläufig zu Irritationen. Entsprechend war auch der Gesichtsausdruck der beiden Beamten, als der Fahrer jetzt ebenfalls die Scheibe herunterließ und sie Tabori eher verblüfft als argwöhnisch musterten.

Nur mit Mühe konnte sich Tabori ein Grinsen verkneifen, die beiden Gestalten erinnerten ihn augenblicklich an die Actionhelden aus Cobra Elf, sogar die Konstellation stimmte. Der Fahrer war klein und trug eine Art Joggingjacke, sein Kollege im schwarzen Hemd und mit den dunklen Bartschatten im narbigen Gesicht gab den Gideon Burkhard des Gespanns.

»Entschuldigung«, sagte Tabori, »ich muss mich verfahren haben. Ich will einen alten Freund besuchen, der hier irgendwo wohnt, es soll eine Überraschung sein, aber ich habe die genaue Anschrift zu Hause liegen lassen. Blöd, ich weiß, aber vielleicht haben Sie ja schon mal von ihm gehört, Klaus Schulze«, nannte er den erstbesten Namen, der ihm einfiel, »war früher Rockmusiker, er hat hier irgendwo sein Studio …«

»Hier nicht«, kam unwillig die Antwort des Fahrers. »Hier gibt es kein Tonstudio. Ist ein reines Wochenendhaus-Gebiet.«

»Ja dann«, meinte Tabori und klang so aufrichtig enttäuscht, dass er selber von seinen schauspielerischen Fähigkeiten überrascht war, »dann weiß ich auch nicht weiter. – Kann ich da hinten wenden, wissen Sie das?«

»Sie brauchen nicht zu wenden, die Straße führt im Bogen zurück, sie landen von ganz alleine wieder im Ort.«

»Warum rufen Sie ihn nicht an?«, kam es fast gleichzeitig vom Beifahrersitz.

»Stimmt schon, aber dann wäre die Überraschung ja keine Überraschung mehr.«

»Unter irgendeinem Vorwand natürlich«, gab sich der Beamte alle erdenkliche Mühe, dem offensichtlich ein bisschen schwerfälligen Tabori auf die Sprünge zu helfen. »Einfach, ›He, Alter, ich bin's, gib mir mal eben deine Adresse, ich will dir was mit der Post schicken!‹ So was in der Art, eine CD vielleicht, das passt doch, Sie haben doch gesagt, er hat ein Tonstudio.«

»Das ist eine Idee«, nickte Tabori. »Das mache ich. Ich fahre nur noch mal bis zum Ende, ob ich das Haus vielleicht auch so wieder erkenne, und sonst mache ich das. Danke!«

»Sag ich doch, es gibt immer eine Lösung.«

Tabori hob noch mal die Hand zum Gruß und ließ die Kupplung kommen. Mit ein bisschen Glück würden die beiden jetzt erstmal keinen müden Gedanken mehr daran verschwenden, Taboris Kennzeichen überprüfen zu lassen, sondern stattdessen vollauf damit beschäftigt sein, sich über den Typen zu amüsieren, der es noch nicht mal auf die Reihe kriegte, einen alten Kumpel zu besuchen.

Kurz bevor die Straße sich wieder nach rechts vom Ufer entfernte, war ein kleiner Parkplatz für einige der wenigen öffentlichen Badestellen. Tabori schaltete das Licht aus und wartete einen Moment.

Die Dämmerung kam schnell, in wenigen Minuten würde die untergehende Sonne über dem See alle Konturen verschwimmen lassen und in ein einheitliches Grau tauchen, aber immer noch genug Licht für ihn lassen, um sich einen Weg durch das Uferschilf zurück zu Heinischs Haus zu suchen. Eine andere Möglichkeit gab es nicht. Tabori hoffte nur, dass die beiden Zivilpolizisten ihren Wachposten im BMW nicht verlassen würden, solange Heinisch sie nicht zu Hilfe rief. Und er hatte nicht vor, Heinisch dazu die Chance zu geben.

Schon nach wenigen Metern musste er feststellen, dass nicht nur die Grundstücke mit Zäunen voneinander getrennt waren, sondern dass diese Zäune auch die Zugänge zum See in streng private Abschnitte unterteilten. Er musste also weiter ins Schilf hinaus und sich mit der Jeans über der Schulter und den an den zusammengeknoteten Schnürsenkeln um den Nacken gehängten Turnschuhen durch den Schlick tasten, der unangenehm zwischen seinen Zehen hochquoll. Als das Wasser tiefer wurde und ihm bis fast an die Unterhose reichte, fluchte er halblaut vor sich hin, dann versperrte ihm ein hölzerner Badesteg den Weg, er konnte sich gerade noch in den Schatten ducken, als er das Pärchen auf dem Steg ausmachte. Zum Glück waren sie zu beschäftigt mit sich selbst, um mitzubekommen, wie er wenig später weiter am Ufer über die Holzbohlen kletterte und wieder im Schilf verschwand. Hätte nur noch gefehlt, dass sie mich für einen Spanner halten, der hier in Unterhosen und in eindeutiger Absicht um die Grundstücke schleicht, dachte Tabori und sah für einen Moment das Bild vor sich, wie ihn das beim Sexspiel gestörte Pärchen nackt durch die Nacht jagte und aufgebrachte Wochenendler von den anderen Häusern ihnen zu Hilfe kamen.

Hier und da saßen Leute auf ihren Terrassen, der Rauch der Grillfeuer war stellenweise so dicht, dass sogar die lästigen Mücken die Flucht ergriffen hatten. Auf einem Grundstück übte sich eine Gruppe von Jugendlichen im kollektiven Betrinken, ganz so, wie sie es von ihren Eltern an unzähligen und aller Wahrscheinlichkeit nach fürchterlichen Wochenenden hier draußen gelernt hatten. Ein Mädchen hockte unerwartet auf den Knien vor Tabori im Uferschlick und kotzte, Tabori hoffte, dass die anderen noch nicht zu breit waren, um ihren Zustand rechtzeitig zu bemerken.

Dann kamen zwei oder drei Häuser nacheinander, die lichtlos im tiefen Dunkel der Bäume lagen, erst auf der nächsten Terrasse flackerten wieder Windlichter. Auch ohne die weißen Tür- und Fensterrahmen, die einen scharfen Kontrast zum jetzt fast grau wirkenden Rot der Hütte bildeten, hätte Tabori gewusst, dass er am Ziel war: Heinisch hatte sich kaum verändert, er hatte höchstens noch ein bisschen mehr an Gewicht zugelegt, aber als Tabori ihn da jetzt mit einem Glas in der Hand und der Flasche neben sich am Tisch hocken sah, während das Kerzenlicht sich in seiner Hornbrille spiegelte, waren die rund dreißig Jahre, die sie sich nicht gesehen hatten, wie weggewischt ...

Tabori hatte nie irgendjemandem davon erzählt, dass er den neuen Polizeipräsidenten persönlich kannte. Nicht nur, dass es für ihn jetzt – als Ex-Bullen – ohnehin keine Rolle mehr spielte, aber es war ihm eher peinlich, dass es da so etwas wie eine gemeinsame Vergangenheit gab, auch wenn sie zur Zeit ihrer Freundschaft erst elf oder zwölf gewesen waren. Sie hatten sich kennen gelernt, als sie auf das gleiche Gymnasium gekommen waren und der Klassenlehrer in der ersten Stunde willkürlich die Sitzordnung festgelegt hatte, nach der sie dann die folgenden zwei Jahre als Banknachbarn verbrachten. Stephan Heinisch, Stephan mit »ph«, und aus Heinisch war schnell der Spottname Haifisch geworden, was bei Tabori zu einer Art spontaner Solidarität geführt hatte, da ja auch sein eigener Name genug Anlass für die verschiedensten Verballhornungen gab, ganz zu schweigen von seinem Vornamen. Dass Haifisch allerdings tatsächlich ein komischer Kerl war, stand auch für Tabori ohne jede Frage fest: Stark übergewichtig, mit bis aufs Blut abgekauten Fingernägeln und der Brille, deren Gläser so dick wie Flaschenböden schienen, sowie dem unvermeidlichen Seglerjackett mit dem Wappen eines Yachtclubs auf der Brusttasche verkörperte Heinisch das Bild des typischen Strebers. Das Wort »Arroganz« kannte Tabori zu der Zeit noch nicht. Aber irgendwie hatten sie sich miteinander arrangiert, Tabori ließ Heinisch in Englisch und Deutsch abschreiben, Heinisch flüsterte ihm die richtigen Lösungen in Mathematik zu. Und schließlich lud er ihn sogar zu einer Geburtstagsfeier ein, die Tabori bis heute nicht vergessen hatte. Sie waren nur drei Gäste gewesen, noch ein eher unscheinbarer Klassenkamerad und Heinischs älterer Cousin, der sich mit lateinischen Vokabeln aufspielte und Tabori bei Kakao und Kuchen mit spöttischem Unterton ausfragte, ob er wirklich »deutsch« sei oder nicht vielmehr »ein Zigeuner«, zumindest würde er so aussehen. Eine Bemerkung, die Heinischs Vater – ein Amtsrichter, der mit der Mutter zusammen am Tisch saß und auf ihre Esssitten achtete – mit jovialem Lachen kommentierte, um Tabori gleich darauf aufmunternd die Schulter zu tätscheln: »Mach dir nichts draus, es kann ja keiner was dazu, aus welchem Stall er stammt.«

Beim Würstchen-Wettessen war Tabori dann schlecht geworden und seine Eltern hatten ihn vor der Zeit abholen müssen. Zu seinem eigenen Geburtstag lud er Heinisch nicht ein, eine Zeit lang tauschten sie noch ihre Perry-Rhodan-Hefte untereinander aus, einmal lieh Heinisch ihm einen Landser-Roman, den ersten und letzten, den Tabori je gelesen hatte.

Dann fand Tabori neue Freunde und Heinisch wurde immer mehr zum Außenseiter, mit dem kaum noch jemand was zu tun haben wollte. Wenig später war Tabori sitzen geblieben, von Heinisch wusste er nur noch, dass er das Abitur mit Auszeichnung bestanden und direkt im Anschluss ein Jurastudium irgendwo in Süddeutschland begonnen hatte. Tübingen oder Freiburg, vielleicht auch Heidelberg, irgendwo jedenfalls, wo es genug Burschenschaften gab, deren »alte Herren« dem zukünftigen Juristen den Weg ebnen würden. Ein einziges Mal hatten sie sich später noch getroffen, Tabori versuchte sich damals als Sänger in einer eher mittelmäßigen Rockband, bei einem ihrer spärlichen Auftritte hatte in der Pause plötzlich Heinisch vor ihm gestanden und ihm unverändert fettleibig, aber jetzt strotzend vor Selbstbewusstsein ein Mädchen in einem unerhört kurzen Minirock vorgestellt: »Das ist meine Verlobte.« An den Namen des Mädchens konnte sich Tabori nicht mehr erinnern, sehr wohl aber an den zweiten Teil der Vorstellungsrunde: »Und das ist Deggi, mein bester Freund von früher, mein Alter ego sozusagen. Wenn ich nicht zufällig ganz anders geworden wäre, wäre ich geworden wie er!«

Was immer es dann gewesen war – die spontane Rache für die dreiste Anbiederei oder die bloße Überheblichkeit des vermeintlichen Rockstars, als den Tabori sich damals sah –, jedenfalls hatte der Abend damit geendet, dass Heinisch sturzbetrunken mit dem Kopf auf irgendeiner Tischplatte vor sich hindämmerte, während Tabori mit dem Minirock-Mädchen im Bandbus verschwand und sie zwischen Kabeltrommeln und Mikrofonstativen eine eher ungeschickte Nummer schoben, bei der von vornherein klar war, dass es keine Wiederholung geben würde.

Als Tabori jetzt vor kurzem gehört hatte, dass der neue Polizeipräsident ein Dr. Stephan Heinisch war, hatte er es nur mit einem Schulterzucken abgetan. Es passte ins Bild, nach dem ein Jurastudium mittlerweile die hinreichende Qualifikation für die verschiedensten Berufe zu sein schien, die nach Taboris Meinung allerdings ganz anderer Voraussetzungen bedurft hätten. Aber als Jurist standen einem offensichtlich alle Türen offen, egal ob es nun um das Amt eines Kulturdezernenten, Oberbürgermeisters, Polizei- oder womöglich sogar Bundespräsidenten ging.

Auch bei Heinisch gab es einen Holzsteg bis ins Wasser, der auf der anderen Seite quer über die Wiese zur Terrasse hinaufführte. Hinter einem ordentlich aufgeschichteten Stapel mit Brennholz zog sich Tabori die Jeans und die Turnschuhe wieder an, die Socken stopfte er in die Tasche seiner Lederjacke. Dann war er so weit. Einer von Lisas Lieblingssprüchen schoss ihm durch den Kopf: Man trifft sich immer ein zweites Mal! Aber er war ganz ruhig, er hatte den Überraschungseffekt auf seiner Seite, Heinisch war die Maus, die in der Falle saß …

Die Bohlen unter seinen Füßen waren rutschig von Moos und nächtlicher Feuchtigkeit. Taboris Schuhsohlen gaben bei jedem Schritt ein leise schmatzendes Geräusch von sich, ein Nachtvogel flog lautlos von den Bäumen auf und strich dicht über seinen Kopf hinweg, ein Käuzchen vielleicht, gleich darauf ertönte wie zur Bestätigung der heisere Schrei, der Heinisch zusammenzucken und in die Dunkelheit starren ließ. Noch ein Schritt, dann stand Tabori auf der Terrasse, das Windlicht flackerte im Luftzug, Heinisch kniff die Augen zusammen, um über den Lichtschein hinweg etwas erkennen zu können – im gleichen Moment sah Tabori die Waffe, die auf der Tischplatte lag und nach der Heinisch unsicher tastete.

»Vergiss es«, sagte Tabori leise. »Mach keinen Blödsinn jetzt.«

Heinisch hob wie in Zeitlupe die Hände. Tabori konnte sehen, wie er mit aller Macht zu begreifen versuchte, was gerade passierte, bevor er zwischen den Zähnen hervorstieß: »Deggi, bist du das wirklich oder …«

Tabori gab keine Antwort. Er beugte sich vor und füllte Heinischs Glas auf, um es ihm hinzuschieben, Whiskey, aus der Bushmills-Destille, die teure Sorte, nicht nur zwölf, sondern »twenty years old«: »Du kannst die Hände wieder runternehmen, ich will mich nur mit dir unterhalten.« Erst dann griff er nach der Pistole und zog sie zu sich. Heinisch kicherte: »Hab ich von dir, weißt du noch? Ich hab dir ein ganzes Album dafür gegeben, mit Haller und Overath und wie die damals alle hießen.«

Tabori brauchte einen Moment, bis er den Zusammenhang verstand – die Pistole, die gar keine war, sondern nur eine Attrappe mit einer Taschenlampe im Lauf. Aber es stimmte, was Heinisch sagte, er hatte sie ihm tatsächlich gegen ein paar dämliche Fußballbilder vertauscht, nur dass Heinisch sie immer noch hatte – und sogar bei sich trug –, irritierte ihn.

»Ich hab sie immer in Ehren gehalten«, blubberte Heinisch, »als Erinnerung an unsere Freundschaft. Aber vergiss es, das spielt keine Rolle.« Er stürzte den Whiskey in einem Zug hinunter. »Lassen wir es einfach dabei, dass sie mir schon gute Dienste hier draußen geleistet hat, ist besser als der ganze LED-Scheiß, den du jetzt nur noch kriegst. Frag nicht, wie oft sie mir schon ins Wasser gefallen ist, aber funktioniert immer noch. Und du musst zugeben, Alter, dass sie sich als Taschenlampe für einen Polizeipräsidenten wirklich gut macht!« Heinisch lachte eine Weile vor sich hin, als hätte er gerade einen besonders gelungenen Witz zum Besten gegeben, aber als er sich dann erneut das Glas voll schenkte, sah Tabori, dass seine Hände zitterten. »Also los, was willst du von mir?«

Tabori nahm die Pistole hoch und richtete sie auf Heinisch. Als er den Auslöser zurückzog, tanzte der Lichtstrahl von Heinischs Brust zu seiner Stirn und zurück. Auch Taboris Hand zitterte.

20

Er schaltete die Lampe aus und legte sie wieder auf den Tisch.

»Was ist das Problem?«, fragte Heinisch erneut.

»Du«, sagte Tabori. »Du bist das Problem.«

»Aber doch nicht unbedingt deins, oder sehe ich das falsch?«

»Allerdings, das siehst du falsch.«

»Na, dann klär mich mal auf. Ich bin gespannt.«

Heinisch lehnte sich in seinem Stuhl zurück und verschränkte die Arme vor der Brust. Die Situation hatte sich plötzlich verändert, Tabori stutzte. Irgendetwas war gerade passiert, was er nicht einschätzen konnte. Doch, Heinisch hatte sich von seinem ersten Schrecken erholt und schien keine Angst mehr zu haben, das war es! Und plötzlich hatte Tabori eine vage Vorstellung davon, wie Heinisch auf seine Position gelangt war – hinter der scheinbar harmlosen Fassade des übergewichtigen Biedermanns verbarg sich ein eiskalter Taktiker, der seine Gegner sehr wohl einzuschätzen vermochte …

»Beiß nie die Hand, die dich füttert«, zitierte Tabori. »Sagt dir das was?«

Heinisch blieb ganz ruhig, fast entspannt.

»Okay, Deggi, dann mal Butter bei die Fische.« Er machte eine Kunstpause, bevor er sich mit verschränkten Armen auf die Tischplatte stützte und so leise weiterredete, dass Tabori

Mühe hatte, ihn überhaupt zu verstehen: »Du fängst schon wieder an, mir ganz gehörig auf den Sack zu gehen, Alter. Aber so war das immer schon, das nur mal vorweg. Du hast dich kein Stück verändert, seit wir uns das letzte Mal gesehen haben, du bist immer noch der gleiche aufgeblasene Wichtigtuer, der glaubt, alles Recht und jede moralische Integrität für sich ganz allein gepachtet zu haben. Ich hab dich mal bewundert für diese Haltung, aber das hast du ja in deiner Eitelkeit gar nicht mitgekriegt! Für dich waren alle anderen immer nur das Spiegelbild, vor dem du dich als der große Revoluzzer aufspielen konntest, so war das nämlich, das wollen wir doch mal nicht vergessen!« Anklagend streckte er den Zeigefinger aus. »Du und deine Kumpels, deine Peergroup, wie man heute sagen würde, ihr habt euch immer für irgendwas Besseres gehalten, und wer nicht in euer Bild passte, den habt ihr mit Füßen getreten. Für euch musste man möglichst Haare bis zum Arsch haben, Haschpfeifchen rauchen und Bob Dylan hören, sonst war man es gar nicht wert, dass ihr überhaupt mit einem geredet hättet …«

»Nicht Bob Dylan«, sagte Tabori, »Zappa, ja. Und Hendrix. Oder TonSteineScherben. Aber ganz bestimmt nicht Bob Dylan.«

Heinisch zeigte ihm einen Vogel und schien für einen Moment aus dem Konzept gebracht. Umso verblüffter war Tabori, als er gleich darauf mit der Faust auf den Tisch schlug und zu brüllen anfing: »Schon wieder! Du machst es schon wieder! Genau das meine ich! Und deshalb konnte man mit euch auch nicht diskutieren, wer nicht eurer Meinung war, den habt ihr einfach abgelehnt! Ihr wart so was von intolerant, dass es einem echt die Schuhe ausgezogen hat, ihr …«

»Warte mal, bevor du dich da jetzt in irgendwas verrennst, du warst doch wohl derjenige, der … Was ist denn jetzt?«

Eben noch hatte Tabori gedacht, dass Heinisch umso weniger betrunken wirkte, je mehr er sich aufregte, als er unerwartet von seinem Stuhl hochsprang und zur Hecke stürzte, um sich würgend zu übergeben.

Es dauerte einen Moment, bis er schwer atmend zum Tisch zurückkam. Und wieder hatte Tabori den Eindruck, es mit einer vollkommen anderen Person zu tun zu haben, als Heinisch jetzt eine zerdrückte Zigarettenschachtel aus seiner Jacketttasche fischte und – ohne auch nur mit einem Wort auf das eben Vorgefallene einzugehen – mit der Zigarette zwischen den Lippen darauf wartete, dass Tabori ihm Feuer geben würde. Als Tabori keine Anstalten machte, der unausgesprochenen Aufforderung nachzukommen, beugte er sich über das Windlicht und paffte ein paar Mal, bis die Zigarette rot aufglimmte. Nach dem ersten Zug musste er husten.

»Ich habe das nie verstanden, wieso ausgerechnet du zur Polizei gegangen bist, mal ganz davon abgesehen, dass sie dich tatsächlich genommen haben!« Er lachte kurz auf, was einen neuen Hustenanfall zur Folge hatte. Dann schnippte er die Zigarette auf die Wiese, aus dem feuchten Gras stieg ein dünner Rauchfaden auf. »Ich hab mir natürlich inzwischen deine Akte kommen lassen. Alle Achtung, das nenn ich doch mal eine Karriere! Wobei das eigentlich Interessante die angehefteten Notizen meines Vorgängers waren, der dich eindeutig lieber heute als morgen wieder losgeworden wäre. Ich fasse mal in meinen Worten zusammen: Typischer Einzelgänger, eher teamuntauglich, renitent gegenüber Vorgesetzten, politisch alles andere als sauber, wenn nicht womöglich sogar schon ein Fall für den Staatsschutz, also unter anderem nachweislich Verbindungen zu gesellschaftlichen Randgruppen und Einzelpersonen, auf die ich hier nicht näher eingehen will. Weiterhin bei den Kollegen extrem unterschiedlich in der Akzeptanz, das reicht von unverhohlener Bewunderung bis hin zu völliger Ablehnung, trotzdem immer wieder erstaunliche Ermittlungserfolge, was es offensichtlich schwer machte, dich auf irgendeinen Verwaltungsposten abzuschieben, wo du keinen weiteren Schaden mehr hättest anrichten können, kurz, eine Person, die dem Image unseres Polizeiapparates ungefähr so wenig entsprach wie der sprichwörtliche Hecht im Karpfenteich, um mal ein abgedroschenes Bild zu bemühen, das aber durchaus gut in die Gegend passt, ich bin nämlich passionierter Hobbyangler inzwischen, weißt du?«

Tabori war sich sicher, dass Heinisch nur Zeit schinden wollte, gleichzeitig fragte er sich, ob Heinischs Behauptung, frei nach den Notizen des früheren Polizeipräsidenten zu zitieren, nicht völlig aus der Luft gegriffen war – die Einschätzungen mochten zwar in Teilen der Auffassung der vorgesetzten Dienstebene entsprechen, aber es war eher unwahrscheinlich, dass sich da irgendwelche persönlichen Notizen in den Akten befanden. Heinisch wollte auf irgendetwas hinaus, das ganze Geschwätz war nur ein Vorgeplänkel, darauf hätte Tabori plötzlich wetten können. Und dann kam es: »Gut, Alter, wem erzähle ich das, das weißt du alles selber, aber lass mich eins klarstellen: Ich bin froh, dass du hier aufgetaucht bist, ich hatte ohnehin schon überlegt, wie ich an dich rankomme, ohne für allzu großes Aufsehen zu sorgen, ich brauche dich, wir sitzen im selben Boot, verstehst du?«

»Was?« Tabori konnte nicht anders, als laut loszulachen. »Sag mal, für wie blöd hältst du mich eigentlich? Was soll das, was glaubst du, könntest du mir hier vorspielen? Komm, hör auf mit dem Scheiß, ich hab dir vorhin eine Frage gestellt, und ich will jetzt eine Antwort: Beiß nie die Hand, die dich füttert!«

Heinisch hob erneut die Hände, als wollte er seine vollständige Kapitulation signalisieren, dann beugte er sich vor und griff vertraulich nach Taboris Jackenärmel. »Was genau weißt du über den kleinen Geheimclub, wenn ich ihn mal so nennen darf?«

Tabori zog seinen Arm weg.

»Dass ihr da irgendein Spiel spielt, das bereits zwei Menschen das Leben gekostet hat, wahrscheinlich drei.«

»Und wieso ihr?«

»Glaubst du wirklich, dass ausgerechnet ›Haifisch‹ ein guter Codename für dich ist?«

»Okay, zugegeben, aber außer dir weiß das keiner, und dass du deine Nase da reinstecken würdest …«

»… damit konntest du nicht rechnen.«

»Und weiter?«

»Respekt? Damaschke?,« schoss Tabori ins Blaue hinein. »Die Initiationsriten für die Anwärterinnen und Anwärter in der Hundeausbildung? Die Anweisung von ganz oben, weitere Ermittlungen wegen des Todes von Anna Koschinski unverzüglich einzustellen, die, wenn sie nicht direkt von dir kam, ja wohl zumindest über deinen Schreibtisch gegangen sein muss?«

Tabori holte jetzt doch seine Zigaretten aus der Tasche und blies abwartend den Rauch über den Tisch.

Heinisch nahm die Brille ab und drückte die Finger gegen die Nasenwurzel.

»Du machst dich lächerlich«, sagte Tabori. »Hör endlich mit deiner Schmierenkomödie auf. Also los, worum ging es euch? Dass ihr im Geheimen eure Perversionen ausleben konntet? Oder war da noch mehr? Habt ihr …«

»Das glaubst du wirklich?«, unterbrach ihn Heinisch. »Du traust mir allen Ernstes zu, dass ich mit solchen durchgeknallten Typen wie diesem Respekt gemeinsame Sache gemacht hätte, nur um ein paar Anwärterinnen zu vögeln?«

Heinischs Stimme klang aufrichtig empört.

»Vielleicht habt ihr euch ja auch Hitlerbärtchen angeklebt«, kartete Tabori nach. »Oder du standest mehr auf Diensthunde, was weiß ich, vielleicht hast du ja auch nur zugeguckt, aber wenn du mich schon so direkt fragst: Ja, das traue ich dir durchaus zu.«

»Du bist so naiv, dass ich dir dafür am liebsten eine reinhauen würde! Mann, du glaubst wirklich, es geht um mich, ja? Du hast nichts begriffen, absolut gar nichts. Schon klar, du hast deinen Job gemacht, auch wenn es schon lange nicht mehr dein Job ist. Aber du kannst ja nicht klein beigeben, du nicht, du musst dich natürlich auch weiterhin aufspielen! Schon gut, schon gut, sag nichts, lass mich erstmal ausreden, auch wenn es dir schwer fällt. Du bist also irgendwie über diese Namensliste gestolpert, ich schätze mal, auf Facebook oder in irgendeinem anderen Forum …«

Er blickte fragend zu Tabori. Tabori nickte.

»Dachte ich mir, und bei Haifisch hast du eins und eins

zusammengezählt und damit war die Sache klar für dich. Ist doch schön, dass wenigstens die alten Feindbilder noch funktionieren, vor allem wenn man sonst nichts hat, woran man sich festklammern könnte. Heinisch, der Oberstreber, die alte Fettbacke mit der dicken Brille, die erst die falsche Musik gehört und dann natürlich Jura studiert hat und plötzlich als Polizeipräsident auftaucht. Das passte einfach zu perfekt in dein verkorkstes Bild von einer rechts unterwanderten Gesellschaft, als dass es dir nicht sofort wie Schuppen von den Augen fallen musste. Jetzt würdest du ihn endlich drankriegen, den perversen Sack! So war es doch, oder?«

»Ironie war noch nie dein Ding«, sagte Tabori ruhig, »komm endlich zum Punkt.«

»Mach ich, mach ich sogar gern! – Aber nur noch eine letzte Frage, damit ich dir nicht Unrecht tue. Die anderen Namen auf der Liste, die haben dich dann in deiner selbstgerechten Empörung gar nicht weiter interessiert, richtig? Die konntest du ruhigen Gewissens einfach ignorieren, du hattest ja, was du wolltest …«

»Ich habe die Liste heute Nachmittag zum ersten Mal gesehen«, stellte Tabori richtig und fand selber, dass es eher wie eine lahme Entschuldigung klang. »Aber es ist gerade jemand dabei, die anderen Namen zu checken, da mach dir mal keine Sorgen«, setzte er hinzu und fragte sich immer noch, welche Trumpfkarte Heinisch noch auszuspielen gedachte.

»Lass mich raten, ich würde auf Lepcke tippen, den getreuen Gehilfen, der schon rennt, noch bevor der Meister ihn ruft! Und jetzt, wo dir als Externem die Hände gebunden sind, erweist er sich als umso nützlicher! Natürlich steckt er mit dir unter einer Decke, bildlich gesprochen natürlich nur, hoffe ich jedenfalls!«

Heinisch lachte wieder, dann zog er ein Handy aus seinem Jackett. »Hier, du kannst dein Handy nehmen, ich nehm meins, du rufst ihn an, jetzt gleich, und wir machen eine kleine Konferenz.«

»Was?«, fragte Tabori irritiert.

»Um ihm ein bisschen bei der Arbeit zu helfen, sonst setzt er die Karre womöglich noch genauso in den Dreck wie du! – Die anderen Namen auf der Liste, du erinnerst dich? Aber vielleicht muss ich dir ein wenig auf die Sprünge helfen …« Heinisch nahm die Finger zu Hilfe, um die einzelnen Namen aufzuzählen: »Goldkettchen. Bulldozer. BuddyHollyBrille. Feuerwehrmann. Gartenzwerg und so weiter. – Na komm, so schwer ist das nicht! ›Beiß nie die Hand, die dich füttert‹, klar, das klingt nach der lächerlichen Hundeschule, vor allem weil ihr ja über Respekt auf die ganze Sache gestoßen seid, nehme ich an, aber das ist eine ganz andere Geschichte, das kann ich dir später noch erklären. Versuch mal eben, das voneinander zu trennen, vergiss die Hundeschule, vergiss auch Respekt, darum geht es nicht, denk einfach mal eine oder zwei Dimensionen größer, stell dir ein Netzwerk vor, im Sinne von ›Eine Hand wäscht die andere‹, also Schutzgeld-Erpressung, Geldwäsche, Korruption, der ganze Sumpf von Verstrickungen, angefangen im Rotlicht-Milieu – und nur da kommt Respekt ins Spiel – bis rauf in die Wirtschaft und Politik.«

»Ich kapiere immer noch nicht, worauf du hinaus willst«, sagte Tabori und hatte das unklare Gefühl, dass Heinisch ihm tatsächlich etwas zu erklären versuchte, was ernst zu nehmen war und seine bisherige Theorie in Frage stellen könnte oder zumindest weit darüber hinausreichte. »Noch mal der Reihe nach, du behauptest, das eine hat nichts mit dem anderen zu tun, die übrigen Namen auf der Liste verweisen …«

»Auf größere Zusammenhänge, ja! Und gerade du solltest genug Phantasie haben, um zu wissen, dass es immer noch schlimmer ist, als sich Leute wie du und ich das eigentlich vorstellen möchten!«

»Das klingt verdächtig nach irgendeiner Verschwörungstheorie, um dich selber zu schützen! Erste Frage: Wer sollen die anderen Namen auf der Liste sein? Zweite Frage: Wieso stehst du auf dieser Liste?«

»Zu deiner ersten Frage: Du liest doch Zeitung, oder? Und wahrscheinlich, wie jeder andere auch, auch die Klatschspalten? Also, wer taucht da regelmäßig auf? Und ich meine jetzt nicht irgendeinen allseits beliebten Fernsehkoch, früheren Fußballspieler oder dummdreisten Comedy-Blödmann, der mal wieder das Hannover-Image aufpolieren soll, sondern den ganz internen Klüngel in dieser Stadt, die Typen aus der VIP-Lounge im Stadion! Um es konkret zu machen, den halbseidenen Immobilienmakler, der sich selber gerne als Visionär feiern lässt, wenn er sich mal wieder millionenschwere Kredite mit Hilfe von gefälschten Wertgutachten von Grundstücken und Immobilien erschlichen hat, den Betreiber einer Kette von Abfallentsorgungs-Unternehmen, in dessen Villen im Ausland schon die verschiedensten Minister ihre Ferien verbracht haben, den Staranwalt, dessen Markenzeichen die angebliche Originalbrille von Buddy Holly ist und der immer in der ersten Reihe steht, wenn irgendein Zeitungsjournalist sein Foto macht, nicht zu vergessen den ehemaligen Minister des Bundes, der es nach seinem unerwarteten Abschied von der Politik ohne größere Zeitverluste zum Vorstandsmitglied einer weltweit agierenden Unternehmensgruppe gebracht hat, sowie den noch eher harmlosen Fraktionsvorsitzenden einer freien Wählergemeinschaft, die für Leitkultur und einzig wahre Gesinnung steht, die anderen Mitglieder schenke ich mir, ich will dich nicht unnötig langweilen.«

»Goldkettchen«, sagte Tabori leise. »Bulldozer, Buddy-Holly-Brille…«

»Na bitte, es geht doch.« Heinisch griff nach der Flasche und schenkte sich das Glas voll. »Und jetzt zu deiner zweiten Frage …«

Weiter kam er nicht.

Die Fliegentür zum Wochenendhaus wurde mit einem heftigen Ruck aufgeschoben, eine Frau in Heinischs Alter stolperte auf die Terrasse. Sie schien halb im Schlaf zu sein und trug nichts als einen bunt bedruckten Kimono, dessen Gürtel nur nachlässig geknotet war. Barfuß tappte sie die zwei Schritte bis zu Heinisch und legte ihm die Hand auf den Arm, mit dem er gerade das Glas heben wollte.

»Du sollst doch nicht so viel trinken, Bärchen.«

Dann erst schien sie zu realisieren, dass sie nicht mit Heinisch alleine war.

»Oh! Wir haben Besuch?«

Sie beugte sich über Heinischs Schulter nach vorne, um Tabori zu fixieren. Entweder hat sie selber schon tagsüber mehr als genug getrunken oder sie hat irgendwelche Pillen eingeworfen, dachte Tabori. Ihr Kimono klaffte durch die Bewegung weit auseinander, Tabori hatte freie Sicht auf die schaukelnden Brüste. Im nächsten Moment suchte sein Blick ihr Gesicht, aber da war nichts, was eine Erinnerung auslöste, und doch war er sich absolut sicher, dass er das daumennagelgroße Muttermal direkt neben der linken Brustwarze schon mal gesehen hatte, und plötzlich wusste er auch genau wieder, wo und bei welcher Gelegenheit.

»Meine Frau«, sagte Heinisch. »Biggi.« Er nickte zu Tabori hinüber. »Und ein alter Freund, aber ich glaube, ihr kennt euch.«

Tabori erhob sich halb von seinem Stuhl und streckte Heinischs Frau die Hand hin. Biggi, dachte er, der Name wäre mir von alleine nie eingefallen, aber stimmt, sie hieß Biggi.

»Ihr kennt euch, oder?«, wiederholte Heinisch.

»Kann sein«, sagte Biggi, ohne Taboris Hand zu ergreifen.

»Ist lange her«, versuchte Tabori, die Situation zu überspielen.

Biggi machte keine Anstalten, ihren Kimono zu schließen. Als sie sich auf Heinischs Schoß setzte, küsste er ihren Hals und grinste anzüglich.

»Und du denkst, ich mache es mit kleinen Polizeianwärterinnen«, nuschelte er. »Wozu? Ich hab doch alles, was ich brauche, viel bequemer hier im Haus. – Alles, was ich brauche«, wiederholte er. »Und wann immer ich es brauche.«

»Seh ich«, sagte Tabori, nur um überhaupt etwas zu sagen. Die Doppeldeutigkeit seiner Antwort ging ihm erst hinterher auf.

Biggi kicherte und strich Heinisch über die geröteten Wangen.

»Dein Bärchen ist gleich für dich da«, flüsterte Heinisch, »nur zwei Sätze noch zu meinem alten Kumpel.« Er schob seinen Kopf an ihren Brüsten vorbei und beugte sich über den Tisch zu Tabori. Seine Stimme klang atemlos, als hätte er keine Zeit zu verlieren.

»Pass auf, ich sag dir jetzt was. Ich habe nicht umsonst alles dafür getan, diesen Posten zu kriegen. Ich will was verändern, verstehst du? Ich will in diesem Saustall endlich mal aufräumen, und dazu muss ich an die großen Fische ran, sonst bringt das gar nichts! Und glaub mir, wenn ich das schaffe, dann rollen Köpfe, und zwar ganz oben! Aber wenn ich jetzt die Nerven verliere, war alles umsonst. Also halte ich für den Moment mal schön den Deckel auf dem Topf und lasse eben Respekt und seinen kleinen, privaten Horrorladen nicht hochgehen, sonst hätte ich nämlich das bisschen Vertrauen gleich wieder verspielt, das ich mir gerade erst mühsam erworben habe. Ich bin im inneren Kreis, Mann, und ich muss sie in Sicherheit wiegen, sie müssen das Gefühl haben, dass ich ihnen den Rücken freihalte, und nicht, dass ich ihnen vielleicht ans Bein pissen will. Aber meine Stunde kommt, mein Wort darauf!«

»Alles klar, und deshalb lässt du jetzt Studenten-WGs ausheben, das macht natürlich Sinn.« Tabori gab sich keine Mühe, den Sarkasmus in seiner Stimme zu verbergen.

»Aber ja doch, das macht Sinn! Damit richte ich jedenfalls keinen Schaden an und stell mich nicht selber ins Aus, kapierst du das nicht?« Heinisch nahm einen Schluck Whiskey. »Ich weiß, was du sagen willst, aber deine Sympathie für linke Studenten in allen Ehren, es passiert ihnen doch überhaupt nichts! Okay, wir mischen sie mal wieder ein bisschen auf, aber damit tun wir ihnen nur einen Gefallen, weil sie ihr Feindbild zementieren können, also haben sogar beide Seiten was davon. Im Übrigen sollte es selbst dich stutzig machen, wen ich da für die Koordination eingesetzt habe, alte Freunde von dir, wenn ich mich nicht irre.«

Lepckes Verstärkung, dachte Tabori, Carlos und Ulrike, und: Wenn das von Heinisch wirklich geplant war, dann waren die beiden allerdings fast die Garantie dafür, dass die geplanten Aktionen zielsicher im Sand verlaufen würden – es würde schlimmstenfalls Hausdurchsuchungen genau da geben, wo außer ein paar Handzetteln und Plakaten ohnehin nichts zu finden war …

Heinisch blickte ihn abwartend an, fast als würde er auf Beifall warten. Tabori schüttelte den Kopf. Er war fast versucht, Heinisch tatsächlich zu glauben, gleichzeitig wurde er das Gefühl nicht los, nach Strich und Faden verarscht zu werden. Obwohl auch das keinen Sinn ergeben würde. Warum? Um sich selber ins rechte Licht zu rücken, um Tabori zu beweisen, dass er nicht das Dreckschwein war, für das Tabori ihn schon aus Prinzip halten wollte? Die Informationen, die er Tabori gegeben hatte, waren zu lückenhaft, und seine Anschuldigungen schienen größtenteils aus der Luft gegriffen, andererseits war da der deutliche Eindruck, dass es Heinisch ernst damit war. Tabori brauchte Zeit, um das irgendwie sortiert zu kriegen, im Moment durchschaute er die Zusammenhänge noch nicht, vielleicht war das Hauptproblem auch, dass er Heinisch gar nicht glauben wollte. Nicht wirklich jedenfalls.

»Ich sehe dich sprachlos«, blubberte Heinisch selbstgefällig vor sich hin. »Das ist ja mal was ganz Neues! Aber klar, damit hast du nicht gerechnet! Es wäre natürlich einfacher für dich gewesen, wenn du weiter in deinen Schubladen hättest denken können: Böser Polizeipräsident, der auch noch einem perversen Hobby frönt, aber tut mir leid, Alter, damit kann ich nicht dienen.«

»Du wolltest nur zwei Sätze sagen, Bärchen«, mischte sich Biggi ein, »aber jetzt redest du schon wieder nur die ganze Zeit über deine Arbeit!« Ihre Stimme klang leicht nölend. Sie zog fröstelnd den Kimono über der Brust zusammen und blickte vorwurfsvoll zu Tabori. »Ich kann es langsam nicht mehr hören, seit Stephan den neuen Posten hat, geht es immer nur darum, wie korrupt der ganze Polizeiapparat ist und was er dagegen tun kann, aber eigentlich …«

»Du hast ja so recht«, unterbrach Heinisch sie, während er sie sanft von seinem Schoß schob. »Eigentlich sollte mich das alles nicht mehr kümmern. Aber ich kann nun mal nicht anders! Und wer könnte das besser verstehen als du?«, wandte er sich erneut an Tabori. »Also lass uns wegen der Sache in Kontakt bleiben, ich brauche jemanden, mit dem ich darüber reden kann, nächste Woche vielleicht, ich melde mich bei dir, bis dahin hast du Zeit genug, dir das in aller Ruhe durch den Kopf gehen zu lassen, was ich dir erzählt habe. Aber hau mir jetzt nicht dazwischen«, setzte er hinzu. »Sonst würde ich mich womöglich noch gezwungen sehen …« Heinisch zuckte mit der Schulter. »Du weißt schon, was ich meine. Du bist schneller weg vom Fenster, als du denken kannst. Und das Gleiche gilt auch für deinen Freund Lepcke da, sag ihm das ruhig.«

»Du drohst mir?«, fragte Tabori verblüfft.

»Nein, ich brauche nur einen Freund, der mich jetzt nicht dranhängt.« Er erhob sich schwerfällig. »Zeit fürs Bett, auch für dich. Am besten du verschwindest auf demselben Weg, auf dem du gekommen bist …«

Er wollte Tabori die Hand hinstrecken, hielt aber mitten in der Bewegung inne. Tabori spürte den Luftzug in seinem Rücken, noch bevor er irgendein Geräusch hörte. Aber seine Reaktion war zu langsam. Keine zwei Sekunden später wurde er von seinem Stuhl hochgerissen und ging zusammen mit dem Tisch zu Boden, eine Hand griff brutal in seine Haare und drückte seinen Kopf mit dem Gesicht nach unten auf die Holzbohlen, während ihm gleichzeitig ein Knie in den Rücken gerammt und der linke Arm schmerzhaft nach hinten gedreht wurde.

Biggi kreischte durchdringend, eine Stimme brüllte: »Vorsicht, Schusswaffe!«, dicht neben Taboris Kopf schurrte ein Fußtritt die Taschenlampenpistole über den Boden, als sie mit einem hässlichen Knacken gegen das Hausfundament prallte, brüllte die gleiche Stimme: »Gesichert!«

Für einen Moment hörte Tabori nur seinen eigenen, hämmernden Herzschlag und seinen keuchenden Atem, dann war es eindeutig Heinisch, der ganz ruhig sagte: »Sie kommen ein bisschen sehr spät, meine Herren. Ich hatte deutlich eher mit Ihnen gerechnet …«

21

Gleich nachdem er auf die Autobahn aufgefahren war, hing sich Tabori hinter einen polnischen Autotransporter, der mit gut hundertzwanzig und schlingerndem Anhänger die mittlere Spur besetzt hielt. Der Verkehr war immer noch so dicht, dass sich Tabori fragte, wieso das elektronische Leitsystem »freie Fahrt« erlaubte, außerdem hatte es wieder heftig zu regnen angefangen. Jeder Wagen, der links vorbeizog, schleuderte hohe Wasserfontänen auf die Windschutzscheibe des Passats. Tabori konzentrierte sich darauf, den Abstand zu den Rückleuchten vor ihm möglichst gleich zu halten, die rechte Lampe flackerte unregelmäßig. Im Radio spielten sie »Bridge over Troubled Water« von Simon and Garfunkel, ein Hörerwunsch. Die Hörerin hatte gerade erklärt, dass sie »Paul und Art« immer schon einfach »süüüß« gefunden habe. Tabori hatte Simon and Garfunkel noch nie gemocht und daran würde sich wohl auch nichts mehr ändern …

Der Schreck saß ihm immer noch in den Knochen, das kurze Zwischenspiel auf Heinischs Terrasse hatte ihn mehr verstört, als er sich eingestehen mochte. Vor allem war es seine Hilflosigkeit gewesen, die ihn jetzt irritierte, der Totstell-Reflex, der sofort eingetreten war, kaum dass er mit dem Gesicht nach unten auf den Holzbohlen lag. Und als sie ihn dann mit vorgehaltenen Waffen auf einen Stuhl gezerrt hatten und er die beiden Zivilpolizisten aus dem Audi erkannte, war er unfähig zu irgendeiner anderen Reaktion gewesen als dem vergeblichen Versuch, das Zittern in seinen Händen unter Kontrolle zu bekommen. Schließlich war es Heinisch gewesen, der ihm – zur Verblüffung der beiden Cobra-Elf-Helden – eine angezündete Zigarette zwischen die Lippen gesteckt hatte. Überhaupt hatte Heinisch die Situation ganz offensichtlich genossen und umso mehr den überlegenen Krisenmanager gespielt, je weiter sich die Zivilbeamten in Entschuldigungen über ihren verspäteten Einsatz verstrickten: »Ich muss mich auf Sie verlassen können, und zwar hundertprozentig! Ich brauche ganz sicher keinen Personenschutz, wenn trotzdem jeder nach Belieben auf meine Terrasse spazieren kann!« Gefolgt von einem kurzen Zwinkern zu Tabori, wie um ihr heimliches Bündnis zu bekräftigen, das sie beide zwang, ihre Rollen zu spielen, und die souveräne Lösung des Problems: »Unter anderen Umständen hätte das zweifellos ein Nachspiel zur Folge, aber ich will das nicht unnötig an die große Glocke hängen, ich schlage vor, wir handhaben das so, als hätte das Ganze nie stattgefunden. Ich hatte keinen Besuch, für Sie ist der Abend ohne besondere Vorkommnisse verlaufen, kein Nachspiel, keine Aktennotiz, habe ich mich deutlich genug ausgedrückt?«

»Aber … was ist jetzt? Also, was machen wir jetzt mit ihm? Sollen wir ihn einfach …?«

»Ich weiß nicht, von wem Sie reden. Es ist niemand weiter hier außer meiner Frau und mir, und Sie haben nur mehr oder weniger diskret noch mal eine Runde gedreht und festgestellt, dass alles bestens ist und wir gerade dabei waren, ins Bett zu gehen.«

Heinisch hatte gewartet, bis die beiden Beamten durch den Garten verschwunden waren, dann hatte er Biggi ins Haus geschickt und, während er sich nach der Taschenlampe bückte, irgendetwas vor sich hingemurmelt, von dem Tabori nur das Wort »Marionetten« verstand. Die Taschenlampe war bei dem Aufprall zu Bruch gegangen, als Heinisch den Lauf nach unten hielt, fielen Glassplitter auf den Boden.

»Das war's dann wohl mit dem guten Stück, schade drum. Aber wenn wir schon davon sprechen: Wo hattest du sie eigentlich damals her? – Warte, sie gehörte deinem Opa, hast du behauptet, jetzt erinnere ich mich wieder. Und dein Opa wohnte in dem alten Haus da an der Leiblstraße, Leiblstraße Ecke Großbuchholzer Straße, richtig? Die hatten Hühner im Garten und ein Pony oder so was, weiß ich noch, aber du wolltest nie irgendjemanden mitnehmen, wenn du da hin bist, das war dir irgendwie peinlich, habe ich schon damals gedacht. Aber jetzt kannst du es ja ruhig sagen: Das waren alles Zigeuner da in dem Haus, habe ich recht? Roma oder Sinti oder was weiß ich, aber ist ja auch egal …«

Das war der Moment gewesen, in dem Tabori zum ersten Mal wieder den Mund aufgekriegt hatte.

»Sinti. In Hannover gab es immer mehr Sinti als Roma. Im Altwarmbüchener Moor war übrigens ein Lager für Sinti, falls es dich interessiert, von dort sind sie direkt nach Auschwitz gebracht worden. Aber du hast recht, ist ja auch egal, ist lange her! Allerdings solltest du vielleicht die Durchläufe besser lesen, die bei dir auf dem Schreibtisch landen, zum Beispiel zur offiziellen Sprachregelung. Wir reden jetzt nur noch von MEMs. Mobile Einwanderer-Menschen, so heißt das jetzt. – Es sind übrigens Typen wie du, die sich so was ausdenken. Schreibtischtäter. Papiertiger!«, hatte er noch hinzugesetzt und war grußlos gegangen. Heinischs mitleidiges Lächeln hatte ihn bis in die Dunkelheit des Gartens verfolgt.

Er hat es vorhin selber gesagt, hatte Tabori gedacht, als er durch die Gartentür auf die Straße getreten war, wir sind nichts als Marionetten. Aber der Puppenspieler, der die Fäden in der Hand hält, ist ganz sicher auch nicht Heinisch.

Die Lichthupe des Audis hatte zweimal kurz aufgeleuchtet, Tabori hatte sich zu dem geöffneten Fenster gebeugt.

»Nur damit du nicht denkst, wir wären blöd«, hatte der Fahrer ihm mitgeteilt. »Keine Ahnung, was ihr da am Laufen habt, aber …« Er hatte mit Zeige- und Mittelfinger auf seine Augen gedeutet, und sein Kollege hatte sich vorgebeugt und gesagt: »Du hast übrigens einen Fehler gemacht vorhin! Klaus Schulze, hast du gesagt, das hat uns drauf gebracht. Den Typen gibt's, der war mal eine große Nummer, aber der hat sein Studio in Ovelgönne, nicht in Steinhude! Haben wir extra per Funk recherchiert!«

»Unglaublich«, war das Einzige gewesen, was Tabori dazu eingefallen war, »ihr seid echt gut!«

Als er sich wenig später über den dunklen Parkplatz zu seinem Wagen zurückgetastet hatte, zuckte bereits heftiges Wetterleuchten über den Horizont.

Der Autotransporter vor Tabori wechselte abrupt auf die rechte Spur und bog haarscharf vor einem LKW auf den nächsten Parkplatz ein. Im Vorbeifahren sah Tabori den grell leuchtenden Fernseher, der auf das Armaturenbrett montiert war und nahezu die ganze Sicht versperrte. Im Radio lief mittlerweile ein neuer Hörerwunsch, »YMCA«, was Tabori nach Simon and Garfunkel durchaus passend empfand.

Zehn Minuten später war er zu Hause. Er schaltete den

Motor und die Scheinwerfer aus und ließ den Passat in die Einfahrt rollen, um die Hunde nicht aufzuwecken. Im Zirkuswagen brannte Licht, hinter dem Fenster lief Warren auf und ab und stieß immer wieder die Arme in die Luft, während er gleichzeitig in irgendeinem schnellen Rhythmus mit dem Kopf ruckte. Tabori brauchte einen Moment, um zu begreifen, dass Warren tanzte. Als er die Zündung wieder einschaltete und das Fenster öffnete, hörte er gedämpft die unverkennbaren Gitarrenriffs irgendeines alten Stones Songs. Er war irgendwie froh, dass Warren nicht zu YMCA tanzte.

Er legte den Kopf gegen die Nackenstütze und schloss die Augen. Als Lisa an seine Scheibe klopfte, war er fest eingeschlafen. Er fuhr hoch und stieß sich den Ellenbogen an der Türverkleidung, der Zirkuswagen lag inzwischen im Dunkeln, dafür fiel ein breiter Lichtstreifen aus dem Küchenfenster in den Garten.

»Wie spät ist es?«

»Kurz nach eins. Seit wann bist du hier?«

»Ich weiß nicht, elf, halb zwölf vielleicht. Ich hab nicht auf die Uhr geguckt. – Dein Vater hat getanzt.«

Lisa verdrehte die Augen.

»Ich fürchte, unser kleiner Liebling Svenja hat ihm Dope mitgebracht.«

»War sie da? Svenja, meine ich?«

»Sie ist noch da. Sie will mit dir reden. Sie hat da ein Heft angeschleppt, von ihren Leuten aus dem besetzten Haus, heißt ›Anti-Mafia‹, so eine Art Sammlung von Aufsätzen zur Wirtschaftskriminalität, und sie meint, das müsste dich interessieren. Aber der Hammer ist, dass es dich vielleicht wirklich interessiert. Zusammen mit dem, was Markus inzwischen rausgekriegt hat, gibt das nämlich vielleicht ein ganz brauchbares Bild. – Lepcke, meine ich«, setzte Lisa hinzu, als sie sah, dass Tabori mit dem Vornamen wieder mal nichts anfangen konnte.

Unwillkürlich blickte Tabori in den Rückspiegel. Im trüben Schein der Straßenlaterne konnte er Lepckes alten Saab mehr erahnen als wirklich erkennen. Aber es gab keinen Zweifel, vorhin war der Parkplatz noch frei gewesen, Lepcke musste also kurz nach ihm gekommen sein.

»Willst du sagen, Lepcke sitzt bei uns in der Küche und diskutiert einen Fall, an dem er gerade dran ist, ausgerechnet mit Svenja?«, fragte Tabori ungläubig. »Das ist gegen jede Vorschrift …«

Lisa zuckte mit den Schultern.

»Ich glaube, seit sie versucht haben, ihn stillzustellen, ist ihm das alles egal. Sie sitzen jedenfalls beide in der Küche und warten auf dich. Keine Ahnung, wieso Markus nicht schon eher gesagt hat, dass du da bist, aber er ist sowieso völlig durch den Wind. Wo warst du überhaupt den ganzen Abend? Markus sagt, du wärst nach der Beerdigung einfach verschwunden …«

»Ich habe jemanden besucht.«

Lisa wartete einen Moment, dann sagte sie: »Gut, dass wir darüber gesprochen haben, dann weiß ich wenigstens Bescheid.«

Tabori schüttelte den Kopf.

»Es ist kompliziert, ich weiß auch nicht. Er hat mich immerzu ›Deggi‹ genannt, das hat er früher schon, und da hat es mich auch schon immer geärgert. Keiner sonst hat mich so genannt. Als ob wir die besten Freunde überhaupt gewesen wären, oder immer noch sind. Keine Ahnung, ob ich ihm trauen kann! Eigentlich halte ich ihn für ein ausgemachtes Dreckschwein, aber …«

»Interessant.« Lisa lachte. »Deggi, nicht schlecht, muss ich mir merken. – Und von wem reden wir gerade?«

»Ich brauche Zeit, um nachzudenken.«

»Und du willst nicht vielleicht mit mir in die Küche kommen und …«

»Eher nicht, nein. Ich muss mit Lepcke reden, aber jetzt noch nicht. Und ganz sicher nicht, wenn die kleine Kifferin ihren Senf dazugibt. – Haben wir eigentlich die Leiter von den Nachbarn zurück?«

»Was?«

»Die Leiter, die du ihnen geliehen hast, damit sie an ihre Dachrinne kommen! Dann müsste ich nicht durch die Küche.«

Lisa lachte erst, dann tippte sie sich an die Stirn. »Du meinst das ernst, oder?«

Tabori nickte.

»Sag mal, du bist doch nicht mehr ganz dicht! Du willst doch jetzt nicht allen Ernstes mit der Leiter durchs Fenster in dein Zimmer?«

»Warum nicht? Du kannst doch einfach sagen, ich wäre nicht im Auto gewesen, und du hättest auch keine Ahnung, wo …«

»Hör auf, Tabori, es reicht! Du redest Blödsinn.«

»Wieso?«, beharrte Tabori. »Ich will keinen sehen, ich kann jetzt nicht. Ich krieg keinen klaren Gedanken mehr zusammen.«

»Das merke ich. Aber ich schätze mal, du willst vor allem

Lepcke nicht sehen, und das hat nichts mit dem Fall zu tun, sondern ausschließlich damit, dass ich mit ihm ins Bett gehe, und das passt dir nicht! Aber ich sag dir was …« Lisa ging um den Passat herum und stieg auf der Beifahrerseite ein. »Fahr los. Irgendwohin, wo wir reden können. Nur wir beide. – Jetzt guck nicht so entsetzt, mach schon, bevor sie sich im Haus fragen, was los ist. Lass uns in diese Obstweinkneipe am Kanal fahren, die müsste noch aufhaben.«

»Und Lepcke? Ich meine …«

»Meine Sache, oder? Er wird es schon verkraften. Entweder ist er nachher noch da oder nicht, mach dir deshalb keine Gedanken. Und, nein, bevor du jetzt fragst: Ich hab mich nicht über ihn geärgert, er nervt mich auch nicht, der Sex mit ihm ist gut, es läuft, wie es läuft, aber mehr wird es auch nicht werden, reicht dir das? – Und jetzt fahr endlich!«

Tabori drehte den Schlüssel. Als der Motor ansprang, schlugen auch die Hunde an. Tabori warf einen Blick zu Lisa hinüber. Sie zuckte mit den Schultern, zog die Beine an und stemmte die Füße gegen das Armaturenbrett. Tabori wusste, dass das ihre Lieblingshaltung war, wenn sie notgedrungen den Beifahrer spielen musste, gleich würde sie den Kopf gegen die Scheibe lehnen und ihren eigenen Gedanken nachhängen.

Aber diesmal war es anders. Tabori hatte gerade erst gewendet, als sie zu reden anfing. Ihre Stimme war so leise, dass er Mühe hatte, sie zu verstehen.

»Es hat in den letzten Monaten mehrere Razzien im Rotlicht-Milieu gegeben, und es ging sowohl um Rauschgift als auch um illegalen Waffenbesitz. In allen Fällen war das Ergebnis gleich Null. Kein Koks, kein Heroin. Nur ein paar Exstasy-Pillen und geringe Mengen von eigentlich rezeptpflichtigen Arzneimitteln, mehr nicht, aber gerade genug, dass es reichte, im Einsatzbericht nicht als völlig gescheitert dazustehen. Und das Gleiche bei den Waffen, die üblichen Stilettos, zwei oder drei Handfeuerwaffen, für die es keinen Waffenschein gab, allerdings auch keinen Besitzer, dem man sie hätte zuordnen können. Als wäre das Ganze fingiert gewesen, als hätte die Szene genau Bescheid gewusst, wann welcher Laden durchsucht würde.«

»Jemand hat geredet ...«

»Jemand, der die Einsatzpläne kannte. Oder sie selber aufgestellt hatte. Und dir ist auch klar, wer, oder?«

Tabori war plötzlich hellwach.

»Beim Rauschgift, ja. Da ist die Hundestaffel beteiligt, also war Respekt derjenige, der ... Aber bei den Waffen macht es keinen Sinn. Soweit ich weiß, haben wir keine Hunde, die auf Waffen abgerichtet sind. Ich weiß noch nicht mal, ob wir überhaupt Sprengstoffhunde haben. Der Zoll, ja, aber ...«

»Du lernst es nicht«, unterbrach ihn Lisa. »Ich habe es dir schon hundert Mal erklärt: Es sind immer dieselben Hunde, selbst bei der Leichensuche stolpern sie mit den Rauschgifthunden in der Gegend rum. Ich habe das oft genug erlebt, die Hunde machen sich gut für die Pressefotos, mehr nicht. Es geht nicht darum, wofür sie abgerichtet sind, sondern dass die Etats für die Hundestaffeln gerechtfertigt sind und nicht zusammengestrichen werden.«

»Also ebenfalls Respekt als Koordinator, aber was hat das Ganze ...«

»Kein Aber. Markus ist drauf gekommen, weil ihn einer der Codenamen auf der Liste stutzig gemacht hat. ›Goldkettchen‹, das ist ein Immobilienhai, der den Kollegen von der

Sitte durchaus bekannt ist. Nicht nur, dass ihm mehrere Häuser im Rotlichtviertel gehören, sondern er mischt anscheinend unter anderem auch kräftig im Schutzgeld-Geschäft mit, nur dass sie ihm bisher nie irgendwas anhaben konnten, weil er ein paar gute Freunde hat, die ihm den Rücken freihalten.«

»Mal langsam«, sagte Tabori, während er in die Straße einbog, die zwischen den Kleingärten am Kanal entlang führte. »Also akzeptiert, Respekt war der Mittelsmann bei der Polizei, der irgendwelche Leute, die hinter ein paar unsauberen Geschäften im Milieu stecken, mit Informationen versorgt hat. Okay. Aber ich sehe noch nicht den Zusammenhang zu dem Mord an der Anwärterin oder ...«

Tabori bremste abrupt, als ihm ein neuer Gedanke durch den Kopf schoss. Lisa sprach aus, was er dachte.

»Es sei denn, die Anwärterin hatte irgendetwas herausgefunden, was genau mit diesen Verflechtungen zu tun hatte. Und sie wollte reden, deshalb musste sie verschwinden.«

»Es ging ihr vielleicht gar nicht darum, was intern in der Hundeführer-Ausbildung passierte! Oder zumindest hatte irgendjemand Angst, dass es ihr nicht darum ging, sondern ...«

Lisa nickte.

»Und jetzt erzähle ich dir auch noch, worum es in dem Bericht in diesem »Anti-Mafia-Heft« von Svenja geht ...«

22

Als sie aus der Obstweinkneipe zurückkamen, dämmerte es bereits. Lepckes Auto stand nicht mehr auf der Straße, Lisa musste es ebenfalls registriert haben, sagte aber nichts. Im Garten zwitscherte eine Amsel, eine andere antwortete. Der Himmel war wieder wolkenlos, es würde ein heißer Tag werden. In den Nachrichten war die Rede von einer verspäteten Hitzewelle, die sich über Westeuropa ausbreitete, an der französischen Atlantikküste wüteten Waldbrände, mehrere Dörfer hatten evakuiert werden müssen. Aber es war eine Meldung aus den Lokalnachrichten, die Lisa und Tabori noch einen Moment bei eingeschaltetem Radio im Auto sitzen ließ: Aus angeblichem Platzmangel auf dem Gelände des Polizeipräsidiums waren bereits seit dem letzten Winter zwanzig fabrikneue Streifenwagen auf einem öffentlichen Parkplatz am Messegelände abgestellt, die nicht zum Einsatz kamen, weil sie aus unerfindlichen Gründen keine grünen Plaketten für die innerstädtische Umweltzone erhalten hatten. Und niemand fühlte sich zuständig, bei einem Teil der Fahrzeuge waren bereits die Räder abmontiert oder andere Teile wie Außenspiegel oder Wischerblätter verschwunden. Gegen Mittag sollte es jetzt eine Pressekonferenz geben, in der Polizeipräsident Dr. Stephan Heinisch Stellung dazu beziehen wollte, wieso man hier Material im Wert von mehr als einer Million Euro sozusagen wörtlich in den Wind schrieb …

»Na, hoffentlich kommt dein feiner Freund dann überhaupt dazu, sich nebenbei auch noch um den Filz im Rotlicht-Milieu zu kümmern«, sagte Lisa und schaltete das Radio aus. Ihre Stimme troff vor Sarkasmus und ließ keinen Zweifel daran, dass sie Heinisch für genauso inkompetent und verlogen hielt, wie sie es nahezu jedem in irgendeiner Führungsposition unterstellte.

»Er muss ja nicht für jeden Wagen persönlich gefälschte Plaketten basteln«, grinste Tabori, »hoffe ich jedenfalls für ihn.«

Er stieg aus und streckte sich. Er merkte erst jetzt, wie müde er war.

»Kaffee oder Bett?«, fragte Lisa, während sie um den Passat herum auf Tabori zukam.

Tabori war sich nicht sicher, wie sie das mit dem Bett meinte, die gemeinsam durchzechte Nacht hatte eine Nähe zwischen ihnen hergestellt, wie sie schon lange nicht mehr da gewesen war. Im Übrigen war ihm durch Lisas Affäre mit Lepcke – oder vielmehr seine eigene und unerwartet eifersüchtige Reaktion darauf – plötzlich klar, dass er vielleicht doch mehr von Lisa wollte als die bloße Freundschaft in einer Wohngemeinschaft.

Lisa stand jetzt direkt vor ihm, sie tippte ihm mit den Fingerspitzen leicht gegen die Stirn: »Irgendjemand zu Hause?«

Lisas Augen waren im Dämmerlicht wie dunkle Höhlen in dem bleichen Oval ihres Gesichts, er spürte den Luftzug ihrer Bewegung, das Knistern zwischen ihnen war fast greifbar. Als sie den Kopf leicht nach hinten beugte, fühlte er, wie irgendetwas in seinem eigenen Kopf leer lief, als würde die Zeit stehen bleiben und es gäbe nur noch ihn und sie und …

Er zog die Hände aus den Taschen seiner Jacke – und dann waren plötzlich die Hunde da. Vor Freude wild kläffend kamen sie durch den Garten gejagt, die beiden Rudelchefs voran, und bevor Tabori noch reagieren konnte, hatte Rinty bereits zu seinem Lieblingstrick angesetzt und sprang ihm aus vollem Lauf mit vorgestreckten Vorderpfoten genau in den Bauch. Der Aufprall ließ Tabori vor Überraschung keuchend zusammenklappen und in die Knie gehen, Rinty leckte ihm unverzüglich begeistert übers Gesicht. Neben sich hörte er, wie Lisa lachend die anderen Hunde abwehrte, dann war auch Warren da, wieder in dem unvermeidlichen Reitermantel, allerdings – wohl der irrigen Annahme geschuldet, um diese Zeit ohnehin niemanden anzutreffen – mit nichts darunter als einem hellgestreiften Schlafanzug.

Er streckte Tabori die Hand hin und half ihm auf die Füße.

»Wir haben uns noch gar nicht begrüßen können«, sagte er. »Aber was haltet ihr von einem schnellen Espresso? Jetzt, bei mir im Wagen, ich lad euch ein. Ich bringe nur schnell die Hunde in den Zwinger und zieh mir was anderes an, dann bin ich so weit …«

Tabori warf einen Blick zu Lisa hinüber. Sie lächelte leicht spöttisch und nickte. »Wer weiß, wofür es gut ist.«

Tabori zuckte mit den Schultern. Schade, dachte er, auch wenn Lisa wahrscheinlich recht hatte. Dennoch, das Risiko wäre es wert gewesen.

»There's always next year«, brachte er resigniert grinsend an, eine der typisch irischen Floskeln, wenn es um verpasste Gelegenheiten ging und die Hoffnung das Einzige war, was blieb, um nicht am Leben zu verzweifeln.

»Zum Beispiel«, kam es lachend von Lisa, und Tabori merkte, dass ihre Antwort ihn merkwürdig glücklich machte.

»Hört mal«, sagte Warren in ihr kleines und nur für sie verständliches Zwischenspiel hinein, »also, wenn es gerade nicht passt, dann verschieben wir das, ich meine, ich wollte euch nicht …«

»Schon okay«, sagte Lisa. »Gib uns fünf Minuten, dann sind wir da! Rinty und Beago dürfen mit ins Haus, kümmere du dich um die anderen, ja?«

Als sie in die Küche kamen und den Tisch mit den zwei leeren Weinflaschen und dem voll gehäuften Aschenbecher sahen, gab es noch einmal einen kurzen Moment, in dem sie beide viel zu dicht nebeneinander standen und es schien, als würde jeder nur auf den ersten Schritt des anderen warten, bis Lisa sich fast unwirsch wegdrehte.

»Es ist zu spät«, sagte sie leise. »There's always next year, lassen wir es dabei. – Ich geh schnell duschen, dauert nur fünf Minuten.«

»Ich räum so lange auf«, nickte Tabori. »Aber wenn Svenja wieder zu sich gekommen ist, sollten wir dringend mit ihr reden. Ich hab keine Lust, jedes Mal ihren Dreck wegzuräumen, das kann sie in ihrer WG machen, aber nicht, wenn sie hier ist …«

»Eher bringe ich Rinty bei, demnächst mit Messer und Gabel zu essen«, war Lisas einziger Kommentar, während sie schon auf dem Weg zu ihrem Zimmer war.

Tabori stellte die leeren Flaschen unter die Spüle, erst als er den Aschenbecher ausleeren wollte, fiel ihm das Foto auf, das unter einen halbvollen Becher mit kaltem Kaffee geschoben war. Ein Schwarzweiß-Foto, das ihn irritiert zu der Wand links und rechts des alten Buffets hinüberblicken ließ. Die Stelle, an die es eigentlich gehörte, stach als leerer Fleck aus den dicht an dicht gehängten Fotos hervor. Lisa und er hatten irgendwann damit angefangen, die Wand vom Boden bis zur Decke mit den verschiedensten Aufnahmen zu tapezieren, die sonst doch nur in alten Alben vergessen worden wären – viele Bilder aus ihrer Kindheit, Schnappschüsse von irgendwelchen Urlaubsfahrten, verwackelte Fotostreifen aus einem Passbild-automaten, auch eine Reihe von Porträts, die sie bei den wenigen gemeinsamen Abendessen mit Freunden gemacht hatten: Lepcke war dabei und natürlich auch Svenja.

Das Foto, das jetzt auf dem Tisch lag, stammte noch aus Taboris Schulzeit, fünf Jungen im Turnzeug, die dicht gedrängt hintereinander auf einem Seitpferd saßen, während ein sechster mit gespielter Anstrengung vorgab, sie gerade quer durch die Sporthalle zu schieben. Dieser sechste Junge war Tabori selber, schon damals, in der siebten oder achten Klasse, mit dem wirren schwarzen Haarschopf, der jeder Bürste zu trotzen schien. Bis auf den dicken Haifisch konnte Tabori die anderen Gesichter auf den ersten Blick nur schwer irgendwelchen Namen zuordnen, aber als er das Foto umdrehte, sah er den mit Schreibmaschine getippten und sorgfältig aufgeklebten Zettel, der genau für diesen Fall gedacht war: »v. l. n. r.«, sechs Nachnamen, dahinter die jeweils dazugehörigen Vornamen, sein eigener der letzte in der Reihe, in der Mitte dann Heinisch, Stephan, nachträglich mit Kugelschreiber umkreist. Von dem Kreis führte ein Strich zu einer handschriftlichen Bemerkung, die gerade erst geschrieben worden sein konnte. Die Schrift kam Tabori augenblicklich bekannt vor, über die willkürliche Mischung aus Klein- und Großbuchstaben hatte er sich während seiner Dienstzeit in Lepckes Notizen mehr als genug geärgert …

Er blickte auf, weil Lisa Türen knallend aus ihrem Zimmer kam und mit schnellen Schritten die Treppe nach oben stürmte. Sie riss die Tür zum Gästezimmer auf, gleich darauf kam sie zurück, sie schien so sauer zu sein, wie Tabori sie lange nicht gesehen hatte.

»Hier! Lies das!«

Sie streckte ihm einen Zettel hin.

»Rate mal, mit wem ich gerade eben noch in deinem Bett war?«, las Tabori halblaut. »Svenja?«, fragte er unnötigerweise nach, »hat sie dir das hingelegt?«

»Natürlich, wer sonst? Und dann hat sie sich vom Acker gemacht, dieses hinterfotzige Biest, jedenfalls ist oben niemand.«

»Und jetzt glaubst du allen Ernstes …?«

»Na, was wohl? Was würdest du glauben?«

Tabori musste lachen.

»Hör auf, Lisa, das ist lächerlich! Man kann Lepcke bestimmt eine Menge nachsagen, vor allem was Frauen angeht, aber ganz bestimmt nicht, dass er mal eben mit der kleinen Kifferin hier bei uns zu Hause in dein Bett steigt! Vergiss es. Sie wollte dir eins auswischen, das ist alles.«

»Aber wieso? Ich meine, was soll das?«

»Ich fürchte, sie sind beide sauer auf uns. Wie auch immer sie darauf gekommen sind, aber auf jeden Fall sind sie überzeugt, dass wir gerade versuchen, sie reinzulegen. Hier, Lepcke hat nämlich auch eine Nachricht hinterlassen.«

Er tippte auf die Kugelschreiber-Notiz auf der Rückseite des Fotos.

»Ich hab ihn an der Brille erkannt«, las jetzt Lisa. »Wer versucht hier eigentlich wen zu verarschen?«

Lisa drehte das Foto um und starrte lange auf das Bild.

»Klasse 7 oder 8«, sagte Tabori. »Heinisch ist der Dicke in der Mitte.«

»Schon klar, steht ja hinten drauf. Aber ich habe gerade über dich nachgedacht. Du sahst damals schon aus wie …«

»Wie was?«

»Vergiss es. Wo haben sie das Foto her?«

Tabori nickte mit dem Kopf zur Wand hinüber.

»Wahrscheinlich war ihnen einfach nur langweilig und sie haben sich die Bilder angeguckt. Und dann hat Lepcke … Keine Ahnung, aber das gehört genau zu den Sachen, die Lepcke zu dem außergewöhnlichen Kriminalisten machen, der er ist. Jeder andere wäre über dieses Foto auf einer Wand mit hunderten von Fotos einfach mit einem Schulterzucken hinweggegangen, aber Lepcke erkennt ausgerechnet Heinisch. Und was immer er sich jetzt zusammenreimt, es ist klar, dass er irritiert ist, muss er ja auch sein, ich habe nie irgendjemandem davon erzählt, dass ich Heinisch kenne oder kannte! Natürlich fühlt er sich hintergangen, und wenn Svenja dann auch noch ihren Senf dazugegeben hat, wittern sie jetzt den ganz großen Verrat. Ich schätze mal, nachdem sie diesen Artikel ausgegraben hat, von dem du erzählt hast, fühlt sie sich ohnehin wie diese Hackerin in den Stig Larsson Romanen, das passt doch perfekt zu ihr.«

»Er ist dein Freund«, wendete Lisa ein. »Und er hätte dich einfach nur zu fragen brauchen, oder?«

»Aber er weiß nicht, ob ich wirklich noch sein Freund bin, darum geht es. Und es ist nicht das erste Mal bei diesem verdammten Fall, dass er sich nicht sicher sein kann, auf welcher Seite ich eigentlich stehe.«

»Dann ruf du ihn an.«

»Ich fahre hin, ich glaube, das ist besser. – Aber komm, dein Vater wartet, lass uns erst noch den Espresso mit ihm trinken, wir haben es ihm versprochen. Und ich brauche ohnehin einen Espresso, und zwar dringend, also, was ist?«

Lisa schüttelte den Kopf. »Geh du schon mal vor, ich dusche erst noch. Ich komme nach, wenn ich mich wieder halbwegs abgeregt habe. Aber Svenja kann sich auf was gefasst machen, wenn sie das nächste Mal wieder auftaucht, das schwöre ich dir.«

»Du spinnst«, sagte Tabori noch mal. »Was ist los mit dir? Lass dich doch von ihrem blöden Spruch nicht völlig aus dem Konzept bringen!«

Lisa biss sich auf die Unterlippe und zog sich mit einer fast kraftlos wirkenden Bewegung einen Stuhl heran. Eine Weile starrte sie auf die Tischplatte vor sich, bevor sie sagte: »Vielleicht hast du recht, vielleicht reagiere ich wirklich über. Es ist nur ... ich finde, solche Witze stehen ihr nicht zu! Es gibt für alles Grenzen, und sie hat gerade eine übertreten. Verstehst du nicht? Es geht nicht darum, was sie geschrieben hat, sondern dass sie es geschrieben hat, um mir eins auszuwischen, und zwar deutlich unter der Gürtellinie, und das will ich mir nicht gefallen lassen. Nicht von ihr und auch von sonst niemandem.«

»Geh duschen. Und wenn du dann keine Lust mehr hast rüberzukommen, leg dich einfach hin und schlaf erstmal. Ich komme auch alleine mit deinem Vater klar.«

Lisa strich sich die Haare zur Seite und blickte Tabori an.

»Vielleicht sind wir einfach blöd, wir beide, vielleicht ist es das. Ich meine, warum … ach, vergiss es, du weißt, was ich meine.« Sie stand auf und hauchte Tabori einen Kuss auf die Wange. »Wenn Warren dich nervt, schmeiß ihn aus dem Wohnwagen, alles klar?«

»Alles klar«, sagte Tabori.

Lisa grinste und verschwand in Richtung Badezimmer.

Es ist nie so einfach, wie es sein könnte, dachte Tabori. Für einen Moment hatte er das Bild vor Augen, wie Lisa und er zusammen im Bett lagen, mit einem Frühstückstablett vor sich, und den beiden Hunden am Fußende, die mit gespitzten Ohren zuhörten, wie Lisa die Schlagzeilen der Morgenzeitung kommentierte. Aber das sind wir nicht, dachte Tabori, das hat nichts mit uns zu tun, das ist nur was für Leute, für die die Welt morgens um sieben noch in Ordnung ist. »Und außerdem ist es noch nicht mal sechs«, sagte er mit einem Blick auf die Uhr halblaut zu sich selber.

23

Warren hatte nicht nur den Kaffee fertig, sondern war gerade dabei, Eier und Schinken, Tomaten, Pilze und Würstchen zu braten. Auf Taboris Information hin, dass Lisa entweder nachkommen oder gleich ins Bett gehen würde – »nimm es ihr nicht übel, sie ist echt ziemlich fertig« – räumte er wortlos Lisas Gedeck wieder ab. Tabori registrierte, dass er ein helles Leinenjackett über einem frischen weißen Hemd trug, auf seiner schwarzen Hose waren Farbflecken, die rechte Jackett-tasche war von einer Bierdose ausgebeult.

Tabori blickte sich um. Er mochte die Atmosphäre, die der alte Zirkuswagen ausstrahlte, die holzverkleideten Wände, die winzige Kochnische, die Einbauschränke, alles auf Pass gearbeitet und ohne einen Zentimeter Raum zu verschenken. Warren hatte seine Sachen immer noch in den Kartons, mit denen er angereist war, als wollte er jederzeit bereit sein, wieder aufzubrechen. Er hatte nur seine Stereoanlage aufgebaut – ein wahres Monstrum aus den Siebziger Jahren, mit Plattenspieler und einem Vierspurtonbandgerät – und ein vergilbtes Plakat an die Wand gehängt, die Ankündigung einer Ausstellung von Wolf Vostell, »Goethe heute«. Daneben war mit Reißzwecken eine Postkarte befestigt, Tabori kannte das Motiv – ein Mann mit dunkler Brille und einer Blindenbinde am Arm, darunter die Schriftzeile ICH KANN KEINE KUNST MEHR SEHEN, eine der vielen Wortspielereien, mit denen der Totalkünstler Timm Ulrichs immer wieder von

sich reden gemacht und nicht nur Hannovers Bildungsbür-
gertum aufgeschreckt hatte. Er beugte sich vor, um auch die
handschriftliche Notiz zu lesen, die an den Rand der Karte
gekritzelt war: »*Leider haben wir uns noch immer nicht getroffen, auf bald, Timm Ulrichs.*«

Warren schob ihm einen voll gehäuften Teller hin, er selbst
aß direkt aus der Pfanne. Die Würstchen schmeckten nach
irgendeinem Gewürz, »Salbei«, erklärte Warren, als Tabori
danach fragte, »die gibt es nur in einem einzigen Laden in
Berlin, ich kauf immer gleich einen Vorrat davon.«

Sie redeten einen Moment darüber, dass zu einem englischen Frühstück eigentlich auch immer noch weiße Bohnen
in Tomatensoße gehören würden, waren sich aber beide einig,
dass es ohne die Bohnen besser schmeckte.

»Keith Richards isst übrigens jeden Morgen original englischen Shepherd's Pie«, erzählte Warren. »Seit fast vierzig Jahren inzwischen. Egal, wo er ist, er lässt sich das Zeug einfach
einfliegen.«

»Scheint ganz gut als Gegengift zum Koks zu funktionieren«,
grinste Tabori. »Vielleicht hat er nur deshalb so lange durchge-
halten. Ich hab dich gestern Abend übrigens tanzen gesehen«,
setzte er dann hinzu. »Das waren auch die Stones, oder?«

Warren schob die Pfanne zurück.

»Ich muss dir was zeigen«, erklärte er als Antwort auf Taboris Frage. »Pass mal auf!«

Er ging zur Rückseite des Wagens und zog ein buntes, in-
disches Tuch zur Seite, unter dem ein vergoldeter Vogelkäfig
versteckt war. Ein Dompfaff flatterte aufgeregt von der Sitz-
stange auf den Boden und fing an, seinen Schnabel an den
Gitterstäben zu wetzen.

»Du musst ja Lisa nicht unbedingt davon erzählen«, sagte Warren. »Ich fürchte, sie würde mich für völlig bescheuert halten. Aber das tut sie sowieso, oder?«

»Wenn du wissen willst, ob sie glaubt, dass du einen Vogel hast – ja, ich denke schon«, grinste Tabori und war sich im gleichen Moment nicht sicher, ob seine Erwiderung tatsächlich so witzig war, wie er gedacht hatte. Aber Warren hob nur den Zeigefinger vor den Käfig. Der Dompfaff hörte auf, seinen Schnabel zu wetzen und legte den Kopf schief, um mit seinen kleinen Knopfaugen den Finger zu fixieren.

Plötzlich pfiff Warren eine schnelle Folge von Tönen – und der Dompfaff wiederholte die Melodie ohne einen einzigen Fehler.

»Gut?«, fragte Warren an Tabori gerichtet.

»Jumping Jack Flash?«, fragte Tabori überrascht zurück. Warren nickte stolz.

»Wir können auch noch ›In the Summertime‹ und ›Love Like a Man‹, nur mit dem Rhythmus hat er manchmal noch Schwierigkeiten.«

»Aber …«, setzte Tabori an.

»Was das soll?« Warren lachte. »Ich hab mal was von einem alten Mann im Harz gehört, der angeblich sein Geld damit verdient hat, dass er Dompfaffen irgendwelche Volkslieder beibrachte. ›Ein Jäger aus Kurpfalz‹ und solche Sachen. Und ich wollte wissen, ob das auch mit anderen Melodien geht.«

Warren warf das Tuch zurück über den Vogelkäfig und setzte sich wieder.

»Darf ich?«, fragte Tabori und hielt die Zigarettenschachtel hoch. »Nur eine, dann muss ich los.« Vielleicht wollte er nur den Zeitpunkt noch hinauszögern, an dem er mit Lepcke reden musste. Aber er fühlte sich wohl im Zirkuswagen und er mochte Warren, auch wenn er ein komischer Kauz war, der jetzt Dompfaffen beibrachte, irgendwelche Rocksongs zu pfeifen.

Warren holte einen Aschenbecher.

»Rauch ruhig, kein Problem. Ich hab nur aufgehört damit, weil ich die Treppen zum Atelier nicht mehr hochgekommen bin.«

Tabori erkannte den Rest eines Joints im Aschenbecher, sagte aber nichts, sondern zündete sich die Zigarette an und blies den Rauch an die Decke. »Du hast auch aufgehört zu malen, habe ich gehört.«

»Gut, reden wir. Ja, ich habe aufgehört zu malen.« Warren zeigte auf die Postkarte von Timm Ulrichs. »Deshalb. – Und du bist nicht mehr bei der Polizei, aber hast trotzdem nicht aufgehört, Polizist zu sein. Das habe ich jedenfalls gehört.« Er blickte Tabori fragend an.

»Scheint so«, sagte Tabori und fragte sich, worauf Warren hinauswollte. Zumindest war klar, dass es plötzlich um mehr ging als Smalltalk.

»Aber es geht dir nicht gut damit«, stellte Warren fest. »Du hast ein Problem, und das hat nichts damit zu tun, dass du offiziell kein Bulle mehr bist und dich zurücksehnst nach deiner Uniform. In einem Satz zusammengefasst: Ich hab keine Ahnung, warum du den Dienst quittiert hast, aber eigentlich wärst du nur einfach gern ein guter Bulle, der seine Fähigkeiten dazu einsetzt, das Verbrechen zu bekämpfen! Nur dass auch du inzwischen kapiert hast, dass du mit dem Rücken zur Wand stehst – es geht nicht mehr nur darum, einen Mord aufzuklären, einen Täter zu überführen, unschuldige Opfer vor irgendwelchen Übeltätern zu schützen. Das alte Schwarz-weiß-Bild von Gut und Böse funktioniert nicht mehr, schon lange nicht mehr, das Verbrechen hat längst Dimensionen angenommen, die weit über das hinausgehen, was du als Einzelner lösen kannst, egal ob du nun Kommissar bist oder einfach nur jemand, der immer noch an ein funktionierendes Rechtssystem glaubt oder überhaupt an irgendeine Form von Gerechtigkeit.«

Tabori zündete sich eine neue Zigarette an dem Rest der alten an.

»Schön gesagt, das trifft es ganz gut. Mit der Einschränkung allerdings, dass ich das auch schon mitgekriegt hatte, bevor ich den Verein verlassen habe. Aber das ändert nichts daran, dass du recht hast. Und genau das zieht mir gerade den Boden unter den Füßen weg, ich weiß nicht mehr, worum es eigentlich geht. Doch, natürlich weiß ich es, ich habe zwei Morde, die nicht aufgeklärt sind, und eine Entführung, die vielleicht Mord Nummer drei wird, ich bin in etwas verwickelt, das ich nicht einfach hinnehmen kann und darauf warten, dass die ehemaligen Kollegen das vielleicht irgendwann gelöst kriegen. Das betrifft mich ganz persönlich, aber je tiefer ich grabe, umso mehr … ich weiß nicht, ob ich dir das jetzt alles erzählen soll, es ist mein Problem, ich …«

»Du bist kein Bulle mehr, also gibt es auch nichts, was du nicht jedem erzählen dürftest, oder? Und ich hab dich gefragt, also!«

»Genau wie du gesagt hast, ich bin Polizist, was anderes kann ich nicht. Für mich geht es darum, die Wahrheit zu finden. Aber ich habe das klare Gefühl, dass es nicht unbedingt der Wahrheit dient, wenn ich in zu vielen dunklen Ecken gleichzeitig herumstochere. Nur dass diese dunklen Ecken da sind, und ich auch nicht einfach so tun kann, als gäbe es sie nicht. Also pass auf, in Kurzform …«

In groben Zügen berichtete Tabori von den Morden an der Polizeianwärterin und dem Leiter der Hundeführer-Abteilung, dann kam er auf das, was Heinisch erzählt hatte und was durch den Artikel, der in dem Heft aus Svenjas WG abgedruckt war, neues Gewicht bekommen hatte: »Wir reden hier von Geldwäsche im großen Stil, womöglich auch Mädchenhandel und Zwangsprostitution, und die Verflechtungen reichen weit über das Rotlicht-Milieu hinaus, bis in höchste Kreise aus Politik und Wirtschaft. Aber der eigentliche Knackpunkt ist, dass es da sogar schon mal eine Sonderkommission gab, die über Jahre hinweg entsprechendes Beweismaterial zusammengetragen hat, und zumindest die Tatsache der Geldwäsche mit allen Namen und Daten belegen konnte – aber dann von oben zurückgepfiffen wurde, und zwar nicht polizeiintern, sondern von Seiten des zuständigen Ministeriums! Das heißt, das Business läuft sozusagen ganz offen weiter, ohne dass irgendjemand auf Ermittlungsebene einen Zugriff hätte …« Als er sah, dass Warren etwas sagen wollte, hob Tabori die Hand. »Warte, ich bin gleich fertig. Der Zusammenhang fehlt noch zwischen meinen Morden und den Verflechtungen, von denen in diesem Zeitungsbericht die Rede ist: Als wir anfangen, den Hintergrund eines der Mordopfer – nämlich dieses Ausbilders – zu durchleuchten, werden auch wir zurückgepfiffen, beziehungsweise Lepcke. Aber wir stoßen trotzdem noch auf eine Namensliste, alles Codenamen, die sich aber bestimmten Personen zuordnen lassen, die wiederum zum Kreis derjenigen gehören, die auch in besagtem Zeitungsbericht mehr oder weniger offen benannt werden. Und um das Chaos perfekt zu machen, gehört auch noch der neue Polizeipräsident dazu, den ich fatalerweise von früher kenne, aus unserer gemeinsamen Schulzeit, und der, als ich ihn zur Rede stelle, nichts Eiligeres zu tun hat, als mir eine Art Verschwörungsgeschichte aufzutischen, die er angeblich selber unter allen Umständen gewillt ist aufzudecken ...«

»Aber du bist dir nicht sicher, ob du an diese Verschwörung glauben sollst?«

»Ich würde gerne nicht daran glauben, aber der Zeitungsartikel über die Soko spricht dafür, dass an der Sache was dran ist. Völlig unabhängig davon, ob der Polizeipräsident das Ganze wirklich auffliegen lassen will oder nur versucht, Zeit zu gewinnen.«

»Lass mich raten«, nickte Warren, »diese Namensliste, das sind Leute, die ganz oben sind, sagst du, gewissermaßen unantastbar, ehrenwerte Mitglieder der Gesellschaft, wie zum Beispiel auch ein ehemaliger Bundesminister?«

Tabori blickte überrascht hoch.

»Ja, wieso? Wie kommst du darauf?«

»Ich war mal auf einer Party bei ihm – falls wir über dieselbe Person reden –, er hatte ein Bild von mir gekauft, zu der Zeit, als es in gewissen Kreisen für chic galt, sich einen echten Warren Mueller an die Wand zu hängen. Wahrscheinlich war ich eingeladen, weil sich diese Leute immer gerne mit einem Vorzeige-Künstler schmücken, so wie man sich früher einen Hofnarren gehalten hat, und je exzentrischer der Künstler, umso besser. Aber jedenfalls erinnere ich mich noch, wie da zwischen Sekt und Häppchen und später dann der einen oder anderen Linie Koks ganz offen irgendwelche Deals verhandelt und per Handschlag besiegelt wurden, unter anderem auch zwischen eben diesem Minister und verschiedenen Vorstandsmitgliedern eines nicht gerade unbekannten Wirtschaftskonzerns. Ich kann dir nicht sagen, worum es genau ging, dazu habe ich mich in der Runde da zu schnell mit jeder Art von Alk weggeschossen, die ich in die Finger kriegen konnte. Aber wenn ich jetzt gerade in der Zeitung lesen darf, dass der Minister nicht mal ein halbes Jahr, nachdem er zurückgetreten ist, als Vorstandsvorsitzender bei einer, ich zitiere, ›der ersten Adressen der deutschen Wirtschaft‹ wieder auftaucht, und wenn diese Adresse dann genau das Unternehmen ist, mit dem er damals … muss ich noch mehr sagen?«

»Du meinst, ich bin naiv, wenn ich das nicht glauben will, was offensichtlich ist.«

»Naiv, ja, das dürfte das richtige Wort dafür sein. – Noch einen Kaffee?«

Tabori nickte.

Während Warren sich an der Espressokanne zu schaffen machte, legte Tabori den Kopf zurück und starrte an die Decke. Seine Gedanken überschlugen sich, und gleichzeitig fühlte er sich seltsam klar. Es gab überhaupt keinen Zusammenhang, da war er sich plötzlich sicher. Es gab nur eine Anwärterin, die die Situation nicht mehr ertragen hatte und reden wollte. Mit ihm. Leider. Aber er hatte nicht reagiert und jemand anders war ihm zuvorgekommen, was sie mit ihrem Leben bezahlen musste. Das war der einzig denkbare Ausgangspunkt für alles, was danach passiert war. Alles andere ergab keinen Sinn. Selbst wenn die Anwärterin durch Zufall etwas herausgefunden hätte, was sich auf Respekt und seine vagen Verbindungen zu dem Kreis ganz oben bezog, hätte ihr niemand geglaubt. Sie konnte auch gar nicht die nötigen Informationen gehabt haben, um wirklich irgendjemandem gefährlich zu werden. Das hätte man eleganter lösen können. Außerdem bliebe dann immer noch die Frage, warum irgendjemand Respekt hätte foltern sollen? Und warum schließlich Damaschke entführt worden war …

Das eine hatte nichts mit dem anderen zu tun, Respekt war nichts als ein kleines Rädchen im Getriebe, ein billiger Informant, der den großen Fischen den Rücken für ihre schmutzigen Geschäfte freihalten sollte, während sie ihn dafür unbehelligt seine kleinen Perversitäten ausleben ließen. Nur dass es Tote geben würde, war nicht einkalkuliert gewesen, und schon gar nicht, dass Respekt selber eines der Opfer sein würde. Womit plötzlich das Morddezernat in die Sache involviert war, mit Lepcke als leitendem Ermittler, der bekannt dafür war, dass er jeden Stein umdrehte, um seinen Fall zu lösen. Und der also schleunigst zurückgepfiffen werden musste, bevor er irgendwelchen Schaden anrichten konnte.

Wobei es nie darum gegangen war, dass er vielleicht zu viel über die Praktiken bei der Ausbildung für die Hundeführer herausfinden würde, das war nichts als eine Marginalie, die man mit einem Untersuchungsausschuss in den Griff kriegen konnte, der den Fall dann mangels Beweisen nach einiger Zeit zu den Akten legen würde. Aber irgendjemand hatte Angst gehabt, dass womöglich das passieren könnte, was jetzt auch tatsächlich passiert war, dass Lepcke über Respekt auf die Verbindung zu dem Netzwerk aus Korruption und Verbrechen stoßen könnte. Deshalb war er zurückgepfiffen worden, deshalb sollte er sich ausschließlich auf die Tätersuche konzentrieren und nicht in Respekts Leben herumwühlen.

Auch wenn das ein Widerspruch in sich war, der jede sinnvolle Ermittlung unmöglich machte. Aber an einem Punkt schloss sich der Kreis: Der oder die Täter mussten aus dem direkten Umfeld der Ausbildungsabteilung kommen …

»Alles andere ergibt keinen Sinn«, sagte Tabori halblaut.

Warren schob ihm einen frischen Espresso hin. Er wartete einen Moment, als Tabori nicht reagierte, fing er an, im Wagen auf- und abzulaufen. Als er das dritte oder vierte Mal an Tabori vorbeikam, stoppte er abrupt und sagte: »Auch wenn es vielleicht gerade nicht passt, aber wir müssten darüber reden, wie es hier so weitergehen soll, schon wegen Lisa. Ich hab ein bisschen nachgedacht in den letzten Tagen, und ich habe da eine Idee.«

Tabori blickte irritiert hoch.

»Schon klar, du hast den Kopf gerade mit anderen Sachen voll«, wiederholte Warren. »Aber trotzdem, lass uns …«

Tabori sprang auf.

»Sorry, Warren, wir machen das später, ja? Ich muss los!«

Ohne ein weiteres Wort stürzte er zur Tür und polterte die Stufen zum Garten hinunter. Er musste mit Lepcke reden. Sie hatten einen Fall zu lösen. Sie mussten einen Mörder finden und durften keine Zeit mehr verlieren, wenn sie nicht riskieren wollten, dass ihnen die Sache noch mehr aus dem Ruder lief, als es schon passiert war. Sie würden sich auf Damaschke konzentrieren müssen, das war im Moment der Ansatzpunkt, der am aussichtsreichsten erschien.

Damaschke hatte seine Entführung nur vorgetäuscht. Er war nie gekidnappt worden, da war sich Tabori fast sicher. Damaschke selber hatte seinen Hund aus dem Zwinger geholt und war jetzt irgendwo da draußen. Er konnte gut der

Mörder sein, den sie suchten, wenn auch das Motiv nicht zu erkennen war. Noch nicht, dachte Tabori, irgendetwas haben wir die ganze Zeit übersehen, aber die Puzzleteile könnten passen. Er war in Dänemark gewesen, er war hier, als Respekt gefoltert wurde und dabei zu Tode kam, er ist genau in dem Moment verschwunden, als die Ermittlungsmaschinerie anlief. Er hat irgendwo ein Versteck und wir müssen ihn aufspüren. Ich muss Lepcke davon überzeugen, dass alles andere unwichtig ist, im Moment jedenfalls, was wir später damit machen, werden wir sehen.

Erst als die Kirchenglocken anfingen zu läuten, wurde ihm klar, dass Sonntag war. Lepcke würde also zu Hause sein. Bevor Tabori in den Passat stieg, zog er sich die Lederjacke aus. Es war jetzt schon heiß, sein T-Shirt klebte unter den Armen und roch verschwitzt.

Tabori startete den Motor. Ganz kurz sah er Warrens Gesicht hinter dem Fenster des Zirkuswagens, als Tabori zum Abschied die Hand hob, kam Warren noch einmal zur Tür: »Wir machen das zusammen, unbedingt! Die Idee wird dir gefallen!«, brüllte er hinter Tabori her und hielt den ausgestreckten Daumen hoch.

24

Lepcke hatte vor kurzem eine Einliegerwohnung im Dachgeschoss eines umgebauten Bauernhofes gemietet. Der Mietpreis war horrend, obwohl die Wohnung kaum mehr als vierzig Quadratmeter haben konnte, aber Lepcke hatte die angrenzende Dachterrasse zu seiner alleinigen Verfügung und konnte tun und lassen, was ihm gefiel. Die separate Außentreppe befreite ihn von jedem lästigen Kontakt mit den Eigentümern der darunter liegenden und wesentlich größeren Appartements. Tabori war erst einmal da gewesen, die ganze Anlage war ihm zu yuppiemäßig, zu sehr auf schick getrimmt, um wirklich Stil zu haben. Außerdem lag das Haus nicht weit entfernt von der Einflugschneise des Flughafens, auf dem jetzt am Sonntagmorgen bereits im zehnminütigen Abstand schon wieder die Billigflieger nach Mallorca starteten.

Tabori parkte den Passat auf dem sauber geharkten Kies zwischen einem Porsche mit kaputter Heckleuchte und eingedellter Stoßstange und irgendeinem amerikanischen Zuhälter-Jeep mit geöffnetem Verdeck. Tabori warf die Bananenschale, die im Passat gelegen hatte und die er eigentlich im Müllcontainer neben der Eingangstür entsorgen wollte, im Vorbeigehen auf den Fahrersitz des Jeeps. Er erinnerte sich an eine Geschichte von seinem Zahnarzt, der sein Cabrio im Sommer neben einem Spielplatz geparkt hatte, und als er vom Einkaufen zurückkam, hatten die Kinder mittlerweile den Wagen voller Sand geschippt.

Lepckes Saab stand gleich neben der Außentreppe, Tabori bemühte sich, möglichst leise aufzutreten, trotzdem hallte jeder Schritt auf der frei schwingenden Eisenkonstruktion vom Mauerwerk zurück. Irgendwo wieherte ein Pferd. Tabori drückte zweimal kurz hintereinander den Klingelknopf an Lepckes Tür und wartete.

Aus einem geöffneten Fenster auf der gegenüberliegenden Seite des Innenhofs hörte er ein Kleinkind plärren.

Bei Lepcke rührte sich nichts.

Tabori klingelte noch mal und realisierte erst jetzt, dass die Klingel abgestellt war. Er wollte aber auch nicht klopfen oder rufen, um die Nachbarn nicht unnötig aufzuschrecken. Er sah sich um, weit und breit war niemand, der ihn beobachtete, er schwang sich über das Geländer und hangelte sich auf dem schmalen Mauervorsprung auf die Dachterrasse hinüber. Er war überzeugt davon, dass Lepcke zu Hause war und nur nicht mit ihm reden wollte.

Lepcke schien ein neues Hobby für sich entdeckt zu haben, von dem Tabori noch nichts wusste. Einen Teil der Terrasse nahm ein künstlicher Fischteich ein, zwischen üppig wuchernden Wasserpflanzen konnte Tabori träge im Kreis schwimmende Kois ausmachen, jeder von ihnen gut dreißig oder vierzig Zentimeter lang, die Oberseiten blaugrau gesprenkelt, dazwischen flitzten kleinere Goldfische hin und her. Tabori konnte sich nur schwer vorstellen, wie Lepcke allabendlich seine Fische fütterte. Neben dem Becken stand ein hochmoderner Grill, Tabori hoffte für die Fische, dass Lepcke nicht auch zum Hobbyangler geworden war.

Wie er es sich fast gedacht hatte, stand eine der Terrassentüren offen, um für ein bisschen Luftzug unter dem Dach zu sorgen, tagsüber musste die Wohnung auch jetzt im Spätsommer noch mehr oder weniger einem Backofen ähneln.

Tabori machte einen Schritt in den Wohnraum hinein, der von einer veritablen Sofalandschaft und einem überdimensionalen Flachbildfernseher dominiert wurde, an den Wänden allerdings hingen anstelle der zu erwartenden Kunst nur großformatige Konzertplakate, »Led Zeppelin«, »Metallica«, »Guns 'n Roses« – Lepcke war Hardrock-Fan, der für ein Konzert sogar ohne weiteres am Wochenende nach London oder Kopenhagen flog. Was Tabori noch nie verstanden hatte, er selber hasste jede Art von Großkonzerten, vor allem mochte er keine Menschenmassen, die ihm von links und rechts in kollektiver Begeisterung ihre wedelnden Arme und Hände ins Gesicht schwangen.

»Lepcke?«, rief Tabori halblaut, bevor er zur Schlafzimmertür hinüberging, die ebenfalls offen stand. Auf dem Fußboden waren wahllos verschiedene Kleidungsstücke verstreut. Tabori sah einen roten Frauenslip und einen BH, dann erst wanderte sein Blick zum Bett. Zwischen den zerwühlten Laken lag eine nackte Frau auf dem Bauch und schlief, von Lepcke selber war nichts zu sehen, aber die Sache war ohnehin schon klar, Lepcke vergnügte sich offensichtlich bereits mit einem Ersatz für Lisa.

Tabori war nur froh, dass es nicht auch noch Svenja war, sondern nach dem Körperbau zu urteilen eher eine Frau in Lepckes Alter, trotzdem dachte er, dass Lepcke ein ziemliches Arschloch war, auch wenn ihn seine Frauengeschichten eigentlich nichts angingen.

Unschlüssig, was er machen sollte, trat er einen Schritt zurück – und spürte im gleichen Moment, wie sich ihm der

252

Lauf einer Waffe in den Rücken bohrte. Fast automatisch nahm er die Hände hoch, als er Lepckes Stimme dicht an seinem Ohr hörte, war er noch nicht mal verwundert, obwohl er gar nichts begriff.

»So, Alter, und jetzt gehst du ganz ruhig da rüber und setzt dich hin.«

Lepcke schob ihn in Richtung Sofa und stieß ihn auf die Polster, aus den Augenwinkeln sah Tabori, wie die nackte Frau auf dem Bett sich umdrehte und ungeniert reckte, bevor sie aufstand und ihre Unterwäsche vom Boden sammelte. Als wäre es das Selbstverständlichste der Welt, sonntagmorgens aufzuwachen und einem wildfremden Mann in der Wohnung nackt gegenüberzustehen. Ihre Haare reichten ihr bis weit über den Rücken, sie war blond und zwischen den Beinen nicht rasiert.

Lepcke setzte sich in Taboris Blickfeld und pustete über seinen ausgestreckten Zeigefinger, wie ein Westernheld, wenn er den Showdown für sich entschieden hat. Sein Gesicht war vollkommen ausdruckslos.

Tabori versuchte ein müdes Grinsen.

»Ich habe es für einen Moment tatsächlich geglaubt«, sagte er. »Mit der Waffe, meine ich …«

Die Blonde kam, immer noch nackt, ins Zimmer, ihre Unterwäsche hielt sie in der Hand. Sie musste deutlich älter sein als Lepcke, ihr Gesicht hatte einen harten Zug, was Tabori spannend fand. Er hätte gerne gewusst, welche Farbe ihre Augen hatten. Er tippte auf Grau.

»Darf ich vorstellen«, sagte Lepcke und klang leicht genervt, »meine große Schwester, die gerade zu Besuch ist, Inga – und der durchgeknallte Kollege, von dem ich dir erzählt habe. Der Ex-Kollege«, setzte er für seine Schwester hinzu.

»Degenhard«, erwiderte sie mit spöttischem Lächeln, »ich hab ihn mir anders vorgestellt, nicht so … ich weiß nicht, anders eben.« Sie ließ ihren Blick über Tabori wandern und schüttelte lachend den Kopf. »Völlig anders. – Ich verschwinde erst mal unter der Dusche, ihr kommt klar, oder?«

Lepcke nickte wortlos.

Einen Moment lang starrten sie sich nur an.

Als das Rauschen der Dusche aus dem Badezimmer klang, sagte Tabori: »Also, ich glaube, ich bin dir eine Erklärung schuldig, deshalb bin ich hier.«

»War klar, dass du kommst, nachdem du das Foto mit meiner Notiz gefunden hast. Ich habe schon auf dich gewartet.«

»Und warum hast du nicht aufgemacht?«

Lepcke zuckte mit den Schultern. Er stand auf und schob die Terrassentür zu, dann lehnte er sich mit dem Unterarm auf das halbhohe CD-Regal und stützte den Kopf auf die Hand, um gleich darauf Spielbein und Standbein zu wechseln, die Hände in die Hosentaschen zu schieben und auf den Fußballen zu wippen.

»Ich hab dir auch was zu sagen.«

»Kannst du dich vielleicht trotzdem hinsetzen? Du machst mich ein bisschen nervös mit deinem Rumgehampel.«

»Schön, freut mich, dass du nervös bist. Ich bin auch nervös.«

Tabori verdrehte die Augen. »Okay, ich hab's kapiert, aber …«

»Kein Aber. Ich rede. Du hörst zu, klar?«

»Du hast nicht zufällig irgendwo noch Kippen liegen? Ich hab meine in der Jacke, im Auto.«

»Pech für dich. Aber nicht mein Problem.«

»Oh Mann, jetzt komm schon, lass die Spielchen! Was willst du sagen?«

»Wir kennen uns jetzt schon so lange, und ich habe lange Zeit auch tatsächlich gedacht, wir wären so was wie Freunde! Obwohl es nicht gerade leicht ist, mit dir befreundet zu sein, aber ich hatte wenigstens geglaubt, dir vertrauen zu können. Ich habe dir vertraut, Mann! Und ich habe mehr als einmal meinen Kopf hingehalten für dich, das weißt du genau. Nur was ich offensichtlich nie kapiert habe, ist, dass es dir immer nur um dich geht, dich interessieren andere Leute doch überhaupt nicht, und du hast keine Ahnung von mir oder irgendjemand anderem, du weißt nichts! Du hast über zehn Jahre mit mir gearbeitet, aber du hast nichts begriffen. Ich habe immer nur den nützlichen Idioten für dich spielen dürfen, mehr nicht.« Lepcke brach abrupt ab, aber als Tabori etwas sagen wollte, hob er die Hand. »Das ist doch alles Scheiße. Und wir haben es doch eben gerade erst gesehen, du hast doch gedacht, ich wäre schon wieder mit irgendeiner neuen Mieze im Bett, obwohl ich eigentlich mit Lisa … vergiss es. Ich bin nicht der, für den du mich offensichtlich hältst, ich bin kein Typ, dem alle anderen am Arsch vorbeigehen, dem jede Freundschaft egal ist, der die Frauen wechselt wie …«

»Entschuldigung«, unterbrach ihn Tabori in dem Versuch, sich zu rechtfertigen. »Was hättest du denn eben gedacht an meiner Stelle? Aber darum geht es doch auch gar nicht. Okay, ich habe deine Vorwürfe zur Kenntnis genommen, es tut mir leid, wenn du den Eindruck hast, dass ich dich für oberflächlich halte oder mir an unserer Freundschaft nichts liegt. Das ist nicht so, ganz sicher nicht, im Gegenteil. Aber vielleicht lässt du mich jetzt auch mal erklären, was …«

Er brach ab, als Lepcke einen Schritt auf das Sofa zu machte und sich auf die äußerste Kante setzte. Um dann doch nur wortlos auf den Fußboden zu starren.

Er ist völlig neben der Spur, dachte Tabori, und eigentlich will er nichts anderes, als von mir hören, dass wir natürlich Freunde sind. Dass er mir vertrauen kann, obwohl für ihn alles dagegen sprechen muss. Ich habe ihn nie so eingeschätzt, aber er muss mich tatsächlich für eine Art Vorbild halten. Das ich nicht bin und auch nie sein wollte. Aber somit hätte er verdammt noch mal recht mit seinen Anschuldigungen: Ich begreife nichts, ich sehe vielleicht wirklich immer nur die Oberfläche! Und ich mache mir selber etwas vor, wenn ich glaube, dass ich niemals jemanden verletzen würde, weil ich jedem seinen Freiraum lasse und ihm nicht zu nahe komme. In Wirklichkeit schütze ich mich nur selber, weil ich Angst vor Nähe habe, weil ich Angst habe, mich auf jemanden einzulassen. Und wenn das auf Lepcke zutrifft, dann genauso auch auf Lisa. Und auf jeden anderen, mit dem ich zu tun habe. Warren. Svenja. Womöglich sogar Heinisch. Ich stoße Leute vor den Kopf und merke es überhaupt nicht …

»Du verarschst mich«, sagte Lepcke leise.

»Tu ich nicht«, antwortete Tabori.

Inga kam aus dem Badezimmer, immerhin zumindest in Unterwäsche. Sie schüttelte ihre noch feuchten Haare und band sich einen Pferdeschwanz. Tabori meinte, jetzt in ihren Gesichtszügen eine deutliche Ähnlichkeit mit Lepcke zu entdecken. Er hatte nicht gewusst, dass Lepcke eine Schwester hatte. Er wusste so vieles nicht.

»Ich zieh mir schnell was über und hol Brötchen, okay?«, fragte Inga.

»Für mich nicht, danke«, antwortete Tabori.

»Für mich auch nicht, mir ist der Appetit vergangen«, kam es umgehend von Lepcke.

Inga tippte sich an die Stirn.

»Genauso habe ich mir immer einen schönen Sonntagmorgen mit meinem Bruder und seinem besten Freund vorgestellt!«

Zwei Minuten später hörten sie die Wohnungstür zufallen. Noch mal zehn Minuten darauf war Tabori immer noch dabei, die wesentlichen Punkte zusammenzufassen, die Lepcke noch nicht kannte, vor allem seine Geschichte mit Heinisch. Er hatte einfach angefangen zu reden, in der Hoffnung, dass irgendetwas davon bei Lepcke ankommen würde. Und Lepcke mit den neuen Informationen zu konfrontieren, war allemal einfacher, als über ihr offenkundiges Problem miteinander zu reden. Außerdem hoffte Tabori, dass das eine auch das andere klären würde, für den Moment jedenfalls. Wenn er es richtig einschätzte, war es auch für Lepcke einfacher so.

Lepcke hörte schweigend zu, auch als Tabori die Verschwörungstheorie von Heinisch wiedergab. Erst als er jetzt versuchte, das Fazit zu formulieren, das er für sich daraus gezogen hatte, hakte Lepcke ein.

»Du weißt, was das bedeuten würde, oder? Selbst wenn du recht hast und wir den Täter tatsächlich im inneren Kreis der Hundeausbildung vermuten können, haben wir doch immerhin eine Information, die wir nicht einfach unter den

Tisch fallen lassen können. Mann, da mache ich nicht mit! Was ist denn unsere Aufgabe als Polizisten? Dass wir in dem Moment, wo es ein bisschen über unseren Tellerrand hinausgeht, die drei Affen spielen, nichts sehen, nichts hören, nichts sagen? Das kann es echt nicht sein! Wenn an dieser Sache, von der der Polizeipräsident dir erzählt hat, was dran ist, dann …«

Das Telefon klingelte.

»Du weißt genau, was ich meine«, sagte Lepcke, während er aufstand. »Ich kann das nicht und du kannst das auch nicht.« Er hielt sich nacheinander kurz die Hände vor die Augen, vor die Ohren, vor den Mund, dann nahm er das Telefon aus der Station.

»Lepcke. – Was? Ja, klar höre ich dich. – Du hast was Neues? Warte, Tabori ist gerade bei mir, ich stelle auf Mithören, dann brauche ich nachher nicht alles zu wiederholen.«

Er hielt die Hand über das Telefon.

»Sommerfeld. Ich hab ihn ja nach Dänemark geschickt, du weißt. Er hat irgendwas rausgefunden.«

Gleich darauf kam Sommerfelds Stimme krächzend aus dem Lautsprecher.

»Passt auf, ich bin noch hier oben, und ich hab jetzt auch das Ergebnis, das Lepcke wollte. Die DNA-Spuren von dem Blutfleck und unserer Toten stimmen überein, aber mehr kann ich mit dem mobilen Set hier nicht rauskriegen, tut mir leid. Ich habe allerdings noch einen zweiten Blutfleck gefunden, gleiche DNA, aber außerhalb des Bunkers, direkt unterhalb der Kante. Also die Bunkerwand ragt hier so gut zwei, zweieinhalb Meter aus der Grasklippe, und hier unten ist so eine Art Trampelpfad … Was ist das denn? Jetzt ist der

Typ schon wieder da, wartet mal eben, bleibt dran, ich melde mich gleich wieder!«

Tabori und Lepcke blickten sich irritiert an.

Es knisterte und knackte im Lautsprecher, deutlich konnten sie Sommerfelds Atmen hören, als würde er mit dem Handy am Ohr irgendwohin klettern. Mehrmals war auch ein Geräusch zu hören, das von Windböen zu stammen schien. Dann kam Sommerfelds Stimme wieder.

»Ich stehe jetzt hier wieder oben auf dem Bunker. Eigentlich sind keine Touristen mehr da, höchstens mal irgendein Däne, der mit seinem Hund spazieren geht. Aber der Typ hier ist kein Däne, ich habe ihn vorhin schon mal gesehen, schon zweimal sogar, entweder läuft er hier immer nur im Kreis rum oder er beobachtet mich. Vielleicht auch wegen dem Alukoffer, den ich mit mir rumschleppe, das muss natürlich auch ein bisschen komisch wirken hier oben. – Jetzt ist er gerade weg, vielleicht habe ich mir das Ganze auch nur eingebildet, es war eigentlich auch mehr sein Hund, der mir aufgefallen ist …«

Tabori merkte, wie sich seine Muskeln spannten. Er blickte zu Lepcke hinüber, der mit zusammengezogenen Augenbrauen zuhörte.

»Was für ein Hund, die Rasse, meine ich?«

»Das ist es ja eben. Schäferhund, sieht fast aus wie einer aus der Hundestaffel.«

»Und der Typ?«

»Kann ich nicht genau sagen, deine Statur ungefähr, und Lederjacke, aber nicht wie deine, eher eine Motorradjacke.«

»Pass auf«, rief Tabori. »Mach nichts weiter. Vor allem komm nicht auf die Idee, ihn noch mal sehen zu wollen. Steig einfach nur in dein Auto und hau ab, verstehst du mich? Fahr in dein Ferienhaus und rühr dich nicht vom Fleck. Wir kommen hoch. Sechs oder sieben Stunden, so lange unternimmst du gar nichts! – Sommerfeld? Bist du noch da?«

Wieder hörten sie nur Windgeräusche, dann Schritte, als würde Sommerfeld jetzt über losen Kies laufen. Dann endlich wieder seine Stimme, diesmal so leise, dass sie Mühe hatten, ihn zu verstehen.

»Zu spät. Ich komm hier nicht mehr weg. Der Typ mit dem Hund steht genau an meinem Auto. Als würde er auf mich warten.«

»Hat er dich gesehen?«

»Weiß ich nicht. Er guckt gerade in die andere Richtung, aber der Scheißköter hat mich gewittert, glaube ich …«

Es knackte im Lautsprecher, dann war die Verbindung unterbrochen.

25

Der Verkehr war mäßig. Keine Lastwagen, kaum irgendwelche Drängler auf der Überholspur, rechts nur ab und zu ein voll beladener Familienkombi auf der Rückfahrt aus dem Urlaub, bis Walsrode auch erst noch ein paar Sonntagsausflügler auf dem Weg zum Safari-Park. Danach hatten sie die Autobahn fast für sich alleine.

Lepcke fuhr. Mit der Begründung »Ich hab ja wenigstens ein paar Stunden gepennt – und ich war vorher auch nicht in der Obstweinkneipe!«, hatte er sich hinters Lenkrad gesetzt, als sie von Taboris Haus aus gestartet waren. Und seitdem hatte er kein Wort mehr gesagt. Aber eigentlich hatte er auch vorher nicht viel geredet. Schon während Tabori noch erfolglos versuchte, Sommerfeld zurückzurufen, war Lepcke im Schlafzimmer verschwunden und wenig später mit einer Sporttasche wieder erschienen. Außerdem trug er sein Schulterhalfter mit der Waffe. Er hatte seine Jacke vom Haken im Flur genommen und gewartet, dass Tabori ihm folgte.

An der Haustür war ihnen Inga entgegengekommen, Lepcke hatte ihr einen Kuss auf die Wange gehaucht und gleichzeitig die Brötchentüte aus der Hand genommen: »Hol dir noch mal neue, ja? – Komm, sei nicht sauer, Schwesterchen, aber wir müssen los! Und vor morgen bin ich ganz sicher nicht zurück, ich ruf dich an, wenn ich mehr weiß. Denk an die Fische heute Abend, ja? Das Futter steht in der Küche im Regal. Ich hab dich lieb!«

Tabori war mit einer resignierten Geste zu Inga hinüber in den Passat gestiegen und hatte gehofft, dass das als Entschuldigung reichen würde, wofür genau er sich eigentlich entschuldigen wollte, wusste er selber nicht. Noch während der Fahrt hatte er nach der Lederjacke auf der Rückbank gegriffen und die Mailbox seines Handys gecheckt, ein Anruf in Abwesenheit, Lisa, die auch eine Nachricht hinterlassen hatte: »Pass auf, Tabori, ich erreich dich gerade nicht, aber ich muss los. Sie haben mich vom THW angefordert, wegen irgendeinem Leichenfund an einem Kiesteich, das heißt, sie haben bisher nur den rechten Arm und die linke Hand gefunden, vielleicht auch umgekehrt, das weiß ich gerade nicht mehr, aber jedenfalls glauben sie, dass der Rest irgendwo im Teich ist. Ich schnapp mir also Rinty und Beago und mach mich auf den Weg. Irgendwo hinter Celle, aber ist ja auch egal, ruf mich einfach heute Nachmittag mal an, wenn du magst. Vielleicht geht's ja auch schnell, dann essen wir abends was zusammen, okay? Und nein, du brauchst Lepcke nicht mit einzuladen, hörst du? Ach ja, ich hab dir noch einen Brief geschrieben, liegt auf dem Tisch. Lies mal bitte, ist wichtig. Kuss. Bis später.«

Der Zettel hatte dann nicht auf dem Tisch, sondern auf der Fensterbank gelegen.

Ich habe noch mal über alles nachgedacht, was du heute Nacht erzählt hast, hatte Lisa geschrieben. *Obwohl ich wollte, dass es anders wäre, glaube ich trotzdem nicht daran, dass Respekt (sollte er der Täter sein, wovon ich fast überzeugt bin) im Auftrag von den Leuten aus dem Netzwerk gehandelt hat. Ich glaube auch nicht, dass Anna irgendetwas hätte herausfinden können, was diesen Leuten so gefährlich erschienen wäre, dass sie sie ermorden lassen, da gibt es Möglichkeiten, die einfacher sind – sie als unglaubwürdig hinzustellen, indem man sie zum Beispiel in Verbindung mit irgendwelchen Drogengeschichten bringt oder irgendeine andere Schmutzkampagne startet. Und vor allem bliebe dann immer noch die Frage, warum Respekt gefoltert wurde. Weil er etwas gegen die Leute da oben in der Hand hatte und sie mit dem Auftragsmord, den er selber durchgeführt hat, erpressen wollte? Unglaubwürdig. Oder wollte er aussteigen? Hat er vielleicht damit gedroht, dass er mit seinem Wissen an die Presse geht, und war deshalb als Mittelsmann unbequem geworden? Aber was wusste er denn überhaupt, außer dass da irgendwelche schmutzigen Geschäfte abgewickelt werden (in die er mit Sicherheit keinen Einblick hatte)? Aber mal angenommen, es war so, und sie haben ihn nur gefoltert, um den Verdacht auf den internen Kreis der Hundeausbildung zu lenken? Irgendwie erscheint mir das zu konstruiert.*

Oder ist er einfach nur aus der Spur gelaufen und hat die Anwärterin aufgrund seiner perversen Neigungen umgebracht und sollte jetzt dafür bestraft werden? Schon eher. Aber doch ganz bestimmt nicht von denen da oben, das hätte sie doch gar nicht weiter interessiert!

Also bleibt tatsächlich nur der interne Kreis. Merkst du, worauf ich hinaus will? Das eine hat nichts mit dem anderen zu tun, so verlockend der Gedanke auch wäre, dass wir es hier mit irgendeiner Verschwörung zu tun haben – vergiss es! Der Mörder muss irgendwo in der Ausbildungsabteilung zu finden sein. Ich weiß, dass du ohnehin die beiden anderen Anwärterinnen verdächtigst, und ich fürchte immer mehr, dass du richtig liegst damit. Aber umso mehr wäre dann die Frage, ob es nicht so was wie eine übergeordnete Gerechtigkeit gibt und ihr es vielleicht darauf beruhen lassen solltet. Es ist klar, dass ihr alles versuchen müsst, um zu verhindern, dass aus dem Entführungsfall jetzt auch noch ein dritter Mord wird, aber wer immer Respekt auf dem Gewissen hat, sollte zumindest von euch erwarten können, dass ihr in ihm eher das Opfer als den Täter seht! Ich weiß nicht, ob du mit Lepcke darüber reden willst, entscheide du das. – Ich muss noch meine Sachen zusammensuchen, Kuss. Lisa.

PS. Was hast du da heute Morgen mit meinem Vater besprochen? Er sagt, ihr hättet zusammen eine prima Idee gehabt. Will ich davon wirklich etwas wissen?

Tabori hatte den Brief wortlos an Lepcke weitergereicht und, während Lepcke las, in seinem Zimmer schnell ein paar Sachen zusammengesucht. Zum ersten Mal seit langem wünschte er sich, seine Dienstwaffe noch zu haben.

Lepcke hatte ihm den Brief zurückgegeben, was er dazu dachte, hatte er nicht gesagt, Tabori hatte auch nicht nachgefragt. Dann waren sie losgefahren.

Sie waren jetzt kurz vor Hamburg, der Verkehr wurde dichter. Lepcke gab die Überholspur für einen mit Lichthupe drängelnden BMW frei, gleich darauf sagte er unvermittelt: »Glaubst du wirklich, dass sie einen Täter laufen lassen würde, wenn sie seine Tat für hinreichend begründet hält?«

»Schwer einzuschätzen. Ich denke, es hat was mit ihrer Geschichte zu tun, die Sache mit ihrem Bruder, du weißt schon.«

»Aber deshalb kann noch lange nicht jeder das Recht in seine eigenen Hände nehmen wollen, jedenfalls nicht, solange wir in einem Rechtsstaat leben, mit Exekutive und Legislative und klaren Zuweisungen von Verantwortlichkeiten. Alles andere wäre nacktes Chaos.«

»Ich fürchte nur, dass Lisa genau das mittlerweile bezweifelt.«

»Was? Dass wir sonst nur noch Chaos hätten?«

»Dass wir in einem funktionierenden Rechtsstaat leben.«

Lepcke schwieg einen Moment, bevor er fragte: »Und du? Was ist mit dir?«

»Ich bin nicht mehr bei der Polizei, vergiss das nicht. Aber wenn du schon fragst: Auch als Polizist würde ich wahrscheinlich immer noch eher dazu tendieren, mich zu arrangieren, die Grenzen zu akzeptieren, die der Job zwangsläufig mit sich bringt. Wie du es gesagt hast, die Aufgaben sind klar verteilt. Das Einzige, was du als guter Polizist machen kannst, ist, dass du deinen gesunden Menschenverstand einsetzt und dein Rückgrat nicht verlierst. Es geht um das Selbstverständnis, das du von deinem Beruf hast, und als Polizist kann das nur bedeuten, dass du dich als Anwalt derjenigen siehst, die ohnehin immer die Schwächeren sind. ›Dein Freund und Helfer‹ trifft es eigentlich ganz gut.«

Lepcke nickte.

»Es gibt doch da diesen Verein«, sagte er dann. »Kritische Polizisten, weißt du eigentlich mehr darüber?«

»Die Kritischen«, präzisierte Tabori. »Bundesarbeitsgemeinschaft Kritischer Polizistinnen und Polizisten. Gute Leute, wenn du mich fragst. – Der Vater von Anna Koschinski war übrigens auch dabei, oder ist es immer noch. Er hat allerdings auch erzählt, dass sein Beitritt ziemlich deutlich dazu geführt hat, dass er frühpensioniert wurde.«

»Was? Und damit rückst du erst jetzt raus? Hör mal, ist das

nicht auffällig, ich meine, dass ausgerechnet eine Polizistin ermordet wird, deren Vater …«

»Ich habe gesagt, dass sie ihn abgeschoben haben, nicht, dass sie ihm gedroht hätten oder dass es ganz und gar lebensgefährlich wäre, eine kritische Haltung zu zeigen.« Er zeigte Lepcke einen Vogel. »Du spinnst, so weit sind wir zum Glück noch nicht.«

Es dauerte einen Moment, bis Lepcke antwortete.

»Aber es bleibt dabei, dass wir beide doch sehen, wohin der Polizeiapparat sich offensichtlich entwickelt, also müssten da nicht gerade Leute wie wir …«

»Du! Mich geht das nichts mehr an. Überschätz mich nicht, ich bin nicht unbedingt der, den du vielleicht gerne in mir sehen würdest. Ich war ein guter Ermittler, aber das ist auch schon alles. Es ist klar, was du meinst, ich habe auch ein paar Mal darüber nachgedacht, aber ich hatte genau die Sorge, dass das passieren würde, was bei Annas Vater passiert ist, dass sie mich umgehend auf irgendein Abstellgleis schieben! Und ich wollte ermitteln, und nicht an irgendeinem Schreibtisch versauern.«

»Komisch«, sagte Lepcke. »Wieso haben wir über solche Sachen eigentlich nie miteinander geredet? – Nein, schon gut, das ist kein Vorwurf jetzt, es gehören immer zwei dazu! Ich wollte mich übrigens noch mal bei dir entschuldigen, wegen meiner Anwürfe heute Morgen. Ich war nicht ganz bei mir. Ich war sauer und verletzt und wollte dir echt eins auswischen, das war es.«

»Geschenkt. Wie du gesagt hast, es gehören immer zwei dazu. Und es ist sicher einiges dran an dem, was du mir vorgeworfen hast.«

»Jetzt fang nicht an zu heulen«, grinste Lepcke plötzlich.

Tabori fummelte die Zigaretten aus seiner Tasche.

»Und wie findest du meine große Schwester?«, fragte Lepcke ohne jeden Zusammenhang. »Dachte ich mir«, grinste er, als Tabori keine Antwort gab. »Ich habe deinen Blick gesehen. Nee, nicht als sie nackt war, sondern als du ihr unten auf dem Parkplatz zugewunken hast.«

Tabori sagte immer noch nichts.

Lepcke beugte sich vor und drehte das Radio lauter. Led Zeppelin, ›Stairway to Heaven‹. Erst als Jimmy Page sein Gitarrensolo beendet hatte, nahm er das unterbrochene Gespräch wieder auf. »Könnte übrigens sein, dass ich dich demnächst mal um Rat fragen muss. Wegen Lisa und so. Ich glaube, da ist mehr, als ich dachte.« Er blickte starr auf die Fahrbahn vor sich.

Tabori wusste nicht, was er antworten sollte. Wenn er ehrlich war, musste er zugeben, dass es ihm nicht passte, was Lepcke gerade gesagt hatte. »Dass da mehr ist« war genau das, was er am wenigstens hören wollte.

Aber Lepcke wartete eindeutig auf eine Antwort.

»Okay«, quetschte Tabori zwischen den Zähnen raus. »Wenn es ein Problem gibt, dann frag mich, klar. Obwohl ich nicht weiß, ob ich dir da dann wirklich helfen kann. Lisa ist Lisa, du wirst dir nie sicher sein können, wie sie auf irgendwas reagiert.«

Lepcke schien gemerkt zu haben, wie unwillig Taboris Antwort gewesen war. Abrupt wechselte er das Thema: »Der Range Rover von Respekt steht ja immer noch in der KTU, ohne dass sie bisher irgendwas gefunden hätten. Das ist nun mal leider das Problem, wenn der Täter einer von unseren eigenen

Leuten ist und genau weiß, wie man Spuren vermeidet. Aber trotzdem, die Imponderabilien liefern irgendwann jeden ans Messer.«

»Die was?«

»Gutes Wort, oder? Habe ich mir neulich notiert: Imponderabilien, Unwägbarkeiten! Und ich hab schon die ganze Zeit nur auf eine Gelegenheit gewartet, das mal anbringen zu können.«

»Und jetzt … passt das gerade?«

»Bingo! Ein Bäuerchen aus Dasselsbruch – der Name ist schon mal gefallen, vielleicht erinnerst du dich –, also, dieser Bauer jedenfalls hat eine Anzeige gemacht, wegen einem Fahrzeug, das er am 8. September abends auf einem Feldweg gesehen hat, der nur für landwirtschaftliche Fahrzeuge freigegeben ist. Der Feldweg führt übrigens zu einer Brücke …«

»Die die ICE-Strecke von Hannover nach Hamburg überquert. Und das Fahrzeug, das er da gesehen hat …«

»… war ein weißer Range Rover.« Lepcke grinste. »So ist das mit den Imponderabilien!«

»Imponderabilien«, wiederholte Tabori halblaut. »Gefällt mir.«

Lepcke überholte eine Kolonne von Bundeswehr-Lastern, als er dann weiterredete, brauchte Tabori einen Moment, um zu begreifen, dass er erneut das Thema gewechselt hatte.

»Es ist doch vollkommen irre. Jeder würde sagen, es ist nichts als ein abgegriffenes Klischee aus irgendeinem billigen Fernsehkrimi. Aber wir haben es schon so oft erlebt und wir wissen, dass es so ist. Und jetzt passiert es wieder!«

»Was? Wovon redest du?«

»Der Täter kehrt immer an den Tatort zurück.«

»Du redest von Damaschke? Warte es ab, wir nehmen es nur an, noch wissen wir es nicht.«

»Doch. Es ist so. Vergiss die Anwärterinnen, Damaschke war es.«

»Uns fehlt immer noch das Motiv. Alles, was wir haben, ist eine Indizienkette.«

»Trotzdem, darauf würde ich meinen Kopf verwetten«, beharrte Lepcke, um gleich darauf hinzuzusetzen: »Den ich im Übrigen gerade ohnehin riskiere, indem ich mit einem Ex-Bullen unterwegs bin, ohne dienstliche Anweisung oder irgendeine Absicherung.«

»Du wolltest mit. Ich wäre auch ohne dich gefahren. – Können wir am nächsten Parkplatz mal halten? Ich muss pinkeln!«

»Nur wenn du zugibst, dass du verdammt noch mal froh bist, mich dabei zu haben. Wenn du das nicht drauf hast, mach dir gefälligst in die Hose!«

»Ich bin froh«, gab Tabori zu.

Lepcke grinste.

Der nächste Parkplatz war gesperrt, sie fuhren weiter bis zur Raststätte hinter der Brücke über den Nord-Ostsee-Kanal. Es war mittlerweile sehr heiß. Auf der Toilette sah Tabori in dem Kondomautomaten zum ersten Mal in seinem Leben eine »Reise-Muschi« – »Künstliche Vagina zum Einstecken«, stand auf der rosafarbenen Packung, »äußerst realistisches Material mit dem Gefühl von echter Haut. Der genoppte Lustkanal sorgt für unvergleichliches Vergnügen. Einfach zu reinigen und schnell zur Hand.« Tabori hatte nicht gewusst, dass es so etwas überhaupt gab.

Als Tabori am Ortseingang von Lerup Strand links zum

Strandhotel hin abbog, war es kurz nach vier. Nachdem er fast während der ganzen Fahrt durch Dänemark geschlafen hatte, hatte er dann kurz hinter Ålborg das Steuer übernommen. Er fühlte sich ausgeruht, merkte aber deutlich die Anspannung, die ihn zunehmend nervöser werden ließ.

Lepcke versuchte zum wiederholten Mal, Sommerfelds Handy zu erreichen. Als sich wieder nur die Mailbox einschaltete, schob er das Autotelefon resigniert zurück in die Halterung.

»Du bist dir sicher, dass du dieses Ferienhaus wieder findest?«

Tabori nickte.

»Es war irgendwo hinter dem Campingplatz. Erst noch ein Stück durch den Wald und dann einen Schotterweg runter, der hinter der Klippe zur nächsten Strandzufahrt führt. Es gibt nur wenige Ferienhäuser da, aber beim letzten Mal bin ich fast vorbeigefahren, das Haus liegt gut versteckt zwischen den Hügeln, von der Straße fast nicht einzusehen.«

Sie waren sich schnell einig gewesen, wo sie mit ihrer Suche beginnen wollten. Dass Sommerfeld und Damaschke noch auf der Klippe wären, war so unwahrscheinlich, dass sie es einfach ignorieren konnten. Und da sie Sommerfeld nicht erreichten und auch keine Ahnung hatten, wo er selber ein Haus gemietet hatte, blieb ihnen nur das Ferienhaus, vor dem Tabori beim letzten Mal den blauen Nissan entdeckt hatte. Tabori hatte sich wieder an den Zettel der Ferienhaus-Vermittlung erinnert, der das Haus für den Rest des Sommers als nicht vermietet auswies. Es lag also nahe anzunehmen, dass Damaschke sich genau da versteckt hielt, das Risiko, dass von der Vermittlung noch mal jemand nach dem Rechten sah, war als gering einzuschätzen, alle anderen würden nur einen verspäteten Sommertouristen in Damaschke sehen. Wenn er schlau war, hatte er den Terminzettel einfach entfernt.

Wo Sommerfeld war, würden sie in Kürze ebenfalls wissen, wobei sie in stiller Übereinkunft davon ausgingen, dass die Chancen schlecht standen, Sommerfeld bei bester Gesundheit anzutreffen – wenn er denn überhaupt noch leben sollte. Damaschke als Täter schien unberechenbar, er hatte womöglich von Anfang an keinen Plan gehabt, sondern immer nur reagiert, und war damit umso gefährlicher.

Tabori und Lepcke entdeckten das Ferienhaus nahezu gleichzeitig, der blaue Nissan stand immer noch in der Einfahrt, dichter am Haus parkten jetzt zwei weitere Autos.

Tabori fuhr bis zu einer Kuhweide und rangierte den Passat so vor das Gatter, dass er die schmale Straße nicht blockierte. Das Haus war von hier aus nicht zu sehen, also würde auch niemand von dort aus den Wagen entdecken können.

In der Einfahrt zögerten sie einen Moment, dann nickte Tabori, geduckt schlichen sie bis zu den Krüppelkiefern, die die Giebelseite und die Terrasse des Hauses vor jedem Einblick abschirmen sollten. Wie kaum anders zu erwarten gewesen war, hatten die beiden neuen Wagen ebenfalls hannoversche Kennzeichen, ein völlig verdreckter Polo und ein Opel Zafira, dessen Fensterscheibe auf der Fahrerseite eingeschlagen war. Auf der Tür war die Werbeaufschrift einer Gebäudereinigungsfirma. Auf der Rückbank des Polos war irgendetwas unter einer karierten Decke verborgen, der Größe nach konnte es vielleicht eine Transportkiste für einen Hund sein. Nur dass sie Tabori für einen Schäferhund zu klein erschien. Und sie war im falschen Auto!

271

»Damaschke«, sagte Lepcke leise mit einem Kopfnicken zu dem Opel hin. »Er hat die Karre irgendwo in Hannover geklaut. Und Sommerfeld«, setzte er mit einem Blick auf den Polo hinzu.

Tabori zuckte mit der Schulter. »Ich weiß nicht, ich habe irgendwie in Erinnerung, dass er einen größeren Wagen hatte, aber ich kann mich irren.« Er streckte die Hand aus und hielt sie dicht über die Motorhaube des Polos, dann wiederholte er das Gleiche bei dem Opel.

Der Motor des Polos war deutlich heißer. Tabori hatte keine Ahnung, ob das wichtig war, aber irgendetwas übersahen sie gerade, da war er sich sicher.

Lepcke hatte sich zwischen die Kiefern geschoben, um mit seinem Minifernglas einen Blick auf die Terrasse zu bekommen. Tabori sah, wie er gleich darauf zurückzuckte. Als er den Kopf zu Tabori drehte, war sein Gesicht kreidebleich.

»Da liegt ein toter Hund auf der Terrasse«, stammelte er. »Deutscher Schäferhund, ganz eindeutig.«

»Woher weißt du, dass er tot ist?«, fragte Tabori zurück. »Vielleicht liegt er nur in der Sonne und schläft …«

»Unter dem Kopf ist eine Blutlache. Und er hat ein sauberes Einschussloch in der Stirn.«

Lepcke zog seine Waffe. Mit ein paar Schritten waren sie am Haus und drückten sich zu beiden Seiten des ersten Fensters mit dem Rücken an die Wand. Für einen kleinen Moment wurde Tabori von einer Wolke abgelenkt, die sich vor die Sonne schob – eigentlich nur ein Wolkenfetzen, dachte Tabori, man kann die Sonne immer noch sehen, jetzt ist sie wieder da, verdammt, was ist los mit mir, ich muss mich konzentrieren …

Lepcke zischte irgendetwas zu ihm herüber, dann schob er sich vor, bis er über die Schulter durch die Scheibe blicken konnte: »Küche«, meldete er halblaut, »Geschirr für eine Person auf dem Tisch, Tür zum Wohnraum steht offen, nirgends jemand zu sehen.«

Tabori nickte und zeigte mit dem Kopf zur Haustür, gleichzeitig meinte er, ein Geräusch zu hören, Lepcke hatte es auch gehört und blickte fragend zu ihm.

Die Sonne hing wie eine gleißende Scheibe am Himmel, das Licht war hart und unwirklich. Tabori schluckte.

»Zugriff!«, sagte er.

Die Tür ging nach innen auf und schlug schwer gegen die Wand, mit lehrbuchmäßig vorgestreckter Waffe stürmte Lepcke in den Flur, links war die Tür zum Badezimmer, dahinter der erste Schlafraum, Lepcke brauchte nicht mehr als fünf Sekunden, um jedes Mal zu melden: »Gesichert!«. Tabori hielt den Blick starr auf den Durchgang zum Wohnraum gerichtet, nichts rührte sich. Wenn er den nahezu immer gleichen Grundriss der Ferienhäuser richtig im Kopf hatte, musste es noch ein weiteres Schlafzimmer auf der anderen Seite geben, als er einen Schritt nach vorne machte, konnte er die Tür sehen, davor den Wohnraum mit einer protzigen Ledergarnitur vor dem offenen Kamin, ein Sessel lag umgestürzt auf der Seite.

Als Lepcke sich neben ihn schob, hob er die Hand: »Warte noch.« Irgendein unklares Gefühl hielt ihn davon ab, den sicheren Schutz des Flurs aufzugeben, noch einmal ließ er den Blick durch den Wohnraum wandern. Neben dem Sofa lagen Kleidungsstücke auf dem Boden, als wären sie vorher ordentlich gestapelt gewesen und der Stapel dann umgestürzt. Soweit Tabori sehen konnte, war es die vollständige Bekleidung eines Mannes: Turnschuhe, Jeans, Socken, T-Shirt und Boxer-Shorts, zuunterst eine schwere Motorradjacke aus schwarzem Leder mit rotweiß abgesetzten Schulterstücken. Auf der anderen Seite der Schiebetüren zur Terrasse lag der Schäferhund, die Blutlache unter seinem Kopf war in der Sonne bereits getrocknet und nur noch als dunkler Fleck auszumachen.

Lepcke stieß ihn an und zeigte zu einem frei liegenden Deckenbalken hinauf. Der Wohnraum war nach oben bis unter die Dachschräge offen, an den Balken war eine Schlinge geknüpft, ein Stück zerfasertes Tau vom Strand, die blaue Farbe ausgeblichen und mit Teerflecken besprenkelt.

»Scheiße«, stieß Lepcke leise hervor. »Und wo ist der Tote?«

Ein Wimmern ließ sie zusammenzucken.

»Hinter dem Sessel, glaube ich«, sagte Tabori, »er lebt noch!«

Unwillkürlich machten sie einen Schritt in den Raum hinein. Tabori hob den Fuß und stieß den Sessel zur Seite.

»Scheiße«, sagte Lepcke wieder.

Das Letzte, was Tabori noch sah, war der nackte und in Fötushaltung zusammengeschnürte Körper von Damaschke. Das Geräusch in ihrem Rücken kam völlig überraschend.

26

Die beiden Anwärterinnen waren gut gewesen. Ihr zeitgleicher Sprung von dem offenen Schlafboden herunter war perfekt getimt, Tabori hatte mehr gespürt als wirklich gesehen, wie Lepcke neben ihm zu Boden ging, dann hatte ihn auch schon der Aufprall eines Körpers gegen seinen eigenen Rücken nach vorne geworfen, er war schwer gegen die Tischkante geschlagen, dann war ihm schwarz vor Augen geworden.

Als er wieder zu sich kam, war sein Gesicht nur Zentimeter von Damaschke entfernt, der mit offenem Mund und geschlossenen Augen vor sich hinwimmerte. Tabori war übel, sein Kopf dröhnte. Irgendeine Flüssigkeit lief von seiner Stirn über die Nasenwurzel zum Auge – Blut. Er wollte mit der Hand nach der Wunde tasten, wo er auf die Tischkante geprallt war, aber seine Hände waren hinter seinem Rücken zusammengebunden. Auch seine Füße waren gefesselt.

»Lepcke?«, fragte er leise in den Raum hinein.

»Ich bin hier«, kam Lepckes Antwort augenblicklich. »Hinter dir. Aber ich kann mich nicht bewegen, ich bin zusammengeschnürt wie ein Paket. – Wir haben Scheiße gebaut, so sieht es aus. Wir haben uns benommen wie die letzten Anfänger.«

»Bist du verletzt?«

»Ich glaube nicht. Ein Schlag auf den Hinterkopf, der mich sauber ausgeknockt hat, und das war's. Was ist mit dir?«

»Ich muss mir die Stirn angeschlagen haben, ich blute. – Hast du irgendeine Ahnung, wer …?«

Tabori ließ die Frage offen, das Reden fiel ihm schwer.

Aber Lepcke hatte ihn auch so verstanden.

»Halt dich fest, du wirst es nicht glauben. Ich hab sie beide gesehen, als ich zu mir gekommen bin. Ganz kurz nur, dann hab ich mich lieber wieder bewusstlos gestellt. Aber es gibt keinen Zweifel, wer uns erwischt hat. Willst du raten?«

»Der Polo vor der Tür, das war nicht Sommerfelds Auto. Und auf der Rückbank stand eine Reisebox für eine Katze, ich hab nur nicht reagiert. Aber ich weiß jetzt wieder, wo ich so eine Box vor kurzem schon mal gesehen habe. Als ich in dem Zimmer von den beiden Anwärterinnen war, da gab es so eine Box mit der Katze von Anna Koschinski! Mann, ich hätte es gleich kapieren müssen, aber ich verstehe es nicht, wieso … Wo sind sie jetzt, weißt du das?«

»Draußen, nehme ich an. Vielleicht suchen sie unser Auto, um es von der Straße wegzuholen, was weiß ich. Die Schlüssel werden sie jedenfalls gefunden haben, ich schätze mal, sie haben sie dir aus der Tasche genommen …«

»Was haben sie jetzt vor, was glaubst du?«

»Schwer zu sagen. Sie haben jedenfalls nicht mit uns gerechnet, das ist klar. Was auch immer sie für einen Plan hatten, wir sind ihnen mitten reingeplatzt. Jetzt müssen sie improvisieren. Falls sie überhaupt jemals einen Plan hatten.«

»Und Sommerfeld? Was haben sie mit ihm gemacht? Oder war er gar nicht hier? Er muss Damaschke getroffen haben, so viel ist sicher. Aber was ist dann passiert?« Tabori pustete Damaschke seinen Atem ins Gesicht. »Damaschke! Komm zu dir, Mann! He!«

Damaschke öffnete die Augen. Er starrte Tabori an und schien sich verzweifelt zu bemühen, ihn irgendwo einzuordnen.

»Tabori«, sagte Tabori. »Gib dir keine Mühe, wir sind uns nie begegnet, aber ich bin ein Kollege.« Er versuchte, seine Stimme möglichst ruhig klingen zu lassen, obwohl er nicht das Gefühl hatte, zu Damaschke durchzudringen. »Weißt du, wo wir sind? Oder was passiert ist? – Du hast deine eigene Entführung vorgetäuscht, warum auch immer, aber du konntest deinen Hund nicht alleine lassen, ihr seid ein Team, du und dein Hund, ihr gehört zusammen, das ist dir so richtig erst klar geworden, als du ihn da im Zwinger zurückgelassen hattest, deshalb …«

»Quatsch«, unterbrach Damaschke ihn unerwartet, »ich musste ihn im Zwinger lassen, sonst hättet ihr mir die Entführung nie abgenommen! Aber ich hatte von Anfang an vor, ihn da rauszuholen.«

Er klang aufrichtig empört, als hätte Tabori ihm etwas Unerhörtes unterstellt. Er redet, dachte Tabori, ich hab ihn an einem empfindlichen Punkt erwischt, weiter …

»Wie hieß dein Hund überhaupt, das weiß ich gar nicht.«

»Henry.«

»Henry gefällt mir. Hast du ihn selber ausgebildet?«

»Natürlich.«

Damaschkes Augen waren jetzt weit aufgerissen, er schien gerade durch Tabori hindurchzustarren. Er entgleitet mir wieder, dachte Tabori. Ich muss ihn zurückholen!

»Natürlich, klar. Du hast Henry also aus dem Zwinger geholt, dir irgendwo ein Auto besorgt, nein, falsch, nicht irgendwo, sondern bei einer Putzfirma, einer Firma für Gebäudereinigungen …

»Mister Clean. Sie haben einen Vertrag mit der Ausbildungsstätte, das war die einzige Möglichkeit, auf das Gelände zu kommen, ohne dass es irgendjemandem auffällt. Es war ganz einfach. Die Wache hat nur die Aufschrift auf dem Wagen gesehen und mich durchgewunken. Außerdem hatte ich die Cap auf, die im Auto lag, und eine Sonnenbrille. Ich habe noch gedacht, dass es eigentlich auffallen müsste, weil ich alleine im Auto war, aber ...«

»Keiner achtet auf die Putzleute«, brachte Tabori den Satz zu Ende. Er erinnerte sich, wie sie sogar Lisa und ihn hatten passieren lassen, nur weil die offiziell aussehenden Impfzeugnisse der Hunde hinter der Windschutzscheibe gelegen hatten. »Und dann hast du Henry geholt und bist nach Dänemark gefahren. Du dachtest, das Ferienhaus wäre ein sicheres Versteck, du wusstest, dass es erst im Oktober wieder vermietet sein würde, du kanntest das Haus, weil du schon mal hier warst ...«

Damaschkes Gesicht war wieder vollkommen ausdruckslos. Tabori merkte, wie sich Lepcke unruhig hinter ihm bewegte. Hör auf, Damaschke irgendetwas über die Vorgeschichte entlocken zu wollen, dachte er, das hat keinen Zweck, er macht dicht. Denk an Sommerfeld, das ist im Moment wichtiger!

»Deine Entscheidung war clever gewesen, das Ferienhaus war perfekt als Versteck. Vor allem warst du mit Henry zusammen, und du konntest mit ihm raus, ohne ständig Angst haben zu müssen, dass ihr jemanden trefft, der euch vielleicht erkennen würde. Aber dann hast du plötzlich einen Kollegen gesehen, oben auf der Klippe, wo der Bunker ist. War nicht schwer zu begreifen, dass er von der Spurensicherung sein musste. Der Koffer, den er dabei hatte, und sein Overall reichten schon, und du hast Panik gekriegt, erinnerst du dich?«

Damaschke nickte.

»Und dann, was war dann?«

Damaschke verzog das Gesicht und fing an zu schluchzen. Er versuchte, den Kopf wegzudrehen, um Tabori nicht mehr zu sehen.

»Still mal«, kam es von Lepcke. »Ich höre was! – Sie sind zurück.«

Eine halbe Stunde später saßen Tabori und Lepcke nebeneinander auf dem Sofa. Immerhin hatte Janin sogar Taboris Kopfwunde notdürftig versorgt, während Güngör solange ihre Waffe an Lepckes Schläfe drückte, auch jetzt hatte sie die Waffe griffbereit, während sie mit untergeschlagenen Beinen auf dem Sessel saß, den sie wieder hingestellt hatte. Eine zweite Waffe steckte in ihrem Gürtel, wahrscheinlich Damaschkes.

Tabori und Lepcke waren mit Handschellen aneinandergefesselt, sie würden jede Aktion, die sie machen könnten, absolut synchron ausführen müssen, der Couchtisch vor ihnen würde dabei ein Hindernis darstellen.

Janin lief nervös im Raum auf und ab, genau wie Güngör hatte sie neben ihrer eigenen eine zweite Waffe hinten in ihren Hosenbund geschoben, Lepckes. Bei jedem Schritt warf sie eine Münze in die Luft, warf sie hoch, fing sie auf, warf sie wieder hoch.

Tabori hatte schon mehrmals versucht, ein Gespräch in Gang zu kriegen, Güngörs Erwiderung war jedes Mal die gleiche gewesen: »Halt's Maul. Ich muss nachdenken.« Janin hatte gar nicht reagiert.

Damaschkes Schluchzen war in ein hohes, nervtötendes Wimmern übergegangen.

»Jetzt bindet ihn doch endlich los«, sagte Lepcke. »Was soll das? Er kann euch doch sowieso nichts tun! Oder müsst ihr unbedingt eure Macht demonstrieren, indem ihr ihn da nackt auf dem Boden liegen lasst?«

»Er hat sich selber ausgezogen«, kam unerwartet eine Antwort von Güngör. »Er war schon nackt, als wir kamen.« Sie zeigte mit dem Kopf auf die Schlinge, die vom Dachbalken hing. »Er wollte sich umbringen.«

»Aber er hat sich ganz sicher nicht mit den Kabelbindern gefesselt, oder?«, stellte Lepcke fest, ohne auf die Information mit dem angeblichen Selbstmordversuch zu reagieren. »Was hattet ihr vor mit ihm? Haben wir euch gestört, als ihr gerade dabei wart, ihn zu foltern? So wie ihr es mit Respekt gemacht habt?«

Janin stoppte abrupt.

»Das waren wir nicht. Das war …«

»Er hat seinen Hund erschossen«, fiel ihr Güngör ins Wort. »Wer macht so was? Seinen eigenen Hund! Das ist doch … pervers!«

»Aber ihr wisst genau, warum«, mischte sich Tabori ein. »Warum er Schluss machen wollte, meine ich, ihr wisst es, oder?«

»Er hat einen Abschiedsbrief geschrieben«, sagte Güngör. »Da steht alles drin.«

»Aber wir wussten es auch vorher schon«, kam es von Janin. »Es ist genauso gewesen, wie wir es rausgefunden hatten.«

»Und das heißt was genau?«, hakte Lepcke nach.

Güngör zuckte mit der Schulter.

Janin warf wieder die Münze hoch, diesmal schlug sie sie nach unten auf den Rücken ihrer anderen Hand.

»Kopf«, sagte sie, ohne weiter zu erklären, was das jetzt bedeuten sollte.

Tabori beugte sich vor. Lepcke folgte seiner Bewegung zwangsläufig.

»Bevor wir weiter darüber reden, was ihr rausgefunden habt«, sagte Tabori, »da ist noch eine Sache, die im Moment wichtiger ist.« Im gleichen Moment wusste er, dass er einen Fehler gemacht hatte. Aber es war zu spät, um seine Aussage zurückzunehmen. »Ein Kollege aus Hannover hat Damaschke heute Morgen gesehen, ein Stück entfernt von hier, oberhalb vom Strand, und wir können davon ausgehen, dass sie irgendwie aufeinander getroffen sind, aber mehr Informationen haben wir nicht, den Kollegen erreichen wir nicht mehr, und Damaschke sagt nicht, was passiert ist. Versteht ihr, es könnte durchaus sein, dass ...«

»Ein verschwundener Kollege«, sagte Güngör. »Das ist natürlich wichtig! Viel wichtiger als das, was mit Anna passiert ist. Klar, es ist ja ein Kollege, und nicht nur eine dumme, kleine Anwärterin!« Ihre Stimme troff vor Ironie. »O Gott, hoffentlich hat Damaschke ihm nichts getan! Aber womöglich hat er ihn schon erschossen, so wie seinen Hund, das wäre ja furchtbar.«

»Vielleicht«, sagte Tabori ganz ruhig. »Vielleicht aber auch nicht. Damaschke wird nichts sagen, und vielleicht bleibt uns nicht viel Zeit, falls der Kollege verletzt ist und da irgendwo liegt. Ich möchte, dass ihr einen von uns laufen lasst, lasst Lepcke wenigstens nachsehen, ich bleibe als Geisel. Jetzt kommt schon, sonst macht ihr euch vielleicht mitschuldig an noch einem Mord.«

»Netter Versuch«, grinste Janin. »Aber so läuft das nicht, das könnt ihr vergessen.«

Tabori blickte zu Lepcke.

»Sie haben keine Ahnung von Sommerfeld«, improvisierte Lepcke. »Sie wissen gar nichts. Und ich schätze mal, sie haben auch keine Ahnung, was mit ihrer Freundin passiert ist, sie machen sich nur wichtig. Es gibt auch keinen Abschiedsbrief, wetten?«

Das war einer zu viel, dachte Tabori. Aber da schoss bereits Janins Faust über den Tisch und erwischte Lepcke seitlich am Hals, dass sein Kopf zurückflog und er Tabori mit sich gegen die Rückenlehne riss.

»Du arroganter Sack! Aber so seid ihr alle ... Wir wissen nichts, klar, wir sind ja so doof! Und es gibt auch keinen Abschiedsbrief, natürlich, das haben wir uns wahrscheinlich nur eingebildet! Wie wir uns alles nur einbilden!«

Mit zwei Schritten war sie an dem offenen Kamin. Sie nahm einen Zettel vom Sims und klatschte ihn auf den Couchtisch.

»Lies!«, forderte sie Lepcke auf. »Und lies laut, damit dein Kollege auch was davon hat.«

Lepcke beugte sich vor, diesmal folgte Tabori seiner Bewegung von allein, aus den Augenwinkeln sah er, wie Güngör sich die Mündung ihrer Waffe an die Stirn drückte.

»Paff!«, sagte sie leise

Im gleichen Moment fing Lepcke an zu lesen.

Ich habe das alles nie gewollt. Ich wollte wirklich nur mit ihr reden. Aber sie ist gleich total ausgeflippt und hat versucht wegzurennen. Es war ein Unfall! Sie ist über die Bunkerkante gestürzt und war bewusstlos. Ich habe nichts weiter gemacht, als sie in den Bunker zu ziehen, falls die Soldaten noch mal zurückkommen würden. Ich habe auch noch ein paar Mal nach ihr geguckt. Sie war immer noch bewusstlos und hat geblutet. Und dann war plötzlich der Fuchs da. Ich habe dann die ganze Nacht vor dem Bunker gesessen und aufgepasst, dass er nicht an sie rankonnte ...«

»Ihr habt den Falschen gefoltert«, rutschte es Tabori heraus. »Kapiert ihr es jetzt? Respekt war es gar nicht. Oder hattet ihr das inzwischen auch gewusst und wolltet jetzt euren Fehler korrigieren und habt deshalb ...«

Er brach mitten im Satz ab, als Güngör die Waffe über den Tisch hinweg auf seine Stirn richtete: »Paff!«

»Lies weiter«, forderte Janin Lepcke auf.

»Als Respekt endlich kam, ist er in den Bunker. Ich habe mich noch gewundert, dass er so lange wegbleibt, aber als er dann wiederkam, hat er gesagt, sie wäre tot. Ich weiß nicht, ob das stimmte. Aber ich bin erst in Hannover darauf gekommen, dass vielleicht er sie umgebracht hat, vielleicht hat sie noch gelebt. Respekt war ein Schwein, das weiß jeder. Und was er da mit den Anwärterinnen gemacht hat, hat er auch mit mir gemacht. Aber es konnte doch nicht immer so weiter gehen. Irgendjemand musste etwas tun! Deshalb habe ich ihn in den Heizungskeller gebracht. Ich wollte, dass er einmal selber spürt, wie man sich als Opfer fühlt. Aber ich wollte ihn nicht umbringen! Ich wollte nur, dass er Angst kriegt. Er sollte nicht sterben, das war nie geplant. Aber jetzt ist sowieso alles vorbei. Ich weiß, dass die Kollegen schon hinter mir her sind. Es hat keinen Zweck mehr, ich sehe nur noch einen Ausweg.

*PS. Ich möchte mich bei Güngör und Janin entschuldigen.
Sie können nichts dazu, es ist alles meine Schuld.«*

Lepcke blickte hoch. »Was soll der letzte Satz? Was soll das,
dass ihr nichts dazu könnt? Was meint er damit?«

Güngör und Janin blickten sich an.

Tabori sah, wie Güngör schluckte und anfing, lautlos zu
weinen. Er räusperte sich. »Es geht um das, was in der Ausbildung passiert ist, nehme ich an. Die permanenten Übergriffe,
wie man euch erniedrigt, sexuell missbraucht, vergewaltigt
und gefoltert hat, wir wissen inzwischen, was da los war.«

»Respekt war ein Schwein«, wiederholte Janin den Satz aus
Damaschkes Abschiedsbrief. Dann fasste sie nach Güngörs
Hand. »Es ist egal, wir können es ihnen genauso gut auch
erzählen.«

27

»Wir hatten das geplant«, sagte Güngör leise, »wir beide, Janin und ich.« Sie blickte starr auf einen Punkt an der Wand hinter Lepcke und Tabori. »An dem Abend, als Anna gestorben war. Wir hatten gedacht, dass wir ihr das schuldig wären. Dass wir etwas tun müssten. Anna war immer diejenige von uns gewesen, die nicht länger stillhalten wollte. Sie hatte ja auch schon mal versucht, das alles zu melden, aber es hat nie wirklich eine Untersuchung gegeben. Es hat niemanden interessiert, das einzige Ergebnis war, dass es noch schlimmer wurde, weil Respekt natürlich Wind davon gekriegt hat und wütend war. Aber Anna wollte nicht begreifen, dass wir von außen keine Hilfe bekommen würden. Sie hat irgendetwas gesagt von einem Hauptkommissar, dem sie alles erzählen wollte. Sie war überzeugt, dass sie dem Typen vertrauen könnte. Wir haben keine Ahnung, um wen es ging oder woher sie ihn kannte, aber der Typ hat sowieso nicht reagiert ...«

Tabori spürte, wie Lepcke ihm einen Blick zuwarf. Er schüttelte unmerklich den Kopf. Es war nicht der richtige Zeitpunkt, um Güngör zu unterbrechen.

»... und was dann war, wissen wir nicht so genau. Wir glauben nur, dass es immer noch um den gleichen Typen ging, als Anna kam und gesagt hat, dass wir sie krank melden sollten, weil sie für ein oder zwei Tage weg müsste.« Güngör schluchzte auf. »Und das Nächste war, dass sie auf den Bahngleisen gefunden worden ist.«

Güngör brach abrupt ab. Janin streichelte ihre Hand.

»Ich hab's immer noch nicht«, sagte Lepcke. »Ihr wolltet also irgendetwas unternehmen, habe ich das richtig verstanden? Ihr wart überzeugt, dass euch niemand helfen würde, und jetzt war Anna tot und ihr wolltet nicht mehr länger stillhalten …«

»Sag du es ihnen«, flüsterte Güngör fast tonlos.

Janin drehte sich zu Lepcke.

»Es gab so eine Art spontane Trauerfeier in der Ausbildungsstätte, in der Nacht, als sie Anna gefunden hatten. Wir haben erst alle noch geglaubt, dass sie sich wirklich umgebracht hätte, weil sie nicht mehr konnte, und wahrscheinlich ging es Güngör und mir noch schlechter als den anderen, wir waren total fertig. Wir hatten uns ja irgendwie mitschuldig gemacht, weil wir nie wirklich etwas unternommen hatten. Ich weiß nicht, wie wir darauf gekommen sind, aber … « Sie nickte mit dem Kopf zu Damaschke hinüber. »Und er saß bei uns mit am Tisch, als wir auf die Idee gekommen sind, uns Respekt zu schnappen und ihm genau das anzutun, was er uns die ganze Zeit über angetan hat. Es war unsere Idee, und wir hätten das auch gemacht, wir hatten auch schon geplant, ihn in den Heizungskeller zu bringen, und uns ausgemalt, was genau wir mit ihm machen würden, ihn zwingen, irgendwelche perversen Befehle auszuführen und das alles. Es war uns auch völlig egal, was danach passieren würde, vielleicht hatten wir auch schon zu viel getrunken, aber wir fanden, dass wir es tun mussten, weil sich sonst nie etwas verändern würde. Wir wussten nur noch nicht, wann wir es machen sollten, weil wir am nächsten Tag für eine Fortbildung nach Lingen mussten. Respekt war dann nicht dabei, obwohl er als Ausbilder natürlich eingeteilt gewesen war, und Damaschke ist erst später gekommen, erst kurz vor der Mittagspause, aber er hat von unterwegs angerufen und behauptet, dass er im Stau steckt.«

Die Information ließ Tabori für einen Moment die Luft anhalten.

»Warum sagst du ›behauptet‹?«, hakte er dann ein. »Kam euch das komisch vor?«

»Dir nicht?«, fragte Janin zurück. »Er war mit dem Motorrad unterwegs!«

»Verstehe.«

»Aber wir haben gedacht, er hätte vielleicht verschlafen«, ergänzte Güngör. »Er hatte ziemlich viel getrunken an dem Abend vorher. – Das mit dem Foto haben wir auch erst hinterher kapiert. Er wollte unbedingt, dass wir uns für dieses Gruppenfoto aufstellen …«

»Das war sein Alibi«, nickte Tabori. »Und es hat funktioniert, weil keiner auf die Idee gekommen ist, dass er gar nicht von Anfang an da war. Ich habe nur kurz überlegt, ob er vielleicht eher wieder gefahren ist, aber das ergab keinen Sinn mit dem Todeszeitpunkt, den der Pathologe festgestellt hatte, also …« Er zuckte mit den Schultern, ohne den Satz zu beenden.

Lepcke übernahm wieder.

»Als Respekt dann gefunden worden ist, habt ihr euch den Rest zusammenreimen können …«

»Respekt war gefoltert worden«, bestätigte Janin. »Genau wie wir es am Abend vorher geplant hatten. Es konnte doch nur Damaschke gewesen sein! Und als er einen Tag später entführt worden ist, war uns klar, dass das nicht stimmen konnte. Warum hätte ihn jemand entführen sollen?«

»Aber wie seid ihr darauf gekommen, dass er etwas mit dem Tod eurer Freundin zu tun hatte?«

»Sind wir ja gar nicht. Deshalb haben wir doch die ganze Zeit noch versucht, ihn zu decken. Genau wie alle anderen. Wir haben nur gewusst, dass er Respekt umgebracht hatte, und haben gedacht, er versteckt sich deshalb irgendwo.«

»Und ihr fandet, dass Respekt es verdient hatte zu sterben«, mischte sich Tabori wieder ein. »Außerdem wart ihr euch nicht ganz sicher, inwieweit ihr nicht auch hier vielleicht mitschuldig wart, weil die Idee, ihn zu foltern, ursprünglich von euch stammte.«

»Deshalb fühlten wir uns nicht schuldig«, sagte Güngör. »Wenn Damaschke uns nicht zuvor gekommen wäre, hätten wir es gemacht.«

Erst als Damaschke zu reden anfing, registrierte Tabori, dass das Wimmern schon einige Zeit verstummt gewesen war, Damaschke musste das Gespräch verfolgt haben, jetzt überschlug sich seine Stimme, in einer Art Stakkato stieß er seine Sätze heraus, als hätte er keine Zeit mehr zu verlieren.

»Als ich das mit der Entführung vorgetäuscht habe, hatte ich keine Angst, dass die Kollegen mich kriegen, ich hatte Angst vor euch! Und ich habe das mit Respekt auch nur gemacht, weil ich gedacht habe, dann kommt ihr nicht drauf, dass ich etwas mit Annas Tod zu tun hatte! Ich habe gedacht, wenn ich ihn foltere, dann denkt ihr, dass ich das gemacht hätte, um Anna zu rächen, aber ich hatte trotzdem Angst, dass ihr alles rauskriegt, und ich habe die ganze Zeit darauf gewartet, dass ihr mich findet und dass ihr mich dann …« Seine Stimme ging wieder in Schluchzen über. »Ich wollte sie nie umbringen, wirklich nicht, das müsst ihr mir glauben!«

Janin rückte näher zu Güngör und drückte sie an sich. Sie hockten jetzt beide auf der Lehne und klammerten sich aneinander, als brauchten sie den gegenseitigen Halt, als wäre die eine ohne die andere verloren.

Tabori spürte, wie Lepcke neben ihm die Muskeln anspannte. Sie tauschten einen kurzen Blick und rückten vor, bis sie auf der äußersten Kante des Sofas saßen. Tabori drückte die Füße fest auf den Boden, Lepcke nickte unmerklich.

»Zwei, drei – jetzt!«

Gleichzeitig schnellten sie hoch und warfen sich über den Couchtisch, der unter ihrem gemeinsamen Gewicht krachend zersplitterte, während sie schon Güngör und Janin von der Sessellehne rissen, die aneinander gefesselten Hände wie einen Rammbock benutzend. Hart schlugen sie auf dem Boden auf, Lepcke stieß Güngör den Ellbogen in die Magenkuhle, Tabori drückte Janins Arme zur Seite und rammte ihr den Kopf unters Kinn.

Für einen Moment lagen sie alle vier keuchend auf dem Boden. Güngör und Janin schienen aufgegeben zu haben, fast so als wären sie froh, dass es jetzt vorbei war. Sie machten keinerlei Anstalten mehr, sich zu wehren, auch nicht als Lepcke den Schlüssel von Janins Gürtel löste und die Handschellen aufschloss, bevor Tabori die beiden Anwärterinnen entwaffnete. Lepcke schob seine Heckler & Koch zurück in das Schulterhalfter und nahm die Magazine aus den übrigen Waffen.

Güngör und Janin lagen immer noch reglos. Güngör hatte die Augen geschlossen, Janin starrte blicklos an die Decke.

Tabori rieb sich das Knie, das er sich bei dem Aufprall an irgendeiner Kante gestoßen hatte, dann humpelte er zur Küche, um ein Messer zu holen.

Mit zwei schnellen Schnitten durchtrennte er die Kabelbinder an Damaschkes Händen und Füßen. Als Damaschke versuchte hochzukommen, musste Tabori ihn stützen. Er half ihm, sich anzuziehen, und drückte ihn dann in den Sessel. Lepcke holte zwei Gläser Wasser und hielt sie den Anwärterinnen hin. Güngör schüttelte den Kopf, aber Janin richtete sich auf und trank gierig. Sie verschluckte sich, Lepcke klopfte ihr auf den Rücken, bis der Hustenanfall vorbei war.

»Und wann habt ihr es herausgefunden?«, fragte er scheinbar zusammenhanglos, aber Janin antwortete, ohne zu zögern.

»Er hat sich verplappert. Er hat uns angerufen, als er hier oben war. Angeblich wollte er nur wissen, ob wir irgendwas gesagt hätten und ob die Kollegen noch an die Entführung glauben würden. Aber dann schien er plötzlich völlig konfus zu sein, er hat irgendwas von einem Typen von der Spurensicherung gestammelt, den er gesehen hätte, und wieso der Typ genau da wäre, wo das mit Anna passiert wäre. Wir haben erst überhaupt nicht begriffen, was er da sagt, und ich habe nur gefragt, wo er überhaupt ist, aber da hat er schnell das Gespräch beendet. Güngör ist dann auf die Idee gekommen, in den Dienstplänen nachzugucken. Und da haben wir gesehen, dass er ebenfalls zwei Tage lang gefehlt hatte, und zwar genau an den gleichen beiden Tagen wie Anna. Uns ist auch wieder eingefallen, dass er da Urlaub beantragt hatte, angeblich weil seine Oma gestorben war. Und damit war es ja dann irgendwie klar.«

»Aber trotzdem wusstet ihr immer noch nicht, wo er war«, mischte sich Tabori wieder ein. »Oder habe ich irgendwas nicht mitgekriegt?«

»Es war eher Zufall. Erst haben wir noch mal versucht, ihn

zurückzurufen, aber das Handy war ausgeschaltet. Und dann sind wir zum Parkplatz raus, wo ja immer noch sein Motorrad stand. Ich weiß gar nicht, wieso, aber wir haben in den Packkoffer geguckt, und da war eine Karte, eigentlich mehr so eine Werbebroschüre für Touristen, von irgendeinem Strandhotel in Dänemark. Der Rest war einfach, die Adresse stand ja auch da. Also sind wir losgefahren. Aber hier oben haben wir uns dann verfahren, und als wir noch das Hotel gesucht haben, haben wir Annas Nissan vor dem Ferienhaus hier gesehen, und das Auto mit der Aufschrift von der Reinigungsfirma, die in der Ausbildungsstätte sauber macht.« Sie zuckte mit den Schultern. »Und das war's. Er hatte gerade seinen Hund erschossen und wollte sich aufhängen, als wir dazu kamen. Den Rest kennt ihr.«

»Er hat uns noch ein zweites Mal angerufen«, sagte Güngör leise, ohne die Augen zu öffnen. »Als wir schon auf der Autobahn waren. Er hat nichts gesagt, aber es war seine Nummer. Er muss gehört haben, dass wir im Auto waren, so was hört man ja. Und vielleicht hat er sich schon denken können, wohin wir unterwegs waren. Vielleicht hätten wir ihn nicht daran hindern sollen, sich umzubringen. Vielleicht wäre es besser gewesen so.«

Tabori blickte zu Damaschke, der keinerlei Reaktion zeigte. Aber er war sich sicher, dass es genauso gewesen war. Damaschke war endgültig in Panik geraten, als ihm klar wurde, dass er bei seinem Anruf einen Fehler gemacht hatte. Er hatte gewusst, dass es vorbei war. Aber was hatte er mit Sommerfeld gemacht? Tabori packte Damaschke hart an der Schulter.

»Wo ist Sommerfeld? Der Kollege von der Spurensicherung, wir wissen, dass du ihn getroffen hast ...«

Wider Erwarten gab Damaschke tatsächlich eine Antwort. »Ich hab ihm nichts getan. Er lebt. Ich bin kein Mörder.«

»Wo?«, fragte Tabori noch mal. »Wo ist er?«

Damaschke schwieg wieder. Er kam Tabori vor wie ein trotziger 13-Jähriger, der den Triumph auskosten wollte, als Einziger etwas zu wissen, was niemals jemand erfahren würde, solange er nicht den Mund aufmachte.

Tabori spürte eine kalte Wut in sich aufsteigen. Gerade noch rechtzeitig drückte ihm Lepcke den Arm wieder nach unten, bevor er zuschlagen konnte.

Er holte tief Luft und wendete sich ab.

»Und was passiert jetzt mit uns?«, fragte Janin mit weit aufgerissenen Augen.

Tabori war froh, dass Lepcke die Antwort übernahm. Seine Stimme klang gepresst. »Wenn es nach mir geht, gar nichts. Wir werden euch vielleicht noch mal brauchen, wenn wir den Bericht schreiben. Aber das ist eine reine Formsache, ihr seid ja bereits als Zeuginnen vernommen worden. Und soweit ich das einschätzen kann, gibt es nichts Neues, was ihr zu erzählen hättet. Ich gehe übrigens mal davon aus, dass niemand weiß, wo ihr gerade seid«, setzte er gleich darauf noch hinzu. »Vielleicht sollten wir es einfach dabei belassen, ihr wart nie hier, besorgt euch ein Attest und meldet euch krank, dann gibt es keine unnötigen Fragen. Tabori, was sagst du?«

»Deine Verantwortung. Es wird schon schwer genug werden zu erklären, was ich bei der ganzen Sache überhaupt zu suchen hatte! Also sehe ich das im Moment so, dass ich hier oben zufällig über etwas gestolpert bin, worüber ich dich informiert habe, weil ich wusste, dass es dein Fall ist. Und dann haben wir beide Damaschke gefunden. Von irgendjemand anderem, der damit zu tun gehabt hätte, weiß ich nichts.«

»Könnte funktionieren«, nickte Lepcke. »Aber eine Sache bleibt uns noch.« Er warf einen Blick auf Damaschke. »Verdammt noch mal, wir können doch nicht loslaufen und wahllos die Dünen hier absuchen, wir brauchen einen Hinweis!«

»Bleib du hier mit ihm«, sagte Tabori. »Ich fahr zur Klippe hoch. Das ist unsere einzige Chance, vielleicht finde ich irgendwas, was uns weiterhilft. Oder du kriegst ihn doch noch dazu, dass er redet. Dann ruf mich an!«

Tabori griff nach seiner Jacke. Er wusste nicht, ob sie Damaschke wirklich trauen konnten, aber er hoffte inständig, dass er nicht gelogen hatte, als er behauptete, Sommerfeld sei am Leben.

»Können wir vielleicht auch irgendwas ...«, setzte Güngör an, als hätten sie und Janin etwas gutzumachen.

»Wenn ja, melde ich mich über Handy«, sagte Tabori nur und war schon fast an der Tür, als er auf der anderen Seite den Schatten hinter der Milchglasscheibe sah. Unwillkürlich fuhr er zurück, gleich darauf klopfte es, undeutlich konnte Tabori ein Gesicht ausmachen, das durch die Scheibe zu spähen versuchte. Hinter sich hörte er Lepcke in den Flur kommen. Tabori hob warnend die Hand und machte die Tür auf.

28

Tabori saß direkt am Fenster, vor ihm standen eine Kanne Kaffee und ein Teller mit einem Stück von Elsbets hausgemachter Walnusstorte, das er aber bisher noch nicht angerührt hatte. Elsbet warf ihm vom Empfangstresen aus immer wieder einen kurzen Blick zu, sagte aber nichts, auch nicht, als er sich die dritte oder vierte Zigarette hintereinander anzündete und den Rauch an die Decke blies. Der Gastraum war leer, bis auf ein älteres Ehepaar in der Ecke am Kuchenbuffet. Die Frau hustete demonstrativ, um ihn darauf aufmerksam zu machen, dass auch in dänischen Restaurants mittlerweile das Rauchen verboten war.

Elsbet hatte einen neuen Dackel, den sie ihm vorgestellt hatte, als er am späten Nachmittag unerwartet in ihr Hotel gestolpert kam.

»Es heißt Margarethe«, hatte sie gesagt. »Wie die Königin. Es ist ein kleines Mädchen.«

Margarethe hatte offensichtlich den Gang zwischen den Tischen zu ihrer privaten Rennstrecke erklärt, krummbeinig und mit fliegenden Ohren rannte sie begeistert von einem Ende zum anderen und rutschte jedes Mal, bevor sie wieder wenden musste, die letzten Meter auf dem Hintern über den glatten Holzboden. Die beiden älteren Damen versuchten, sie an ihren Tisch zu locken. Margarethe hockte sich hin und hinterließ eine kleine Pfütze, bevor sie sich schwanzwedelnd wieder auf den Weg zurück zu Taboris Tisch machte. Elsbet kam mit einem Lappen, um die Hinterlassenschaft des kurzen Boxenstopps aufzuwischen.

Über dem Meer braute sich eine dichte Wolkenwand zusammen. Der Wind hatte aufgefrischt, weit draußen waren bereits vereinzelte Schaumkronen auf dem Wasser zu sehen, während die Wellen, die den Strand erreichten, noch kraftlos ins Leere liefen.

Tabori nahm jetzt doch ein Stück von dem Kuchen, aber er schmeckte kaum etwas, die Sahnecreme klebte unangenehm an seinem Gaumen, seine Zunge fühlte sich pelzig an.

Er überlegte, ob er kurz in sein Zimmer gehen und sich die Zähne putzen sollte, konnte sich aber nicht aufraffen, den Tisch zu verlassen. Er hatte für Lepcke und sich jeweils ein Zimmer für eine Nacht bestellt, als er Elsbet um ein weiteres Zimmer für Janin und Güngör gebeten hatte, war ihr Blick deutlich genug gewesen, fast hatte Tabori damit gerechnet, dass sie ihn darauf hinweisen würde, dass ihr Hotel keine Absteige war. Taboris Erklärung – »zwei Kolleginnen, die zufällig hier oben sind und erst morgen zurückfahren« – hatte die Sache nicht unbedingt besser gemacht.

Er hatte auch Sommerfeld gefragt, ob er nicht über Nacht noch bleiben wollte, um erstmal ein paar Stunden in Ruhe zu schlafen, aber Sommerfeld hatte sich nur an die Stirn getippt und irgendetwas davon geknurrt, dass sein Bedarf an Dünen und Strand für die nächsten Jahre vollkommen gedeckt wäre. »Und das gilt genauso auch für dich und Lepcke«, hatte er noch hinzugesetzt, »glaub mir, Tabori, ich hab die Nase gestrichen voll von euren Aktionen und bin froh, wenn ich euch erstmal nicht mehr sehen muss.« Damit war er in sein Auto gestiegen und ohne ein weiteres Wort gefahren.

Sie hatten ihn in dem Bunker oben an der Klippe gefunden, Tabori und der eine der beiden dänischen Polizisten. Der Jüngere, Ulrik. Der andere hieß Kai. Der Ältere, der plötzlich vor der Tür des Ferienhauses gestanden hatte und im Gegensatz zu Tabori noch nicht mal überrascht gewesen war, ihn zu sehen. Er und sein Kollege hatten den Passat in der Einfahrt entdeckt – und sich an den Polizisten aus Deutschland erinnert, den sie vor kurzem im Wald angehalten hatten. Dass das Auto des deutschen Kollegen jetzt mit einer Reihe anderer Wagen – und alle mit hannoverschem Kennzeichen, einer außerdem mit eingeschlagener Seitenscheibe – vor einem Ferienhaus stand, obwohl der Kollege doch behauptet hatte, alleine zu sein, war ihnen zumindest so auffällig erschienen, dass sie der Sache nachgehen wollten.

Kaum weniger bedenklich mussten ihnen Taboris und Lepckes halbherzige Erklärungen vorgekommen sein, ganz zu schweigen davon, dass sie sich nach der Überprüfung der Personalien mit drei weiteren Polizisten im Haus konfrontiert sahen, von denen einer weinend auf dem Sofa saß.

Tabori hatte sie fast dafür bewundert, dass sie dennoch in der Lage gewesen waren, die Dringlichkeit zu erkennen, mit der er sie von der Suche nach Sommerfeld zu überzeugen bemüht war – und nach kurzem Zögern hatten sie sich tatsächlich darauf eingelassen, dass Lepcke alle weiteren Erklärungen geben würde, während Tabori mit Ulrik zur Klippe hochgefahren war.

Sommerfelds Auto hatte verlassen auf dem Parkplatz gestanden, Sommerfeld selber hatten sie nach wenigen Minuten in dem unterirdischen Gang des Bunkers gefunden, in dem auch die Anwärterin umgebracht worden war. Damaschke hatte Henry dazu benutzt, Sommerfeld zu zwingen, vor ihm her in den Bunker zu steigen und sich mit Handschellen an ein Armiereisen fesseln zu lassen. Bis auf einige Abschürfungen an den Handgelenken war Sommerfeld unverletzt geblieben, nur seine Stimme war heiser von den stundenlangen und vergeblichen Versuchen, irgendwelche zufälligen Passanten auf sich aufmerksam zu machen. Wahrscheinlich würde er sich auch einen Schnupfen geholt haben, der Bunkergang war feucht und kalt gewesen und Sommerfeld hatte nur den dünnen Wegwerf-Overall über einem leichten Hemd und seiner Hose angehabt …

Tabori zündete sich eine neue Zigarette an. Diesmal kam Elsbet und entfernte die Untertasse, auf der er bisher seine Kippen ausgedrückt hatte. Als Tabori entschuldigend sagte: »Ich weiß. Nur die eine noch, ja?«, brachte sie ihm aus ihrem Büro eine handtellergroße Austernschale, die sie – nach den Brandflecken zu urteilen – selber gelegentlich als Aschenbecher benutzte.

Die beiden älteren Damen bezahlten und verließen das Hotel, nicht ohne Tabori noch einen empörten Blick zuzuwerfen, als hätte er ihnen den Nachmittag gründlich verdorben. Tabori war nur froh, dass sie offensichtlich nicht zu den Hausgästen gehörten und somit auch darauf verzichteten, sich bei Elsbet über ihn zu beschweren – die Stimmung zwischen ihm und der Hotelchefin war ohnehin angespannt genug.

Margarethe hatte sich erschöpft vor Taboris Füßen zusammengerollt und zuckte im Traum mit den Vorderpfoten. Die Wolkenwand über dem Meer war weitergezogen, ohne die Küste zu erreichen, die Sonne tauchte die Bucht wieder in gleißendes Licht.

Vom Parkplatz her kamen Güngör und Janin auf das Hotel zu, sie hatten also den Weg trotz seiner eher umständlichen Beschreibung am Handy gefunden, dann würde wahrscheinlich auch Lepcke nicht mehr lange auf sich warten lassen. Die beiden Anwärterinnen hielten sich an den Händen, keine von ihnen trug eine Tasche, Tabori überlegte kurz, ob sie überhaupt Gepäck dabei hatten. An der Dünenwiese, die Elsbet als Kaffeeterrasse diente, blieben sie unschlüssig stehen und setzten sich dann auf eine Bank mit Blick aufs Meer, Janin lehnte ihren Kopf an Güngörs Schulter.

Es gibt immer noch eine Menge offener Fragen, dachte Tabori, wie hatte Damaschke es angestellt, Respekt in den Heizungskeller zu locken, was hätte er mit Respekt eigentlich vorgehabt, wenn der ihm nicht gestorben wäre, wo hatte Damaschke sich versteckt, bevor er mit seinem Hund nach Dänemark geflüchtet war? Und: Wieso war niemandem aufgefallen, dass er zeitgleich mit Anna Koschinski gefehlt hatte? Hatte überhaupt irgendjemand – außer Güngör und Janin dann natürlich, als es längst zu spät gewesen war – mal die Dienstpläne eingesehen? Wieso war niemand über diese Oma von Damaschke gestolpert, bei der er ja wahrscheinlich bei seinem Trip den Hund geparkt hatte. Und wahrscheinlich war auch die Oma genau das Versteck, das sie nicht gefunden hatten … Ein paar Fragen würden sich noch klären, wenn Damaschke erstmal seine Aussage gemacht hätte. Falls er überhaupt redet, dachte Tabori. Doch, er wird reden! Er wird alles haarklein erzählen, er wird versuchen, sich zu rechtfertigen, wer immer seine Aussage aufnimmt – Lepcke selber wahrscheinlich – wird ein paar Details zu hören bekommen, von denen er sich wünschen würde, dass er sie nie erfahren hätte.

Andere Fragen würden für immer ohne Antwort bleiben, so war es noch bei nahezu jedem Fall gewesen, die Indizien hatten sich irgendwann nahtlos zu einem Gesamtbild gefügt, aber dennoch waren Lücken geblieben, die ihn oftmals auch dann nicht zur Ruhe hatten kommen lassen, wenn der Fall längst abgeschlossen war. Und hier sollte es jetzt wohl der Brief der Anwärterin bleiben, der Tabori überhaupt erst in den Fall verwickelt hatte und dessen Inhalt nach wie vor unklar war, dessen Verschwinden aber dann womöglich die Verkettung der Ereignisse in Gang gesetzt hatte, die Tabori noch lange beschäftigen würden.

Ganz deutlich hatte er wieder das Bild vor Augen, wie er zurück in sein Zimmer gekommen war und irritiert das Fehlen des Briefes registrierte, von dem er sich immer noch sicher war, ihn ungeöffnet aufs Bett gelegt zu haben, bevor er zu Elsbet nach unten an den Festapparat ging.

Es hatte den Brief gegeben, und es musste irgendeinen Grund dafür gegeben haben, dass die Anwärterin ihn unter seiner Zimmertür hindurchgeschoben und direkt danach ausgecheckt hatte … Natürlich, dachte er plötzlich, nicht nur Damaschke hat Anna gesehen, als er kurz auf der Kaffeeterrasse auftauchte, sondern sie ihn ebenso! Und sie hat Panik gekriegt, sie hat geglaubt, dass keine Zeit mehr war, um mich anzusprechen – denn das wollte sie, da bin ich mir sicher –, aber sie hat nicht mehr klar denken können, sie hat ausgecheckt und ist regelrecht geflohen. Und ein paar Stunden später hat Damaschke sie dann auf der Klippe erwischt. Was wollte sie da oben? Und warum ist sie vorher noch in dem

Mohair-Laden gewesen und hat sich einen neuen Pullover gekauft?

Margarethe winselte im Schlaf und drehte sich auf den Rücken, das eine Vorderbein starr in die Luft gestreckt.

Warum habe ich Elsbets altem Dackel den Kopf abgetrennt, um ihn ihr als Beweis zu präsentieren, dass er tot war und sie ihn nicht länger suchen sollte? Warum halten Familienväter mitten im St. Gotthard-Tunnel ihr Auto an, um ein Picknick zu machen? Es gibt Handlungen, die sich jeder rationalen Erklärung entziehen, dachte Tabori. Leute tun so etwas, Übersprungshandlungen, um eine Situation zu bewältigen, die das Gehirn nicht verarbeiten kann …

Lepcke kam über den Kiesweg. Man sah ihm die Erschöpfung an, er zog die Schultern nach vorne wie ein alter Mann, das Jackett, das er über dem Arm trug, war verknittert, sein Hemd war verschwitzt und bis über die Brust aufgeknöpft, die Krawatte hatte er abgenommen und in die Hosentasche gesteckt. Das Schulterhalfter musste er im Auto gelassen haben, um nicht unnötig aufzufallen.

Tabori klopfte an die Scheibe und winkte. Wir haben Fehler gemacht, dachte er, während Lepcke die Stufen zum Restaurant hoch kam, Fehler, die uns nicht passiert wären, wenn wir noch zusammenarbeiten würden. Es war gar nicht der Polizeiapparat, der mir gefehlt hat, es war die Zusammenarbeit mit Lepcke, wir haben uns zu lange nicht vertraut, stattdessen hat jeder von uns versucht, den Fall auf seine Weise zu lösen, das war die denkbar schlechteste Ausgangssituation, die wir haben konnten.

Lepcke nickte Elsbet zu und setzte sich. Als Elsbet neuen Kaffee und eine Tasse für Lepcke brachte, hatte er sich bereits wortlos Taboris Teller hinübergezogen und machte sich über den Kuchen her.

»Wir haben am Anfang viel Mist gebaut«, eröffnete er zwischen zwei Bissen das Gespräch. »Wäre nicht unbedingt nötig gewesen. Tut mir leid, aber du warst auch nicht ganz unschuldig daran.«

»So was Ähnliches habe ich gerade selber gedacht.«

»Aber wir haben den Fall gelöst«, grinste Lepcke, um gleich darauf hinzuzusetzen: »Ach so, das weißt du ja noch gar nicht, die dänischen Kollegen haben Damaschke erstmal mit nach Ålborg genommen. Sie stecken ihn heute Nacht bei sich in die Arrestzelle, wir können ihn dann morgen auf dem Rückweg mitnehmen. Kleine Amtshilfe sozusagen, aber eher inoffiziell, ich glaube, sie hatten keine Lust auf den ganzen Papierkram und machen drei Kreuze, wenn sie uns wieder los sind. Damaschke wird allerdings noch eine Anzeige kriegen, wegen dem Einbruch in das Ferienhaus.«

»Das dürfte das geringste Problem sein, das er hat.«

»Sehe ich auch so. – Haben mir gut gefallen, die Kollegen, nicht solche Sesselfurzer wie bei uns. Übrigens Vater und Sohn, wusstest du das?«

Tabori nickte.

»Und der Hund?«, fragte er dann. »Was habt ihr mit Damaschkes Hund gemacht?«

»In den Dünen vergraben, das schien mir das Einfachste zu sein. Oder wärst du gerne mit einem toten Schäferhund im Kofferraum nach Hause gefahren?«

Tabori blickte unwillkürlich auf den schlafenden Dackel zu seinen Füßen.

Lepcke folgte seinem Blick. »Niedlich«, stellte er fest.

»Habe ich gar nicht gesehen eben. Gehört der zum Hotel oder was?«

»Sie«, korrigierte Tabori automatisch. »Sie heißt Margarethe, wie die Königin.«

»Verstehe. – Aber was ist jetzt eigentlich? Mit dir, meine ich. Wir beide sind ein gutes Team, immer noch. Könntest du dir nicht vorstellen … Also, ich denke schon, dass es Möglichkeiten gäbe, wieder einzusteigen. Wir sind chronisch unterbesetzt, das weißt du ja. Wir suchen händeringend Leute.«

»Gib dir keine Mühe, ich bin draußen, lassen wir es dabei.«

»Schade«, sagte Lepcke. »Aber da ist ohnehin noch was, worüber ich mit dir reden muss. Diese andere Geschichte da mit dem Netzwerk, das sie sich aufgebaut haben, ich meine, wir sind da nun mal drüber gestolpert, wir können jetzt nicht einfach so tun, als ob …« Lepcke stieß die Luft aus und beugte sich vor. »Wir wissen, das Respekt nur eine Randfigur war und sonst nichts weiter damit zu tun hatte, aber das müssen wir ja niemanden erzählen, verstehst du? Eine Pressekonferenz wird es sowieso geben, also brauche ich doch nur zu behaupten, ich hätte Beweise, dass Respekt in irgendwelche Machenschaften verstrickt war, die bis ganz nach oben reichen. Was meinst du, wie die Presse sich auf so was stürzen wird!«

Tabori winkte ab.

»Du hast die Dimension immer noch nicht begriffen. Sie werden nichts darüber berichten, die Sache ist viel zu heikel. Die Zeitungen werden es kaum riskieren wollen, sich mit den Leuten anzulegen, von denen wir hier reden. Die Zeiten sind vorbei, in denen so was möglich war.«

Lepcke schwieg einen Moment, er schien nachzudenken.

Tabori spürte, wie sich sein Magen wieder meldete. Er hatte zu wenig gegessen und zu viel Kaffee getrunken.

»Glaubst du wirklich, dass sich dieser Heinisch wegen der ganzen Sache noch mal bei dir melden wird?«

»Nein. Aber ich weiß ja noch nicht mal, ob er überhaupt ...«

Tabori ließ das Ende des Satzes offen und zuckte nur mit den Schultern. Sein Magen zog sich zu einem Krampf zusammen. Er schluckte mehrmals, ohne dass es besser wurde.

»Na gut«, sagte Lepcke. Er klang resigniert. »Aber eine Sache werde ich in jedem Fall machen.«

Tabori blickte fragend hoch.

»Ich werde mich bei diesem Verein da melden, bei den kritischen Polizisten, hätte ich schon längst machen sollen. Und wenn sie wirklich versuchen sollten, mich auf irgendeinen Schreibtischposten zu versetzen«, setzte er hinzu, »dann wollen wir doch erstmal sehen. So leicht mache ich es ihnen jedenfalls nicht.«

Tabori nickte. Lepckes Entschluss schien ihm nur konsequent zu sein, jemanden wie Lepcke konnten sie bei der Bundesarbeitsgemeinschaft sicher gebrauchen.

»Sprich noch mal mit dem Vater von Anna darüber«, sagte er. »Ich denke, das wäre sinnvoll, ich hatte das Gefühl, der Mann hat wirklich was zu sagen. Warte, er hat mir seine Adresse gegeben, ich muss sie noch in der Jacke haben.«

Tabori griff in die Innentasche seiner Lederjacke. Er hatte die dumme Angewohnheit, alle möglichen Eintrittskarten oder Handzettel erstmal in seine Jacke zu schieben, um den Stapel dann alle paar Monate, ohne ihn noch mal durchzusehen, in den Papierkorb zu entsorgen. Auch jetzt war die

Sammlung bereits wieder beachtlich geworden, er legte den Stapel vor sich auf den Tisch, zwei Karten für ein Konzert von Konstantin Wecker, auf dem er mit Lisa gewesen war und das ihn eher gelangweilt hatte, obwohl er Wecker eigentlich für musikalisch und inhaltlich respektabel hielt, ein Aufruf zu einer Demonstration gegen Atomkraft, ein Programmzettel einer freien Theatergruppe, die ein Stück von Dario Fo gespielt hatte, dann die Visitenkarte, »hier, das ist es!«

Er schob die Karte des früheren Polizeiobermeisters zu Lepcke hinüber. Im gleichen Moment fiel sein Blick auf den Brief, der unter der Karte lag. Er brauchte noch nicht mal die Handschrift auf dem Umschlag zu lesen, um sofort die Situation wieder vor Augen zu haben, wie er von der Terrasse hoch in sein Zimmer gekommen war und den Brief hinter der Tür gefunden hatte. Aber diesmal funktionierte die Erinnerung, wie bei einem Film sah er die Bilder in der richtigen Reihenfolge vor sich: Er hatte den Brief hochgenommen, er hatte den Umschlag mit dem Finger aufreißen wollen, das Handy hatte geklingelt, die Verbindung war nach den ersten Sätzen wieder abgebrochen, er hatte entschieden, Lepcke sofort übers Festnetz zurückzurufen, und den Brief erst aufs Bett legen wollen, aber dann die Putzfrau auf dem Gang gehört – und den Umschlag in die Innentasche seiner Jacke geschoben, die er immer noch über der Schulter gehabt hatte. Und das war's. Zehn Minuten später hatte er sich nicht mehr daran erinnert, es war ein Automatismus gewesen, der in seinem Gehirn nicht abgespeichert worden war. Und er hatte den Brief die ganze Zeit mit sich herumgeschleppt, ohne es zu wissen …

28 ½

Tabori schob seinen Stuhl so heftig zurück, dass er zu Boden stürzte. Margarethe schreckte aus ihrem Traum hoch und fing an zu kläffen.

»Ich muss kurz mal an die Luft«, sagte Tabori, ohne Lepcke Zeit für eine Erwiderung zu lassen. Er rannte fast, mit wenigen Schritten war er an der Tür, noch auf der Treppe riss er den Umschlag auf und zog den in der Mitte gefalteten Zettel heraus, eine linierte Seite aus einem Ringbuch, die beiden Löcher waren ausgerissen, auch die wenigen Zeilen wirkten, als wären sie in großer Eile geschrieben:

Ich habe Angst. Bitte helfen Sie mir! Ich kann nicht im Hotel bleiben, jemand verfolgt mich. Ich bin um fünf auf dem Parkplatz oben auf der Klippe. Sie müssen kommen, ich muss mit Ihnen reden. Bitte!!!

Taboris Hand zitterte. Ein plötzlicher Windstoß riss ihm den Zettel aus den Fingern und wehte ihn quer über den Kiesweg. Für einen Moment blieb er an der Bank hängen, auf der Güngör und Janin immer noch mit dem Rücken zu Tabori saßen. Ein neuer Windstoß wirbelte ihn hoch und trug ihn über die Dünen davon. Eine Möwe kam kreischend im Sturzflug heran und drehte wieder ab, als sie die Sinnlosigkeit ihres Angriffs erkannte. Die Sonne näherte sich langsam dem Horizont, ihre Farbe hatte zu einem warmen Goldgelb gewechselt.

Sie konnte nicht wissen, dass ich gleich nach ihr die Terrasse verlassen würde, dachte Tabori, sie wollte mir genug Zeit lassen, damit ich den Brief auch wirklich finde, deshalb sollte ich erst um fünf auf der Klippe sein …

Sein Handy klingelte. Das Display zeigte Lisas Nummer an. Das Netz reichte gerade so eben, auch wenn Lisas Stimme sich zwischendurch immer wieder in weiter Ferne zu verlieren schien.

»Wieso höre ich nichts von dir? Was ist los? Wo bist du überhaupt? Ist alles in Ordnung?«

»Sorry, dass ich mich nicht gemeldet habe. Tut mir, aber … das ist eine längere Geschichte, es ist kompliziert, aber wir haben den Täter.«

»Wir?«

Plötzlich war die Verbindung ganz klar, als würde Lisa direkt neben ihm stehen. Tabori meinte sogar, die Hunde im Hintergrund bellen zu hören.

»Lepcke ist bei mir, wir sind wieder in Dänemark. Ich erzähle dir alles, wenn ich zurück bin. Morgen. Nur dass du beruhigt bist: Es war dieser Damaschke, die Anwärterinnen hatten nichts damit zu tun, oder nicht wirklich jedenfalls. – Und bei dir?«

»So weit okay. Aber wir haben die Leiche noch nicht, obwohl sie mit ziemlicher Sicherheit irgendwo in dem Teich sein wird. Rinty hat einmal was gemeldet, aber das Wasser ist zu trübe, die Taucher sehen nichts. Wir mussten abbrechen, weil die Hunde nicht mehr konnten. Morgen früh machen wir weiter.«

»Ich werde so gegen Nachmittag wieder da sein, spätestens am frühen Abend. Wir bleiben für die Nacht hier im Hotel, Lepcke auch.«

»Zwei Sachen noch schnell: Da war ein Anruf für dich, eine Frau. Sie hat gesagt, dass sie Markus' Schwester wäre. Wusstest du, dass er eine Schwester hat?!«

»Ja, aber …«

»Sie hat darum gebeten, dass du sie zurückrufst. Aber ich hab ihr auch deine Handynummer gegeben, vielleicht meldet sie sich also, nur dass du Bescheid weißt.«

»Und die zweite Sache?«

»Ich habe gerade Nachrichten im Radio gehört. Es ist schon letzte Nacht passiert, aber sie haben es jetzt erst gebracht. Obwohl die Gerüchteküche bei deinen Ex-Kollegen heute Nachmittag schon ziemlich am Brodeln war, aber jetzt scheint es offiziell zu sein: Heinisch ist heute Morgen gegen fünf erwischt worden, wie er mit seinem Dienstwagen über eine rote Ampel gefahren ist, in der Nähe vom Puffviertel. Merkwürdigerweise war wohl sofort ein Streifenwagen da, und auch gleich noch ein paar Journalisten. Sie haben Heinisch pusten lassen, er hatte über 1,5 Promille! Es muss vorhin so was wie eine Pressekonferenz gegeben haben, er hat gesagt, er würde selbstverständlich die Konsequenzen tragen. Ich schätze mal, dass er zurücktritt. – He, bist du noch da? Hast du alles mitgekriegt?«

»Lass uns morgen reden«, sagte Tabori, während er Güngör und Janin zunickte, die inzwischen seine Stimme gehört hatten und zu ihm herüberblickten. »Ich kann jetzt schlecht, hab eine gute Nacht. Knuddel die Hunde!«

»Sag Markus einen Gruß von mir, ja?

»Warum rufst du ihn nicht selber an? Er sitzt drinnen am Tisch …«

»Zu kompliziert. Pass auf dich auf!«

»Du auch.«

Tabori schob das Handy zurück in die Tasche. Güngör und Janin kamen auf ihn zu.

»Ich muss ganz kurz noch mal mit Lepcke reden«, sagte Tabori. »Aber wir sehen uns zum Essen, ja? Ich lad euch ein, es gibt frische Scholle hier und … Wir sehen uns, okay?«

Ohne eine Antwort abzuwarten, stieg er die Stufen zum Restaurant hinauf. Das Letzte, was er eigentlich wollte, war jetzt ausgerechnet ein Abend mit Güngör und Janin. Er wusste nicht, warum er sie eben überhaupt eingeladen hatte. Vielleicht war es sein schlechtes Gewissen, das unklare Gefühl, dass er irgendwie schuld an dem war, was passiert war. Plötzlich hatte Tabori Lust, sich sinnlos zu besaufen. Was der Polizeipräsident konnte, konnten er und Lepcke schon lange, mit dem einzigen Unterschied, dass sie danach keine weiteren Konsequenzen zu befürchten hatten als wahrscheinlich einen dicken Kopf.

Als er an ihren Tisch zurückkam, hielt Lepcke sein Handy in der Hand.

»Ich versuche die ganze Zeit, Lisa zu erreichen, aber es ist ständig besetzt.«

»Versuch es noch mal«, sagte Tabori. »Sie wartet darauf, dass du anrufst.«

Lepcke warf ihm einen irritierten Blick zu, aber dann drückte er die Taste für die Wiederwahl.

Elsbet kam und wollte wissen, ob sie einen Tisch zum Abendessen reservieren wollten. Während Taboris Telefonat mit Lisa hatte sich das Restaurant fast gänzlich gefüllt.

»Vier Personen«, nickte Tabori. »Und irgendeinen Rotwein, von dem du noch genug Flaschen auf Lager hast.«

Die nächsten Gäste kamen zur Tür herein. Eine weitere Gruppe von Dänen, die sich lautstark unterhielten und dann zwei Tische zusammenschoben, weil sie augenscheinlich noch mehr Leute erwarteten.

Lepcke hatte das Handy am Ohr, das andere Ohr versuchte er mit der Hand gegen den dänischen Wortschwall hinter ihm abzuschirmen.

Tabori stieg in sein Zimmer hinauf, um zu duschen und sich die Zähne zu putzen. Sein Gesicht im Spiegel wirkte grau. Er schnitt sich unwillig eine Grimasse.

Sie haben Heinisch also eine Falle gestellt, dachte er. Ich habe ihn falsch eingeschätzt. Aber jetzt ist er weg vom Fenster, alles wird so weitergehen wie bisher. Und du, Tabori, was wirst du machen? Dich wieder in dein Schlupfloch verkriechen und vorgeben, dass dich das alles nichts angeht? Dich alle paar Wochen mal mit Lepcke in der Kneipe treffen und nicht wissen, wozu eigentlich?

Ich drehe mich im Kreis, dachte er, vielleicht war der eigentliche Fehler gewesen zu glauben, dass es funktionieren könnte, wenn ich mich wie Robinson Crusoe auf einer einsamen Insel verstecke und der Welt den Rücken zukehre. Aber es funktioniert nicht. Es hat bei Crusoe nicht funktioniert und bei mir sieht es nicht anders aus. Vielleicht hat Lepcke recht, vielleicht sollte ich wirklich überlegen, ob ich nicht doch wieder …

Das Handy riss ihn aus seinen Gedanken. Noch bevor er das Gespräch annahm, wusste er, dass es Lepckes Schwester sein würde. Inga. Vielleicht ist alles gar nicht so kompliziert, dachte er jetzt. Als er noch mal in den Spiegel blickte, war er selber überrascht über das breite Grinsen, das ihm entgegensah. Der Druck in seinem Magen war einem deutlichen Hungergefühl gewichen. Tabori nahm das Handy ans Ohr: »Tabori …«

Die Sonne fing an, den Himmel über dem Horizont rot zu färben. Es würde einer dieser typischen und scheinbar endlosen Sonnenuntergänge werden, die es nur über dem Meer gab, die aber oft genug auch einen Wetterwechsel ankündigten. Vielleicht regnete es morgen schon. Bald würden auch die ersten Herbststürme über die Küste ziehen, dann würde die Gischt bis hinauf zum Hotel geweht werden. Es musste schön sein, dann hier oben ein paar Tage zu verbringen, das war etwas, was er noch nie gemacht hatte, vielleicht sollte er Inga einfach fragen, ob sie mitkommen würde.

Ende

Nachtrag

Was wir geschrieben haben, ist niemals so passiert – aber es könnte genau so oder zumindest so ähnlich passiert sein: Die Übergänge zwischen dem, was nie geschehen ist, und dem, was denkbar gewesen wäre, sind fließend.

Wir haben uns beim Schreiben aller Freiheiten bedient, die in der Welt der Fiktion möglich sind. Natürlich gibt es manche Orte, die wir erwähnen, auch in Wirklichkeit, sie heißen nur vielleicht ganz anders oder sehen anders aus. Wer also einen Fehler findet, sollte wissen, dass dieser Fehler womöglich beabsichtigt war – auch um zu vermeiden, dass irgendjemand hinfährt und sich dann aufregt, wenn nicht alles so ist, wie bei uns beschrieben.

Um das an einem Beispiel deutlich zu machen: Wie manche wissen, gibt es tatsächlich eine norddeutsche Provinzhauptstadt namens Hannover, und in Hannover leben durchaus auch Menschen, die vielleicht sogar Tabori oder Lepcke heißen, wer aber nach Übereinstimmungen mit real existierenden Personen sucht, wird enttäuscht sein: Es gibt sie nicht. Und auch wenn Hannover tatsächlich ein Fußball-Stadion mit einer entsprechenden VIP-Lounge vorweisen kann, sind doch die Leute, die da an irgendeinem ganz normalen Samstag- oder Sonntagnachmittag sitzen, nicht identisch mit unseren Romanfiguren.

In der kleinen Ortschaft Bennemühlen gibt es im Übrigen auch keine Ausbildungsstätte für Polizeihundeführer und hat auch nie eine gegeben. Allerdings ist die Idee zu diesem Roman durch eine Zeitungsnotiz entstanden, in der über Missstände in einer solchen Ausbildungsstätte berichtet wurde. Dass wir das aufgegriffen haben, bedeutet jedoch nicht, dass wir etwas gegen Polizeihunde, Polizeihundeführer, Polizeihundeführer-Ausbilder oder Polizistinnen und Polizisten im Allgemeinen hätten. Im Gegenteil. Wir versuchen nur, die Welt, in der wir leben, durch Schreiben ein wenig verständlicher zu machen, Zusammenhänge zu erkennen und Handlungen nach ihren Ursachen, Motiven und oftmals hinter den Zerrbildern von Interessen verborgenen Strukturen zu durchleuchten. Die fiktive Wahrheit, die so entsteht, mag dabei der Realität sehr nahe kommen.

Ulrike Gerold, Wolfram Hänel
Hannover, 01/12

Danksagung

Für ihre Hilfe bei der Arbeit an diesem Roman – sei es durch Inspiration, moralische Rückendeckung oder andere Formen von Unterstützung – danken wir unter anderem Leiv Donnan, Lise Emborg, Kai Larsen, Felicitas Matzke, Frank »Flaco« Matzke, Bastian Schlück, Ulrik Skeel, Volker Seitz, Max Tidof, Timm Ulrichs und Ulrich von Broich, insbesondere jedoch Achim Uhlenhut sowie Angela Seidel und den beiden »Schwarzweißen«, Rinty und Beago.

Die Autoren

Die Dramaturgin *Ulrike Gerold* und der Schriftsteller *Wolfram Hänel*, beide Jahrgang 1956, leben und schreiben zusammen meistens in Hannover und manchmal in einem kleinen Ort an der Jammerbucht in Nord-Dänemark. Neben Reiseführern und Theaterstücken umfassen ihre Arbeiten mittlerweile mehr als 100 Bücher – angefangen vom Bilderbuch über Kinder- und Jugendromane bis hin zum Erwachsenenbuch –, die in insgesamt 22 Sprachen übersetzt und mehrfach ausgezeichnet wurden.

Weitere Kriminalromane

herausgegeben von Susanne Mischke

Cornelia Kuhnert
Tödliche Offenbarung · Kriminalroman
420 Seiten, Hardcover · ISBN 978-3-86674-154-6
Ein Polit-Krimi über das Massaker von Celle.

Ika Sokolowski
Böse Affen · Kriminalroman
299 Seiten · ISBN 978-3-86674-142-3
*Ein Aushilfsjob hat Leo Heller auf die CeBIT verschlagen, wo sie zu
ihrer Verblüffung auf drei Affen stößt. ›Nichts sehen, nichts hören,
nichts sagen‹ scheint auf einmal das Motto aller Leute zu sein, mit
denen Leo es zu tun bekommt …*

Hans-Jörg Hennecke
LindenTod · Kriminalroman
192 Seiten, Hardcover · ISBN 978-3-86674-068-6
*Der Fund einer Leiche durchbricht die Schrebergarten-Idylle in Han-
nover-Linden. Doch kaum sind die Ermittlungen aufgenommen, ist
der Tote auch schon wieder verschwunden.*

Hans-Jörg Hennecke
Totenruhe · Kriminalroman
192 Seiten, Hardcover · ISBN 978-3-86674-151-5
*Unheimliche Ereignisse tauchen den Lindener Bergfriedhof in fahles
Zwielicht.*

Cornelia Kuhnert
Tanz in den Tod · Kriminalroman
237 Seiten, Hardcover · ISBN 978-3-86674-052-5
In einer Vorstadt Hannovers wird beim Tanz in den Mai eine Journalistin ermordet. War es einer der prominenten Gäste oder hat der Mord etwas mit den Tierversuchsgegnern zu tun?

Heinrich Thies
Das Mädchen im Moor · Kriminalroman
368 Seiten, Hardcover · ISBN 978-3-86674-088-4
In der Lüneburger Heide wird ein Mädchen umgebracht. Ihr Lehrer muss dafür ins Gefängnis. Als er freikommt, versucht er, seine Unschuld zu beweisen.

Rainer Woydt
Der Profiler · Kriminalroman
300 Seiten, Hardcover · ISBN 978-3-86674-086-0
In und um Hannover werden zwei Frauen bestialisch ermordet. Muss Kriminalkommissarin Denkow den Mörder gar in den eigenen Reihen suchen?

Wolfgang Teltscher
Über den Deister · Kriminalroman
251 Seiten, Hardcover · ISBN 978-3-86674-067-9
Vera Matuschek ist verschwunden. Erneut ermittelt Kommissar Marder in Barsinghausen.

Bodo Dringenberg
Die Gruft im Wilhelmstein · Historischer Kriminalroman
256 Seiten, Hardcover · ISBN 978-3-86674-099-0
Liebe, Intrige und Mord beim Bau der Festung Wilhelmstein im Steinhuder Meer.

Norbert Klugmann
Die hölzerne Hedwig · Kriminalroman
292 Seiten, Hardcover · ISBN 978-3-86674-100-3
Ein lauschiges Heidedorf wird Schauplatz eines mysteriösen Kriminalfalls.

Wolfgang Teltscher
Blutholz · Kriminalroman
249 Seiten, Hardcover · ISBN 978-3-86674-143-0
Nach »DeisterKreisel« und »Über den Deister« sucht Kommissar Marder zum dritten und letzen Mal einen Mörder im beschaulichen Barsinghausen am Deister.

Ilka Sokolowski
Die heimliche Geliebte · Ein Wilhelm-Busch-Krimi
416 Seiten, Hardcover · ISBN 978-3-86674-051-8
Wilhelm Busch hatte eine Geliebte! Niemand wusste davon, bis ein geheimnisvolles Tagebuch es offenbart. Plötzlich häufen sich in Hannover die mysteriösen Todesfälle.

Michael Reinbold
Bachs Todeskantate · Kriminalroman
368 Seiten, Hardcover · ISBN 978-3-86674-056-3
Lüneburg, kurz nach Kriegsende: Jeder versucht auf mehr oder weniger legale Weise durchzukommen. Viele Flüchtlinge finden ein neues Zuhause. Da kommt es auch zu manch unliebsamer Wiederbegegnung. Einer der Zugezogenen wird ermordet aufgefunden. Führt die Spur in die Vergangenheit?

Heinrich Thies
Schweinetango · Kriminalroman
224 Seiten, Hardcover · ISBN 978-3-86674-044-0
*Der Maskentanz in der Dorfkneipe ist derb. Und doch lassen sich
beim »Schweinetango« zarte Bande knüpfen. Cord Krögers neue Geliebte aber hat nicht mehr lange zu leben ...*

Bodo Dringenberg
Kleiner Tod im Großen Garten · Kurzkrimis
191 Seiten, Hardcover · ISBN 978-3-86674-045-7
*Grün ist die Farbe des Lebens. Im Hannover der kurzen Krimis von
Bodo Dringenberg wird das üppige Grün der Parks und Gärten zur
Farbe des Todes.*

Bodo Dringenberg
Mord auf dem Wilhelmstein · Ein historischer Kriminalroman
175 Seiten, Hardcover · ISBN 978-3-86674-041-9
*Major Rottmann hat den Wilhelmstein, die genial konstruierte Fes-
tung im Steinhuder Meer, erfolgreich verteidigt – und stirbt doch von
fremder Hand. Wer macht das Leben auf der Festung nach dem Krieg
gefährlicher als im Krieg?*

Egbert Osterwald
Schwarz Rot Blond · Kriminalroman
304 Seiten, Hardcover · ISBN 978-3-86674-049-5
*Kommissarin Wilke fahndet nach einem Serienmörder, dem drei
Frauen zum Opfer gefallen sind. Wird sie die Ermittlungen überle-
ben?*

Wolfgang Teltscher
DeisterKreisel · Kriminalroman
251 Seiten, Hardcover · ISBN 978-3-86674-048-8
*Kommissar i. R. Matuschek wird tot in einem kleinen See am Rande
des Deisters aufgefunden. War es Mord, Selbstmord oder ein Unfall?
Kommissar Marder ermittelt, dass nichts im Leben von Matuschek so
war, wie es zunächst aussah.*

Günther von Lonski
BlattSchuss – Die ungewöhnlichen Fälle des Ludger Lage
Kurzkrimis
127 Seiten, Hardcover · ISBN 978-3-933156-95-2
*Ludger Lage lebt in einem alten Campingwagen am Arnumer See.
Eine unvorteilhafte Scheidung hat ihn aus der Bahn und seiner Woh-
nung geworfen. Sein Hobby: Als selbst ernannter Detektiv hinzuhö-
ren, wo andere wegsehen.*